HISTÓRIA DA UNIVERSIDADE
GENEALOGIA PARA UM "MODELO PARTICIPATIVO"

André Rubião

HISTÓRIA DA UNIVERSIDADE
Genealogia para um "modelo participativo"
AUTOR
André Rubião
EDITOR
EDIÇÕES ALMEDINA, SA
Rua Fernandes Tomás, nºs 76, 78, 80
3000-167 Coimbra
Tel.: 239 851 904 · Fax: 239 851 901
www.almedina.net · editora@almedina.net
DESIGN DE CAPA
FBA.
PRÉ-IMPRESSÃO
EDIÇÕES ALMEDINA, SA
IMPRESSÃO E ACABAMENTO
PENTAEDRO, LDA

Junho, 2013
DEPÓSITO LEGAL
365715/13

Os dados e as opiniões inseridos na presente publicação são da exclusiva
responsabilidade do(s) seu(s) autor(es).
Toda a reprodução desta obra, por fotocópia ou outro qualquer processo,
sem prévia autorização escrita do Editor, é ilícita e passível de procedimento judicial contra o infractor.

BIBLIOTECA NACIONAL DE PORTUGAL – CATALOGAÇÃO NA PUBLICAÇÃO
RUBIÃO, André
História da universidade : genealogia para
um "modelo participativo". – (CES)
ISBN 978-972-40-5178-9
CDU 378

Where is the Life we have lost in living?
Where is the wisdom we have lost in knowledge?
Where is the knowledge we have lost in information?

T.S. Elliot
Choruses from the Rock

Para minha avó, Myriam Resende, mãe de dez filhos,
pela escola da vida.

A Prof.ª Miracy Gustin, criadora do Polos de Cidadania,
pela defesa da universidade.

SUMÁRIO

PREÂMBULO   13

A LUTA PELA UNIVERSIDADE   13
Preliminares de uma causa   13

INTRODUÇÃO   17

OS CAMINHOS DA UNIVERSIDADE   17
D'où tu parles "participação"?   17

§1. A "modernização da universidade": o *fenômeno* Michael Gibbons   18
§2. Uma teoria a serviço do neoliberalismo?   19
§3. A crítica institucional: uma autonomia do campo universitário?   21
§4. O "modelo participativo": uma relação entre a universidade
e a sociedade   22
§5. A história como método: genealogia de tipos ideais   24

CAPÍTULO 1 Universidade e Idade Média   29
1.I. O "Renascimento do século XII": o despertar de uma geração?   29
§1. O desenvolvimento urbano   30
§2. As traduções dos textos da Antiguidade   31
§3. As novas condições da vida escolar   32

1.II. O nascimento das universidades: uma nova instituição?   33
§1. A Universidade de Paris: um modelo institucional   34
§2. As mudanças na *licencia docendi*: uma manobra da Igreja   35
§3. A divisão das faculdades   36
§4. A governabilidade das universidades: um modelo democrático?   37
§5. A escolástica: entre a razão e os livros sagrados   37
§6. A metodologia: uma arte da argumentação   38

1.III. Entre liberdade e luta pelo poder: uma universidade autônoma?   40
§1. A controvérsia das ordens mendicantes   40
§2. A condenação das teses averroístas   41
§3. A transformação das universidades: uma decadência institucional   42

8   HISTÓRIA DA UNIVERSIDADE

CAPÍTULO 2   Universidade e Modernidade   45
2.I. A ruptura cultural-político-epistemológica: uma nova maneira de pensar?   46
   §1. Uma nova visão do homem: o Renascimento como precedente
      cultural   47
   §2. Lutero e a Reforma: da teologia a uma ruptura educacional   48
   §3. Das universidades para as academias de ciência: o surgimento
      do novo método experimental   52
   §4. O racionalismo e a nova confiança epistemológica   55
   §5. A Revolução Francesa e o movimento de transformação
      das universidades   57
   §6. O "modelo universitário napoleônico"   59

2.II. A "universidade humboldtiana": em busca de um ideal?   61
   §1. Do Romantismo ao idealismo: em busca da "rosa azul"   61
   §2. As controvérsias em torno da fundação da Universidade de Berlim   63
   §3. O "modelo universitário humboldtiano"   64
   §4. Uma perspectiva de "Sistema": a convergência entre o "modelo
      universitário humboldtiano" e o idealismo alemão   66
   §5. A herança do "modelo humboldtiano"   70
   §6. Uma *"universidade de pesquisa"*? A interpretação redutível
      de Berlim   71

CAPÍTULO 3   A universidade no mundo anglo-saxão   73
3.I. A "educação liberal": uma releitura inglesa da antiga tradição grega?   74
   §1. A "educação liberal": uma componente da *Paideia*?   74
   §2. Uma nova "educação liberal"? Newman e a "ideia
      de uma universidade"   79
   §3. Ciências e Humanidades: a batalha das *"Two Cultures"*   83
   §4. "Cultura Geral", *"Great Books"*, "Formação pessoal": a herança
      da "educação liberal"   85

3.II. O "modelo universitário norte-americano": a *multiversity* como lógica
   da história?   90
   §1. Das origens coloniais às instituições independentes:
      breve genealogia dos *colleges* norte-americanos   91
   §2. A modernização das universidades norte-americanas   93
   §3. O despertar da *multiversity*: uma nova tradição universitária?   95
   §4. A "guerra do campus": uma crítica da *multiversity*?   97

CAPÍTULO 4   A universidade na América Latina   103

4.I. O Movimento de Córdoba: uma reforma universitária no horizonte
da reforma social?   103

§1. Da independência ao Radicalismo: lutas pela liberdade
na Argentina   104

§2. O Movimento de Córdoba: diário de uma revolta   106

§3. Autonomia, responsabilidade social, livre-docência, autogoverno:
quais as reivindicações do "modelo de Córdoba"?   108

§4. Entre conquistas e desilusões: qual o legado da Reforma?   112

4.II. A universidade no Brasil: do atraso institucional para uma proposta
inovadora?   115

§1. O papel dos colégios jesuítas   116

§2. Da chegada da Coroa ao advento da República Velha   117

§3. Da era Vargas à República Populista: o sonho da "Educação Nova"
e as mudanças do "autoritarismo militar"   118

§4. Da lei de 1968 aos anos 2000: mutações da universidade no Brasil   124

§5. A proposta da Universidade Nova: nem Harvard nem Bolonha   127

§6. Extensão universitária: a base do "modelo participativo"?   130

CAPÍTULO 5   O debate contemporâneo   137

5.I. A questão econômica: quais os riscos do *Marketplace*?   137

§1. Breve genealogia do liberalismo econômico   138

§2. O advento do neoliberalismo   139

§3. O modelo norte-americano das grandes universidades privadas como
propulsor do neoliberalismo: a "cultura da filantropia" em questão   141

§4. Entre a "descapitalização pública" e a "institucionalização voltada
para a economia": o neoliberalismo-universitário na escala nacional   148

§5. A transnacionalização do ensino superior   152

§6. As armadilhas para a universidade: um novo *marketplace*?   154

5.II. A questão epistemológica: que critério de legitimidade?   158

§1. O advento do positivismo: uma nova "religião científica"?   158

§2. A herança positivista: uma consolidação da "ciência pura" nas
universidades?   159

§3. O Círculo de Viena: um paroxismo na filosofia da ciência?   161

§4. Merton e a "estrutura normativa da ciência"   162

§5. Uma reviravolta na epistemologia?   163

10   HISTÓRIA DA UNIVERSIDADE

§6. A nova realidade empírica   168
§7. A *Agora* como novo critério epistemológico: a confiabilidade
do Modo 2   171
§8. A crítica "autonomista": uma independência do campo?   173

5.III. A questão político-social: uma escolha de todos?   176
§1. A "sociedade do risco": uma nova modernização?   176
§2. Um exagero? A "sociedade do conhecimento" e a "sociedade
da informação"   178
§3. O caso da energia nuclear: corroborando a "sociedade do risco"?   180
§4. O mal-estar da política: uma nova oportunidade?   183
§5. A "sociedade civil" como emancipação: a teoria de Habermas
como ponto de partida   188
§6. O lugar da universidade na nova organização política   191
§7. A "ciência e suas redes": uma democratização necessária?   193
§8. Uma "virada deliberativa"?   199

CAPÍTULO 6   O "modelo participativo"   205
6.I. O diálogo com Humboldt: para uma realização "participativa" da *Bildung*   205
§1. A releitura "autonomista" do "modelo humboldtiano": qual a relação
com a "participação"?   205
§2. A realização da *Bildung*: um legado humboldtiano para o "modelo
participativo"?   207

6.II. O diálogo com Newman: recuperando a ideia de *Paideia*   209
§1. Revistando as teorias da "educação liberal": o Processo de Bolonha
como referencial   210
§2. A Universidade Nova: em busca da "participação"   211
§3. Polos de Cidadania: uma questão de autonomia   213
§4. A "educação liberal" do Polos: conciliando o *individual* com o coletivo?   220

6.III. O diálogo com a *Multiversity*: caminhos semelhantes, direções contrárias?   222
§1. Em defesa de Kerr: o "modelo participativo" como *parte* da *multiversity*?   222
§2. O financiamento das universidades: a *multiversity* entre
a "participação" e o Modo 2   224

6.IV. O diálogo com Córdoba: entre sonho e realidade?   230
§1. Um "novo senso comum"? A universidade numa verdadeira democracia   230
§2. O "modelo participativo" como "instituição diretiva"   232

SUMÁRIO 11

CONCLUSÃO 239

Et la nave va
Uma questão de coragem 239

AGRADECIMENTOS 241
REFERÊNCIAS BIBLIOGRÁFICAS 243

PREÂMBULO

A luta pela universidade
Preliminares de uma causa

> É preciso que a história deixe de vos aparecer como uma necrópole adormecida, onde só passam sombras despojadas de substância. É preciso que, no velho palácio silencioso onde ela dorme, vocês penetrem, animados da luta, todos cobertos de poeira do combate, do sangue coagulado do monstro vencido – e que, abrindo as janelas de par em par, avivando as luzes e restabelecendo o barulho, despertem com a vossa própria vida, com a vossa vida quente e jovem, a vida gelada da Princesa adormecida...
>
> Lucien Fèbvre, *Combates pela história*, I, p. 40.

Junto a esse fervor no "combate pela história", Lucien Fèbvre sempre zombou do fetichismo dos fatos: "pensam que os fatos são dados à história como realidades substanciais, que o tempo enterrou mais ou menos profundamente, e que se trata simplesmente de desenterrar, de limpar, de apresentar sob uma luz intensa aos vossos contemporâneos?" (Fèbvre, 1977: 118). Para Fèbvre, não se tratava de esquecer a lição dos historiadores antigos, escrever *sine ira et studio* (sem raiva e sem amor), mas de lançar um alerta contra a "objetividade positivista" de um Leopold von Ranke, que buscava os eventos verdadeiros tais como eles efetivamente aconteceram (*wie es eigentlich gewesen*). A história, nos mostrava Fèbvre, é feita de escolhas. Afinal, quantas decomposições, quantas circunstâncias particulares, quantas ocorrências invisíveis... E, muito além dos fatos, esses cubos que as crianças brincam "para reconstituir a bela imagem que alguém decompôs para elas...", a grande questão é saber: "por que fazer história?" Uma pergunta ou uma censura, nos dizia ele, "daqueles para quem as ideias são uma necessidade" (Fèbvre, 1977: 120-21).

Por que fazer a história da universidade? Este trabalho é uma versão resumida de minha tese de doutorado.[1] A decisão de investigar o passado da uni-

---

[1] *A "universidade participativa"*. Uma análise a partir do Programa Polos de Cidadania, 2010. Tese em cotutela apresentada à Université Paris 8 (direção do Prof. Yves Sintomer) e à Uni-

versidade nasceu após eu ter conhecido o Programa Polos de Cidadania, uma iniciativa da Faculdade de Direito da Universidade Federal de Minas Gerais (UFMG). Não há como um jovem que acaba de sair de uma Escola de Direito tradicional – repleta da liturgia jurídica clássica dos códigos, dos tribunais, da racionalidade formal, dos alunos usando terno e gravata e dos professores com togas – não ficar impressionado ao se deparar com um programa universitário que dialoga com os movimentos sociais, com o poder público, com as entidades de classe, que tem diversos núcleos instalados nas comunidades carentes, que faz trabalhos de mediação social, que instiga nos alunos um espírito crítico e uma educação cidadã.

O Polos, adianto logo, é um exemplo de "universidade participativa". Mas se minha tese era para ser um trabalho sobre o Polos, ela acabou se tornando, acima de tudo, um trabalho sobre a história da universidade ou sobre esse modelo institucional que defino como "participativo". Interessantes essas reviravoltas metodológicas: foi a partir do Polos, uma iniciativa local, que me veio à mente refletir sobre a genealogia de um arquétipo global.

Mas seria possível falar dessa iniciativa brasileira sem compreender a famosa frase de Deodoro Roca, líder do Movimento de Córdoba, "reforma universitária é o mesmo que reforma social"? A resposta é sem dúvida negativa. Como veremos ao longo destas páginas, muito antes de Berkeley ou Maio de 68, os estudantes argentinos já faziam barricadas nas ruas de Córdoba, exigindo um novo modelo universitário, condizente com a realidade social. Ou será que teríamos que remontar à Modernidade, com as discussões entre Humboldt, Fichte e Schleiermacher, para captar o verdadeiro "espírito da universidade"? Mais longe, ainda, não seria necessário regressar à Idade Média, no início da instituição universitária, quando os jovens estudantes goliardos, embriagados de vida, passaram a contestar o dogmatismo da Igreja?

Mostrar os pormenores dessa história, como diria Lucien Fèbvre, é um eterno combate, sobretudo nesses tempos de ataque à universidade. Sim, como bem disse Michel Freitag, é preciso conhecer a história dessa instituição, para que ela não se torne uma mera organização, ditada pela racionalidade econômica (Freitag, 1995). E seria o "modelo participativo" – percorrendo um caminho que vai dos valores educacionais da *Paideia* grega até

versidade Federal de Minas Gerais (direção do Prof. Leonardo Avritzer e codireção da Prof.ª Miracy Gustin).

a nova interpretação do conceito de "extensão" – uma solução para escapar dessa cilada?

Antes de entrar nesse contexto, não posso deixar de apresentar a minha fonte. Afinal, o Polos de Cidadania também faz parte do combate. Inspirado nas obras de Jürgen Habermas e Boaventura de Sousa Santos, o Programa foi criado em meados dos anos 1990, na cidade de Belo Horizonte, buscando trazer inovações para as faculdades de Direito, até então limitadas ao positivismo jurídico e com um perfil extremamente conservador. O objetivo do Polos, tendo em vista as desigualdades sociais brasileiras, era criar canais de comunicação entre a universidade (por meio dos alunos e professores) e a sociedade (por meio das pessoas e das associações envolvidas nas comunidades carentes), visando a criação de espaços de discussão pública, para tentar melhorar a qualidade de vida naqueles locais necessitados e para que houvesse um diálogo entre o conhecimento acadêmico e o conhecimento popular, algo essencial para o aprimoramento de ambas as partes.

Na época, aquilo era novidade. Como afirma o Professor Menelick de Carvalho Netto, um dos fundadores do Polos, se antes as relações das Faculdades de Direito com a sociedade estavam limitadas aos serviços de assistência jurídica gratuita, agora havia uma maior interatividade entre a universidade e a sociedade, havia uma busca por novas formas de juridicidade, havia uma reinvenção da instituição acadêmica, havia uma luta pela emancipação social.[2] No Brasil, essa mudança só foi possível graças à Constituição de 1988, promulgada depois de vinte anos de ditadura. Nesse novo quadro institucional, por meio da atividade de "extensão",[3] a universidade era chamada a assumir uma "responsabilidade social", tarefa que o Polos encarou de forma incisiva.

Desde então, o Programa foi crescendo, desenvolvendo uma metodologia própria, ajudando a materializar uma nova realidade para a universidade brasileira. Dentre suas principais atividades, podemos destacar os Núcleos

---

[2] Entrevista gravada, disponível no arquivo do Polos, na Faculdade de Direito da UFMG. Carvalho Netto cita duas outras iniciativas que contribuíram para a "nova cultura no Direito": o "Direito Alternativo" (surgido no Rio Grande do Sul, buscando uma maneira de interpretar o Direito que fugisse das amarras do positivismo); e o "Direito Achado na Rua" (surgido em Brasília, instigando um pensamento jurídico crítico, voltado para transformação social).

[3] A "extensão" foi consolidada na Constituição brasileira de 1988, por meio do artigo 2007, segundo o qual "as universidades (...) obedecerão ao princípio de indissociabilidade entre ensino, pesquisa e extensão".

de Mediação Social (que promovem medição jurídica nas regiões desfavorecidas); os Programas de Economia Solidária (que visam criar cooperativas populares com os moradores locais); as Frentes de Cidadania (que buscam fortalecer o capital social nas comunidades); os Trabalhos de Regularização Fundiária (que visam legalizar as moradias dos habitantes); as Peças de Teatro (que visam trabalhar questões de cidadania através da arte) etc.

Todas essas iniciativas envolvem alunos e professores de diversas áreas (Direito, Psicologia, Ciências Sociais, Arquitetura, Economia, Artes Cênicas...), numa relação dialógica com a sociedade, por meio da qual se abre um amplo leque de parcerias com o poder público, com instituições da sociedade civil, com a iniciativa privada, buscando transformar a realidade social, sem deixar de lado uma educação cidadã. Assim, a universidade, como era o sonho de Deodoro Roca, vai misturando-se à sociedade, numa verdadeira "cultura participativa".

Infelizmente, não foi possível mostrar toda a experiência e a complexidade do Polos ao longo deste livro. Fica então minha homenagem, por meio de uma anedota relatada por Cristovam Buarque, que ilustra às avessas o espírito dos colaboradores do Programa. Em 1486, o rei da Espanha decidiu consultar os professores da Universidade de Salamanca. Queria saber a opinião deles com relação ao projeto de um desconhecido chamado Colombo. Criada uma comissão, os sábios deram um parecer contrário, alegando ser inusitada de mais aquela ideia de navegação. Buarque criou então a expressão "síndrome de Salamanca", visando definir a ausência de aventura que muitas vezes acompanha a universidade (Buarque, 1993: 13-14).

Ao Polos não falta essa coragem. Nem à "universidade participativa".

INTRODUÇÃO

Os caminhos da universidade
D'où tu parles "participação"?

> *Universidade de Nanterre, maio, 1968.*
> Professores, os senhores são tão velhos quanto suas culturas. A sua modernização é nada mais que a modernização da polícia.
>
> Les Enragés, grafite no muro da Universidade de Nanterre.

> *Universidade de Nanterre, dezembro, 2007.*
> Foi a primeira vez que vi a polícia ser aplaudida, ao reprimir uma manifestação estudantil.
>
> Yves Calvi, declaração no programa *C Dans l'air*, canal Arte.

A diferença salta aos olhos. Se a "revolução estudantil", no primeiro caso, ainda sonhava com o *Grand Soir*, passados quase quarenta anos, um cenário de resignação parecia tomar conta do campus de Nanterre. Diante de uma nova proposta para a reforma das universidades, não apenas os poucos grevistas eram taxados de "manifestantes de extrema esquerda", como a oposição, apesar das ressalvas, não sabia ao certo como reagir à iniciativa do governo Sarkozy. Tratava-se da "modernização da universidade", tema recorrente não apenas na França, onde o debate continua,[4] como nos quatro cantos do mundo, onde a palavra "reforma" parece não sair da ordem do dia. Do que trata essa proposta? Por que ela é hegemônica? Quais os seus perigos? Seria a "participação" uma alternativa?

---

[4] O debate gira em torno da chamada *Loi LRU* (lei sobre a autonomia das universidades) proposta pela Ministério do Ensino Superior e da Pesquisa em 2007.

18 HISTÓRIA DA UNIVERSIDADE

§1. A "modernização da universidade": o fenômeno Michael Gibbons

> Uma universidade não está fora, mas dentro da comum tecedura social de uma determinada era.
>
> Abraham Flexner, *Universities*, p. 3.

A frase é famosa. No começo do século XX, Flexner foi um dos principais modernizadores da universidade americana. Mas os tempos mudam e, como ele mesmo disse, a universidade não pode ficar para trás. Se a modernização, naquela época, passava pelo "modelo humboldtiano" – tão bem defendido por Flexner –, um século depois, a modernização ganhou uma outra linguagem: hoje ela é associada ao célebre Modo 2.

Sim, existe um *fenômeno* Michael Gibbons. Suas ideias estão em toda parte.[5] Segundo ele, uma nova forma de produção do conhecimento estaria surgindo na sociedade. Essa nova forma (Modo 2) difere substancialmente da antiga (Modo 1). No modo clássico, que surgiu a partir da Revolução Científica, as universidades eram os centros hegemônicos da produção do conhecimento. Havia um quadro cognitivo fixo, com disciplinas independentes, voltadas sobretudo para a "pesquisa fundamental". A ciência era vista como atividade autônoma, regida por suas próprias ideias, regras, valores, normas. Era ela que descobria – dizia o *slogan* –, a indústria aplicava, o homem acompanhava.

O que mudou? Segundo Gibbons, a partir da segunda metade do século XX, teve início uma série de transformações, cada vez mais visíveis, que nos levam a acreditar no surgimento de uma nova forma de produção do conhecimento. As principais características desse novo "Modo" são as seguintes:

---

[5] Gibbons é um dos principais consultores do Banco Mundial para assuntos relativos ao ensino superior e um dos autores mais citados, com relação à universidade, nos índices de citação. Christian de Montlibert, por exemplo, é um dos que chamam a atenção para o fato desse quadro analítico proposto por ele (o Modo 2) vir dominando as discussões em torno da universidade (cf. Montlibert, 2004: 27-28). Gibbons lançou essa ideia (do Modo 2), em 1994, num livro de sua iniciativa, *The New Production of Knowledge*, junto com outros autores. Essa mesma ideia (do Modo 2) foi aperfeiçoada num segundo livro, *Rethinking Science*, também em parceria com outros autores, e foi analisada, agora apenas por Gibbons, no que toca exclusivamente a seus efeitos sobre o ensino superior, num relatório (*Higher Education Relevance in the 21st Century*) para o Banco Mundial. Sendo Gibbons então o carro-chefe para divulgação dessa ideia, e para facilitar nossa compreensão, vamos nos referir mais a ele do que aos outros autores.

i) *O conhecimento é produzido no contexto da aplicação.* Ou seja, não cabe mais a distinção entre "pesquisa pura" e "pesquisa aplicada". ii) *Transdisciplinaridade.* Ao contrário do antigo quadro disciplinar rígido, o Modo 2 congrega especialistas de diversas áreas. Longe de querer estabelecer verdades últimas, essas equipes trabalham em torno do consenso, voltado para a resolução de problemas temporários. iii) *Diversidade organizacional.* A universidade perdeu a hegemonia na produção do conhecimento. Agora ela tem que compartilhá-lo com institutos de pesquisa, agências governamentais, laboratórios industriais, *think tanks* etc. iv) *Reflexividade, social accountability e qualidade de controle.* Diante dessa nova realidade, há um número cada vez maior de pessoas envolvidas na produção do conhecimento. O antigo sistema de "julgamento pelos pares" cede lugar a uma rede complexa de atores. As decisões são "negociadas", tendo que equacionar interesses de ordem econômica, política, ética, ambiental, social, cultural etc.[6]

Gibbons fala mesmo de uma "sociedade de Modo 2", ou seja, de uma forma organizacional dinâmica, heterogênea – muito próxima da "sociedade em rede" de Manuel Castells[7] –, onde as instituições, a geração de riqueza, o trabalho, as relações sociais etc. são condicionadas pela revolução na produtividade tecnológica e científica, num contexto de globalização acentuada.

A "modernização da universidade", então, passaria pela sua adaptação à essa realidade. Se Flexner consagrou a *Universidade de Modo 1*, para Gibbons, chegou a hora da *Universidade de Modo 2.*

§2. Uma teoria a serviço do neoliberalismo?

> A comercialização está mudando a natureza das instituições acadêmicas de uma forma de que nós ainda vamos nos arrepender.
>
> Derek Bok, *Universities in the marketplace*, p. X.

Derek Bok tem legitimidade para falar. Ex-presidente de Harvard, autor de diversos livros sobre o ensino superior, ele não é nenhum *outsider*, nenhum

---

[6] Cf. Gibbons *et al.*, 1994: 1-16 e Gibbons, 1998: 8-17.

[7] Enquanto Gibbons parte da "nova forma de produção do conhecimento" e chega na "sociedade de Modo 2", Castells parte da "revolução tecnológica dos anos 1970" e chega na "sociedade em rede" (cf. Castells, 1999).

manifestante de "extrema esquerda", nenhum panfletário agitador. Muito pelo contrário, Bok tem uma visão bastante *pragmática* (ou *americana*) das universidades, uma visão que não difere muito do Modo 2. Mas Bok, recentemente, vem alertando para os excessos desse formato, para os riscos daquilo que ele denomina como *Universities in the Marketplace*. (Bok, 2003). Essa guinada crítica, não há dúvida, é sintomática da fragilidade de um modelo. E deixemos algo bem claro: partimos da hipótese de que o excesso da racionalidade econômica vem prejudicando não apenas as universidades, mas a sociedade como um todo. Nossa desconfiança talvez supere a de Bok.

Esse não parece ser o caso de Gibbons. Ao falar do ensino superior, de como ele deve se adaptar às características do Modo 2, ele vem insistindo, cada vez mais, num *"economically-oriented paradigm"* (Gibbons, 1998: 8), sendo que os exemplos, nos seus textos, são abundantes:

> Universidades devem servir a sociedade, primeiramente apoiando a economia e promovendo a qualidade de vida dos seus cidadãos (Gibbons, 1998: 8).

> O novo paradigma está trazendo consigo uma nova cultura de responsabilidade, como é evidente pela expansão do gerencialismo e do *éthos* do valor do dinheiro através dos sistemas internacionais de educação superior (Gibbons, 1998: 8).

> A relevância [da educação superior] será julgada sobretudo em termo de produção [*outputs*], a contribuição que ela faz para a performance econômica nacional (...) (Gibbons, 1998: 8-9).

> Os imperativos econômicos irão varrer tudo antes e, se as universidades não se adaptarem, elas serão deixadas de lado (Gibbons, 1998: 9).

Um dos objetivos deste trabalho será mostrar os riscos desse modelo de ensino superior – sobretudo no que toca à universidade –, além de como ele está sendo articulado em diferentes planos: no plano interno, com as reformas nacionais (*i. e.* o caso da França) e no plano externo, com reformas em organizações internacionais (*i. e.* a vontade de inserir a educação e o ensino superior na OMC).

Gibbons chega a falar da necessidade de uma "derrapagem para a direita", com relação à política liberal, na organização da universidade (Gibbons, 2005). Nossa "opção participativa", sem cair nos estereótipos, segue na direção contrária.

§3. A crítica institucional: uma autonomia do campo universitário?

> As universidades, antes de serem organizações, são (pois eu ainda me recuso a dizer "eram") instituições.
>
> Michel Freitag, *Le naufrage de l'université*, p. 31.

Foi Michel Freitag, num artigo famoso, quem chamou a atenção para os riscos daquilo que ele denominou como o "naufrágio da universidade". Seu argumento, muito difundido no Brasil, sobretudo por Marilena Chauí (Chauí, 2001: 175-193), dizia que o excesso de racionalidade econômica estava transformando a universidade. Afinal, se ela sempre foi uma instituição de formação, dizia ele, agora, vem se alterando numa organização de produção e de controle, ou seja, enquanto a primeira se definia pela sua finalidade – ligada ao plano global ou universal da sociedade –, a segunda aparece de maneira instrumental, visando a realização de objetivos específicos (Freitag, 1995, p. 31-32).

Para Freitag, essa mutação é perniciosa não apenas para a universidade, mas para o conjunto da sociedade, que perde seu último local institucional de síntese e de orientação crítica. Para compreender o que ele defende, é interessante fazer alusão à noção bourdieusiana de campo, ou seja, a sociedade é uma sucessão de campos (econômico, artístico, religioso, cultural...), organizados conforme uma lógica própria, estruturada em torno de interesses específicos (Mounier, 2001: 54-55). A universidade seria então um campo autônomo – um microcosmo à parte –, regido por regras particulares, em que diversos atores estariam em concorrência, tentando estabelecer suas "verdades". Para Freitag, assegurar a autonomia do campo universitário – tanto no ensino como na pesquisa – seria uma prioridade fundamental. Quanto aos limites da autonomia, eles estariam nas regras internas do campo, sobretudo no sistema de "julgamento pelos pares". Mas é preciso deixar claro que essa autonomia não se apresenta de forma exclusiva, sem levar em conta o conjunto das transformações sociais. Existiria, na verdade, uma relação transversal entre o campo universitário e os demais campos, mas sem que o primeiro perdesse sua independência, sua capacidade crítica, ficando subordinado aos demais. A universidade apareceria então como o campo privilegiado para se fazer uma forma de "síntese racional", ou seja, o *locus* de referência para se analisar o universo humano – na sua relação

22 HISTÓRIA DA UNIVERSIDADE

com a educação, com a pesquisa, com o trabalho, com cultura... –; o centro ideal para uma "busca da verdade" e para transmissão dos "valores universais" e da "cultura geral"; enfim, um marco norteador da aventura humana – na sua relação com o presente, com o passado, com o futuro –, o que qualificaria sua condição de instituição social (cf. Freitag, 1995: 27-71).

Se compararmos essa visão com o quadro analítico proposto por Gibbons, veremos que as diferenças são enormes. Enquanto o Modo 2 pede uma contextualização maior, tirando a hegemonia da universidade, o modelo de Freitag prevê uma instituição mais autônoma. Enquanto o primeiro valoriza a produtividade da universidade e a inserção dos alunos no mundo do trabalho, o segundo dá preferência a um pensamento crítico e ao ensino da cultura geral. Enquanto Gibbons defende um pragmatismo, cujo controle se dá de forma heterogênea, Freitag defende a consistência do campo, com o "julgamento pelos pares". Enquanto uma pede diversidade de financiamento, com parcerias com a iniciativa privada, a outra defende uma universidade eminentemente pública, financiada pelo Estado.

Uma pergunta aparece no horizonte: onde fica nessa história a "universidade participativa"? Existiria um outro modelo, também crítico, que não passe por esse "autonomismo" de Freitag? Haveria como, partindo do quadro analítico proposto por Gibbons, também pensar uma "instituição da universidade"? Seria possível, nos trilhos do Modo 2, ainda que no caminho contrário, fazer uma "derrapagem para a esquerda"?

§4. O "modelo participativo": uma relação entre a universidade e a sociedade

> Antes de escolher que tipo de educação superior um país deseja estabelecer, é necessário decidir que modelo de sociedade deseja construir.
>
> Marco Antônio Dias, A Educação Superior no século XXI, p. 45.

Essa declaração é emblemática. Ex-diretor da Divisão de Ensino Superior da Unesco, Marco Antonio Dias foi responsável não apenas pela organização da primeira Conferência Mundial sobre Ensino Superior (realizada em Paris, em 1998), mas também por todos os eventos preparatórios (Dakar,

Beirute etc.), onde reitores, professores, estudantes e diversos representantes da sociedade puderam debater sobre as perspectivas do ensino superior para o século XXI. Apesar da dificuldade em abordar o tema dentro de uma perspectiva mundial, nos diz Marco Antônio Dias, essa relação entre "escolha de sociedade" e "escolha de modelo de ensino superior" ficou clara (Dias, 1999: 45); o que nos mostra, sem dúvida, a complexidade do assunto.

Assim, antes de falar de uma "universidade participativa", seria preciso definir uma "sociedade participativa". Ou seja, qual a sua relação com a economia, com a política, com a ciência, com a educação, com a cultura? E de que forma essa "sociedade participativa", em seguida, se relacionaria com uma "universidade participativa"? Por que ambas, hoje em dia, são necessárias?

O quadro analítico proposto por Gibbons é sem dúvida interessante. Ele nos dá um panorama geral das transformações (sociais, econômicas, políticas, científicas) ocorridas a partir da segunda metade do século XX, além de refletir particularmente sobre o papel da universidade nessa nova realidade. A falta de uma "consciência crítica", no entanto, prejudica bastante o "liberalismo" do Modo 2. Veremos como as "teorias do risco", a "crise da democracia", o "capitalismo científico", as "desigualdades sociais", dentre outros, colocam em xeque o pragmatismo de Gibbons, e como o mesmo quadro analítico (o Modo 2) pode ser utilizado para justificar uma concepção diferente de sociedade e de universidade, que iremos definir como "participativa".

Nesse sentido, a obra de Boaventura de Sousa Santos tem uma grande relevância. Sua defesa da "emancipação social", na qual a universidade tem um papel importante, nos parece a principal fonte para uma "virada participativa".[8] Não será possível entrar em todos os detalhes dessa análise, mas há uma porta de entrada, referente à legitimidade das decisões públicas, que não somente nos parece servir de base para toda a reflexão, como apresenta as principais diferenças entre a "participação" e o "Modo 2".[9] Para intro-

---

[8] Para a reflexão de Santos sobre a universidade, cf. Santos, 1995: capítulo 8, e Santos, 2004. Para o conjunto da sua obra, cf. Santos, 2001 e Santos, 2006.

[9] É interessante notar que Boaventura de Sousa Santos, no seu livro sobre a universidade, afirma que um de seus conceitos, "conhecimento pluriversitário", se assemelha ao de Gibbons, "Modo 2", sem fazer as devidas diferenças (Cf. Santos, 2004: 41, nota de pé de página). Isso talvez se explique pelo fato de Santos se referir apenas ao livro *The New Production of Knowledge*

24 HISTÓRIA DA UNIVERSIDADE

duzi-la, vejamos o conceito de *Agora*, exposto por Gibbons e outros autores. Segundo eles, a pós-modernidade vive um momento singular, com o núcleo epistemológico instável, sendo que esse novo "espaço público" (a *Agora*) é necessário para que as nossas decisões sejam robustas, para que elas tenham legitimidade (Nowotny *et al.*, 2003). Mas como evitar – é o que Gibbons e seus companheiros nos omitem – as armadilhas do capitalismo e as assimetrias de poder? Como a "sociedade participativa" e a "universidade participativa", assentes numa "democracia radical" e não num "liberalismo pragmático", podem minimizar esses efeitos perversos? Quais as novas modalidades deliberativas que podem fazer da "participação" uma condição *sine qua non* da "esfera pública"? Existiria uma educação necessária para esse novo modelo? Seria possível fazer da universidade uma instituição – e não uma organização – inserida na *Agora*? Eis as principais perguntas que tentaremos responder ao longo destas páginas.

§5. A história como método: genealogia de tipos ideais

> Dessas incontrovertíveis premissas deduziu que a Biblioteca é total e que suas prateleiras registram todas as possíveis combinações dos vinte e tantos símbolos ortográficos (número, ainda que vastíssimo, não infinito), ou seja, tudo o que é dado expressar: em todos os idiomas. Tudo: a história minuciosa do futuro, as autobiografias dos arcanjos, o catálogo fiel da Biblioteca, milhares e milhares de catálogos falsos, a demonstração da falácia desses catálogos, a demonstração da falácia do catalogo verdadeiro, o evangelho gnóstico de Basilides, o comentário desse evangelho, o comentário do comentário desse evangelho, a relação verídica de tua morte, a versão de cada livro em todas as línguas, as intercalações de cada livro em todos os livros.
>
> Jorge Luis Borges, A Biblioteca de Babel, in: *Ficções*, p. 88-89.

(que lançou o conceito de Modo 2), em que as diferenças realmente não ficam claras, ao contrário do que ocorre nos trabalhos posteriores de Gibbons (em especial *Higher Education Relevance in the 21st Century* e *Rethinking Science*).

Não há dúvidas de que o estudo da história da universidade nos remete a esse pensamento de Borges. Falar da universidade, afinal, é falar da educação, da arte, da ciência; é falar da política, da economia, das relações sociais; é falar de encontros e desencontros; da angústia de um jovem e da dedicação de um professor; é falar daquilo que os gregos definiram como *Paideia*, ou seja, pensar a cultura do Homem como ideia, aventura que nos leva ao infinito, assim como a Biblioteca de Babel. E é justamente essa razão – a ideia de infinito – que conduz a uma arbitrariedade na escolha dos fatos: perdidos na imensidão, como dizia Lucien Fèbvre, qual caminho seguir?

Nossa opção foi traçar uma genealogia capaz de nos ajudar a definir três tipos ideais de universidade – caracterizados pelo "autonomismo", "liberalismo" e "participação" – que atualmente lutam pela definição da ideia da instituição, estabelecendo, para tanto, um diálogo com modelos históricos – "humboldtiano", "newmaniano", "Córdoba", *multiversity* –, que marcaram a universidade ao longo dos anos. Não se trata, como é próprio à noção weberiana de tipo ideal, de estabelecer um quadro exaustivo dos arquétipos universitários, que muitas vezes podem se confundir, mas de constituir um mapa que seja ao mesmo tempo histórico e ideológico, tendo em vista pensar a universidade contemporânea. Com Michel Foucault, então, acreditamos que "as descrições históricas se ordenam necessariamente pela atualidade do saber, se multiplicam com suas transformações e não deixam, por sua vez, de romper com elas próprias" (Foucault, 2000: 5), ou seja, "o problema não é mais a tradição e o rastro, mas o recorte e o limite; não é mais o fundamento que se perpetua, e sim as transformações que valem como fundação e renovação dos fundamentos" (Foucault, 2000: 6).

Um dos desafios foi a própria definição da universidade. Conforme veremos, desde a Idade Média, as fronteiras do seu conceito jamais foram fixas. As universidades ora se misturavam (convergindo) ora se isolavam (se distinguindo) dos diversos colégios religiosos, academias de ciência, sociedades de sábios, centros de pesquisa, escolas profissionalizantes, faculdades autônomas, *think tanks* etc. que foram surgindo ao longo do tempo. Hoje em dia muitos países determinam normas para diferenciar as universidades das demais instituições de ensino superior. As primeiras geralmente são instituições mais complexas do que as segundas, abrigando uma grande variedade de cursos, de programas de pesquisa, de projetos que interagem com a sociedade etc. Ao falarmos de "universidade participativa", então, teremos em mente esse modelo mais consistente, mas veremos que nada impede que as demais instituições (de ensino superior, de pesquisa, de educação etc.) contribuam para um "projeto participativo".

...

Este livro está dividido em seis capítulos. O *capítulo 1* trata do surgimento da universidade na Idade Média. Ele nos permite compreender como ela foi formada, a partir de uma relação complexa entre a Igreja, as monarquias e a sociedade. Além de mostrar as origens da universidade, veremos a importância que ela teve como instituição social: será que esse simbolismo persiste até hoje?

O *capítulo 2* trata das mudanças ocorridas na Modernidade e da maneira como elas influenciaram as universidades. Nós veremos como o Renascimento, a Reforma, a revolução científica, as revoluções sociais, dentre outros, mudaram a percepção de mundo no Ocidente, e como as universidades acabaram tendo que se adequar a essa nova realidade. A grande consequência foi o surgimento do "modelo humboldtiano", na Alemanha, no início do século XIX, ao qual daremos uma atenção especial. Por que ele foi vital para a modernização das universidades? Qual a sua relação com a "universidade de pesquisa"? Qual o seu legado, hoje em dia, para a "ideia de universidade"?

O *capítulo 3* trata da universidade no mundo anglo-saxão. Ele nos permite expor mais dois modelos de universidade, ambos dialogando com a "universidade humboldtiana". O primeiro deles foi o "modelo newmaniano", surgindo na Inglaterra vitoriana, que valoriza a "educação liberal". Além de expor as origens desta última, que remontam à *Paideia* grega, veremos como as ideias de Newman repercutiram na contemporaneidade, sobretudo no que toca à tradição universitária da "cultura geral". O segundo modelo foi a "*multiversity*", que surgiu nos Estados Unidos, na segunda metade do século XX, com base nos trabalhos de Clark Kerr. A compreensão da *multiversity* é essencial para o debate contemporâneo sobre a universidade. Veremos como ela surgiu, qual a sua ideia e como ela acabou se transformando. Seria a "multiversidade", como afirmava Kerr, uma lógica da história?

O *capítulo 4* trata da universidade na América Latina. Poderemos identificar o último modelo universitário, inspirado no Movimento de Córdoba, além de analisar alguns traços da evolução da universidade no Brasil. O "modelo de Córdoba", surgido na Argentina, depois da Revolução Radical, está na base da nossa compreensão sobre a "universidade participativa". Veremos o contexto político em que ele apareceu, quais as suas reivindicações e qual a sua herança na América Latina. Seria a "reforma universitária", como afirmava Deodoro Roca, o mesmo que "reforma social"? Em seguida, veremos a evolução da universidade no Brasil. Daremos uma atenção especial ao conceito de "extensão", além de apresentar algumas controvérsias em torno da reforma da universidade brasileira, sobretudo no que toca ao projeto da Universidade Nova, elaborado e promovido por Naomar de Almeida Filho. Estaria esse projeto em concordância com a "universidade participativa"?

O *capítulo 5* trata do debate contemporâneo sobre a universidade, em especial sob três pontos de vista: econômico, epistemológico e político. Em primeiro lugar, veremos a relação da universidade com o capitalismo, sobretudo no contexto norte-americano, além de analisar o processo de descapitalização da universidade pública e o movimento de transnacionalização do ensino superior. Em segundo lugar, faremos uma abordagem epistemológica, mostrando quais as principais diferenças, em termos de legitimidade das decisões, entre os tipos ideais "participativo", "autonomista" e "liberalismo". Por fim, faremos uma análise política. Veremos que as novas formas de organização social, surgidas a partir da segunda metade do século XX, trazem consequências diretas para a organização da universidade. Seria a "universidade participativa" um corolário da "sociedade participativa"?

Para terminar, no *capítulo 6*, iremos definir melhor a "universidade participativa", tendo como referência não somente às características da sociedade contemporânea, como os modelos históricos de universidade expostos ao longo deste trabalho, além de uma breve referência ao Programa Polos de Cidadania.

...

Num livro famoso, Burton J. Bledstein mostrou como a universidade norte-americana foi a principal instituição para formar o espírito de competitividade, de mérito, de competência, daquilo que ele chamou de *culture of professionalism*, característica dos Estados Unidos da América (Bledstein, 1976).

Eis o principal questionamento deste livro: será que podemos imaginar, também a partir da universidade, uma outra cultura, uma "cultura participativa"?

CAPÍTULO 1 UNIVERSIDADE E IDADE MÉDIA

A universidade nasceu na Idade Média. Apesar de o ensino superior poder ser identificado na Antiguidade (Alexandria, Grécia, Roma...), existem algumas características que fizeram da universidade algo diferente na história das instituições.

Será que essas peculiaridades, depois de tantos anos, ainda compõem o "inconsciente coletivo" da universidade? Até que ponto, num contexto de forte influência da Igreja, podemos falar da autonomia universitária? Poderia a institucionalidade medieval nos ajudar a pensar um "modelo participativo"?

Uma coisa é certa: a história da educação, depois do século XII, jamais seria a mesma.[10]

1.I. O "renascimento do século XII": o despertar de uma geração?

> Sou coisa leve,
> como a folha da qual zomba o furacão.
> (...) A beleza das moças feriu meu peito,
> as que não posso tocar, eu as possuo de coração.
> Quero morrer na taverna,
> onde os vinhos estejam próximos da boca do moribundo.
> Depois, os coros dos anjos descerão cantando:
> Deus, seja clemente com esse bom bebedor.
>
> Poema goliardo, *apud* Jacques Le Goff, *Os intelectuais na Idade Média*, p. 50-51.

O poema goliardo não deixa dúvida: havia algo de novo na Idade Média. Essa nova classe de errantes – os *beatniks* do século XII", conforme a expressão de C. Figueiredo – era parte da *intelligentsia* urbana que aparecia para chacoalhar o feudalismo medieval. Arautos da transformação social, os goliardos representavam o espírito das novas cidades, contestando a vida ascética imposta pela Igreja, os privilégios sociais dos nobres e membros do

---

[10] Os trabalhos de Jacques Verger foram as principais fontes de pesquisa para este capítulo.

clero e as diversas sombras do conhecimento que dominaram a Idade Média.[11]

Mas os poetas não foram os únicos indícios dos novos tempos. Na época, havia uma série de mudanças, nos burgos e em seus habitantes, que fizeram com que muitos perguntassem se estavam diante de uma Babilônia ou de uma nova Jerusalém (Le Goff, 2006: 43-47).[12]

E se a resposta, ainda hoje, talvez dependa de juízos de valores, historicamente uma coisa parece certa: estavam lançadas algumas das bases da Modernidade, o que levou C. H. Haskins, mais tarde, a falar do "Renascimento do século XII" (Haskins, 1933).

Mas quais foram as características dessas transformações? De que forma elas estão relacionadas com as universidades?

§1. O desenvolvimento urbano

O "movimento goliardo" já anunciava: o século XII conheceu um verdadeiro impulso das cidades. Como mostra Jacques Ellul, após um período de decrescimento econômico e demográfico – entre os séculos X e XI –, teve início uma curva ascendente, que iria marcar de vez o panorama medieval (Ellul, 1961: 119).

Esses novos centros urbanos emergentes congregavam diversos homens, sobretudo artesãos e comerciantes, que pouco a pouco foram encontrando um *modus vivendi* alternativo, desfazendo os vínculos com os antigos senhores feudais.

O aparecimento das cidades – e da burguesia – trouxe também toda uma reestruturação da sociedade medieval. Novas ordens jurídicas, inspiradas no direito romano, foram aparecendo, criando diversas associações, com estatutos próprios.[13]

Havia um verdadeiro sentimento de autonomia e liberdade. O desenvolvimento urbano possibilitou que as novas *classes sociais* se organizassem e criassem suas próprias regras, discutindo-as com as autoridades.

---

[11] Segundo Le Goff, os goliardos podiam ser estudantes, nobres, camponeses etc., sendo sua característica comum a mobilidade social, típica do século XII. Para Le Goff, sobretudo devido ao caráter crítico, os goliardos foram os precursores do humanismo (Cf. Le Goff, 2006: 47-59).

[12] No caso, o autor se refere a Paris.

[13] Como as guildas, que remontam ao século VIII e que foram as primeiras corporações de ofício, representando os artesãos.

CAPÍTULO 1 UNIVERSIDADE E IDADE MÉDIA   31

Essas transformações estão diretamente ligadas com o nascimento da universidade. Como veremos, além desses aglomerados humanos emergentes terem modificado as condições da vida escolar, o novo ordenamento jurídico, que apareceu com as cidades, serviu de base legal para formação das futuras instituições universitárias.

§2. As traduções dos textos da Antiguidade
O segundo ponto a ser levado em conta foi o aparecimento de diversas traduções dos textos da Antiguidade. Sob o domínio do Cristianismo, a educação recebera um caráter totalmente novo: enquanto a maior parte do conhecimento grego e romano foi sendo banida, o desenvolvimento da natureza religiosa do homem foi ganhando cada vez mais espaço. Como afirma o historiador Paul Monroe, essa *idade das sombras* fez com que o conhecimento intelectual praticamente desaparecesse do mundo ocidental (Monroe, 1968: 94-95).

Mas o século XII trazia novidades. Com o desenvolvimento do comércio, além das mercadorias vindas de Bizâncio, Bagdá e Damasco, foram aparecendo diversos manuscritos ignorados. Outro fator importante foi o início das Cruzadas. Ironicamente, esse movimento de *colonização* acabou permitindo a comunicação das ideias, abrindo consideravelmente o horizonte intelectual.

Esses fatores contribuíram para despertar um interesse pela literatura pagã, que pouco a pouco foi sendo traduzida no mundo ocidental. Segundo Jacques Verger, a maior parte desses textos eram comentários dos filósofos gregos, feitas por autores muçulmanos. A Espanha, devido à influência que recebera do mundo islâmico, foi um dos principais centros das novas traduções. Verger chama a atenção para a escola de tradutores de Toledo, criada pelo arcebispo Raimundo, que possibilitou a descoberta de sábios como Euclides, Arquimedes, Ptolomeu, além de Aristóteles, que em breve seria a grande referência da escolástica (Verger, 1990: 21).

Por fim, no campo do Direito, o século XII viu uma verdadeira retomada dos textos romanos. Dois fatores contribuíram para isso: a querela das Investiduras, que ampliou o horizonte dos argumentos jurídicos; e o desenvolvimento das cidades, que trouxe uma nova organização da vida social. Como diz Verger, o fato de o *Digesto*[14] nunca ter sido citado, antes do final do século

---

[14] Parte do *Corpus Juris Civilis* que reunia as opiniões dos jurisconsultos da época imperial.

XI, ilustra bem essa "novidade romana", que passaria a ser uma constante (Verger, 1990: 25).

§3. As novas condições da vida escolar

O terceiro fator que influenciou o nascimento das universidades foi o conjunto das mudanças na educação. Durante a Idade Média, a educação esteve praticamente nas mãos da Igreja. Conforme assinalamos, sua finalidade era o desenvolvimento moral e religioso do homem, não cabendo mais a reflexão individual dos tempos dos gregos. Nesse contexto, os principais centros foram os mosteiros, onde os jovens se preparavam para o clero regular, aprendendo os ideais de ascetismo.[15]

Mas havia também as chamadas "escolas das catedrais" (situadas junto às igrejas), que eram dirigidas pelos bispos e orientadas para a educação do clero secular. A novidade, a partir do século XII, foi justamente a multiplicação dessas escolas das igrejas.

> Mesmo ao tempo da minha juventude, os mestres eram muito pouco numerosos; não existiam nos burgos e mal eram encontrados na cidade. E quando eram encontrados, seu saber era tão escasso que não podia ser comparado ao dos pequenos clérigos errantes de hoje.

Essa citação de Guibert de Nogent (*apud* Verger, 1990: 22), datada de 1117, não deixa dúvidas quanto às novas condições da vida escolar. Rodeados por diversos sábios, os habitantes das cidades tinham finalmente acesso ao conhecimento. Foi a partir desses novos mestres, segundo Jacques Le Goff, que se deu o "nascimento do intelectual": esse homem cujo ofício é pensar e ensinar seus pensamentos – não o filósofo, figura da Antiguidade, nem o humanista, que viria com o Renascimento –, esse homem, professor e erudito, que nasceu com as cidades (Le Goff, 1985: 10).

---

[15] O ascetismo dos mosteiros exigia o domínio de todos os desejos corporais e afeições humanas, afim de que a mente e a alma pudessem ser consagradas aos interesses de uma vida superior. Como mostra Paul Monroe, essa conduta podia incluir jejuns e vigílias prolongadas, uso de roupas insuficientes, imundície do corpo, viver de pernas e braços atados etc. (Monroe, 1968: 105). No entanto, afirma esse autor, "naqueles tempos inquietos, de cultura rude, de guerras constantes, de perpétua ilegalidade, e da lei da força, o monaquismo oferecia a única oportunidade para uma vida de repouso, de contemplação, de vagar e isenção dos deveres comuns da vida, indispensáveis para os estudiosos" (Monroe, 1968: 107).

Na França, Abelardo foi um deles. Considerado o mais brilhante dos novos professores das escolas das catedrais, esse *"cavaleiro da dialética"*, conforme a expressão de Paul Viganux (*apud* Le Goff, 1985: 40), representava perfeitamente o espírito de sua época.

De fato, como podemos observar no filme *Em nome de Deus*,[16] Abelardo não hesitava em difundir suas ideias, cada vez mais racionalistas, criando uma série de divergências. Uma vez banido da Notre-Dame, ele fundou sua própria escola, junto da Igreja Sainte-Geneviève, e foi recrutando um número cada vez maior de alunos, formando toda uma corrente de pensamento.

Abelardo foi o representante máximo dessa nova figura – o *professeur* –, que pouco a pouco foi se multiplicando nas cidades, e que em breve seria de extrema importância para o surgimento das universidades.

1.II. O nascimento das universidades: uma nova instituição?

Acabamos de ver algumas transformações da sociedade medieval. Em meio a esse "Renascimento do século XII", o termo *universitas* passou a designar qualquer forma de grupo ou de associação. Como afirma Jacques Le Goff, aquela era a época das corporações: os indivíduos, buscando uma personalidade jurídica própria, começavam a se unir, formando *universitas* de artífices, de comerciantes e também de professores (*universitas magistrorum*). (Le Goff, 1985: 73). O nome "universidade", designando exclusivamente uma instituição de ensino superior, seria então uma casualidade, que se concretizaria alguns séculos mais tarde.

Na verdade, a primeira universidade surgiu a partir de uma corporação de alunos, e não de professores. Na Itália, devido à luta por direitos contra o imperador germânico, havia um interesse particular pelo estudo do *Corpus Juris Civilis*, sobretudo na escola de Bolonha. Assim, num contexto atípico, após divergências quanto à jurisdição da escola e de seus alunos, os estudantes se uniram e criaram duas corporações, formando a base daquela seria a primeira universidade europeia.

Mas Bolonha foi uma exceção. Não apenas pelo fato de ter sido uma associação de alunos, mas também pela preponderância do interesse pelo Direito. Ao contrário, o modelo de universidade da Idade Média se daria a partir da união de professores, e a teologia, influenciada pela escolástica, seria a disciplina principal.

---

[16] *Stealing Heaven*, filme de Clive Donner.

Nesse sentido, para compreender o nascimento da instituição universitária, não há dúvidas de que o melhor caminho é começar por aquela que seria a referência para toda a Europa: a Universidade de Paris.[17]

§1. A Universidade de Paris: um modelo institucional

Conforme vimos, a mudança de Abelardo para a Sainte-Geneviève representou uma ruptura. Havia um clima de liberdade pairando na *rive gauche*. A região logo se tornaria o local preferido para a instalação de novas escolas. Mestres, vindos sobretudo da Itália, não tardaram a aparecer, ensinando a Medicina e o Direito.

Mas a educação, na época, ainda era dominada pela Igreja. Os professores dependiam de uma autorização especial – a famosa *licencia docendi* –, concedida exclusivamente pelo chanceler, que agia em nome do bispo. E, como o clima profano em torno das novas escolas não agradava à diocese, havia diversas controvérsias no que toca à concessão e à permanência dessas licenças.

Um ambiente de tensão passou então a existir. De um lado, os professores começaram a se unir, com as *universitas*, buscando maior autonomia. De outro, a Igreja tentava manter a supremacia da sua influência, através do monopólio do ensino. E o jogo de interesses não parava por aí: ainda havia o rei, que enxergava nas novas escolas a possibilidade de ampliar seu poder jurisdicional; e o burgueses, que pouco a pouco foram se revoltando contra os estudantes, devido aos privilégios que estes começaram a receber.

Foi em meio a essa guerra de interesses, num contexto nebuloso de pluralismo jurídico, que se deu o nascimento da Universidade de Paris. A solução encontrada foi a seguinte. A Igreja, num golpe de astúcia, propôs aos mestres e alunos que integrassem a jurisdição eclesiástica. Isso significava que eles (mestres e alunos) passariam a fazer parte do clero, ficando isentos da jurisdição ordinária do rei. A proposta acabou sendo aceita, sobretudo por dois motivos: os professores e alunos garantiriam sua segurança (diante da justiça eclesiástica); e beneficiariam de condições materiais (fornecidas pela Igreja).

Esse privilégio, confirmado em 1231 por uma bula de Gregório IX, deu à *universitas magistrorum et scholarium* seu primeiro estatuto e, nas palavras

---

[17] O historiador Jacques Minot também vai nesse sentido ao falar que "a criação de Bolonha é sem dúvida anterior, mas ela não serviu de modelo, como a de Paris, às universidades instituídas posteriormente" (Minot, 1991: 5).

de Jacques Minot, deve ser considerado não apenas "o ato fundador da Universidade de Paris, mas também da instituição universitária" (Minot, 1991: 14).

§2. As mudanças na *licencia docendi*: uma manobra da Igreja

Para Verger, um olhar anacrônico pode surpreender-se com essa decisão dos mestres e alunos de aceitar fazer parte da jurisdição eclesiástica. Isso significava uma perda de autonomia, uma extensão dos laços com a Igreja (Verger, 1973: 91).

Mas é preciso compreender a situação política da época. O desenvolvimento urbano trazia uma reestruturação da vida social e as novas traduções ressuscitavam formas de direito da Antiguidade. Assim, num contexto emergente de pluralismo jurídico, os mestres e alunos precisavam "negociar" sua situação, visando garantir uma existência coorporativa.

Além dos fatores que citamos anteriormente (segurança e facilidades materiais), uma terceira condição – a *licencia docendi* – iria contribuir para a aproximação da universidade com a Igreja.

Conforme vimos, a *licentia docendi* era a garantia do monopólio do ensino pelo poder eclesiástico. Ela era concedida por um chanceler, agindo em nome do bispo local, e dava o direito a uma pessoa de ensinar. No caso de Paris, ambas as autoridades (o bispo e seu chanceler) estavam ligadas à catedral de Notre-Dame, onde eram realizados os exames para a concessão do famoso título.

O conservadorismo dessa catedral, no entanto, passou a desagradar aos novos mestres e alunos. Desde Abelardo, Notre-Dame já vinha sofrendo uma enorme pressão, sobretudo pelo fato de não se adaptar às circunstancias da vida urbana. Com a criação das primeiras *universitas*, esse descontentamento foi crescendo, trazendo diversos atritos com as novas escolas ao redor da Sainte-Geneviève.

Para Roma, esse conflito era perigoso, ameaçando o poder central da Igreja. Assim, além de incorporar os mestres e alunos na sua jurisdição, o poder eclesiástico resolveu mudar as regras de concessão da *licencia docendi*, que passou a ser orientada pelo papado (em Roma), e não mais pelos bispos locais (no caso, em Paris).

Essa decisão foi extremamente importante para o caráter institucional da universidade. Não apenas a *licencia docendi* passou a ser reconhecida em toda a Europa cristã – ganhando um valor *universal* –, como ela foi sendo utilizada, cada vez mais, como um comprovante de capacidade intelectual e não apenas como uma permissão de ensino (Verger, 1995: 88).

Para C. H. Haskins, essa competência da Igreja de reconhecer os títulos foi a grande novidade institucional da universidade: afinal, "um professor como Sócrates jamais concedera um diploma" (Haskins, 1923: 3-4).

§3. A divisão das faculdades

Após Bolonha e Paris, várias universidades foram sendo criadas na Europa. Cada uma delas tinha suas características próprias, inseridas num contexto local. Isso não impede a existência de vários pontos em comum, o que acabou constituindo um modelo de organização institucional.

Dentre esses fatores, o principal talvez seja a criação das faculdades.[18] Nem todas as universidades possuíam as quatro existentes na época (Artes, Direito, Medicina e Teologia), mas essa divisão em ramos do conhecimento acabou sendo uma característica comum a todas as instituições.

A faculdade de Artes era a mais difundida. Ela era considerada como preparatória para aceder às outras. Nela, eram ensinados o *trivium* (gramática, retórica, dialética) e o *quatrivium* (geometria, aritmética, astronomia, música). Juntos, eles formavam o conjunto das sete artes liberais.

Já a faculdade de Medicina foi uma grande novidade. Após ser considerada como uma atividade bárbara, a profissão de médico foi se reconstituindo, pouco a pouco, com a redescoberta dos ensinamentos de Hipócrates, Galeno e Constantino o Africano.

No que toca à faculdade de Direito, ela foi ganhando cada vez mais importância. Além do quadro jurídico complexo (do pluralismo da Idade Média), os novos postos administrativos (tanto da Igreja, como das cidades) exigiam cada vez mais uma formação aprofundada. Em alguns lugares, como em Bolonha, o direito foi a atividade preponderante.

Mas a principal faculdade foi a de Teologia. Não é à toa que Paris, devido à Sorbonne,[19] se tornaria o principal centro de peregrinação acadêmica. Como veremos, a Igreja ainda detinha a última palavra em termos de poder,

---

[18] O termo faculdade, na época, significava *conhecimento* ou *ciência*.

[19] A Sorbonne, originalmente, foi um pequeno Colégio fundado por Robert de Sorbon para acolher estudantes de Teologia que não tinham dinheiro para se acomodar em Paris. Com o tempo, esse Colégio acabou se tornando a maior referência em Teologia da Europa, e o termo Sorbonne, na linguagem corrente, passou a designar o conjunto da Universidade de Paris.

e a escolástica, no seio das universidades, era a principal referência intelectual da época.

§4. A governabilidade das universidades: um modelo democrático?

Outro fator institucional comum às universidades foi sua organização interna, sobretudo no que toca à governabilidade.

No princípio, as universidades eram dividas em grupos de estudante da mesma origem, as nações, que se uniam para assegurar ajuda mútua. Cada nação elegia um encarregado oficial (*procurador*, em Paris, *conselheiro*, em Bolonha), que depois iria designar o reitor da universidade, através de votação, junto com os demais encarregados oficiais.

O reitor era o chefe da corporação. Ele tinha poderes especiais, com jurisdição civil sobre os membros da universidade. Uma de suas principais funções era a representatividade exterior, sobretudo no que toca às negociações acerca dos privilégios dos membros da universidade (alunos, professores, administradores), junto às autoridades da Igreja, do Rei, das cidades etc.

O reitor era submetido ao controle das assembleias gerais. Nestas, havia uma ampla representatividade, com a presença de alunos, professores e demais encarregados oficiais. Eram discutidas questões relativas ao estatuto interno das universidades, como suas formas de ensino, de recrutamento, de controle etc.

Podemos assim observar um certo caráter democrático da instituição – o que é unanimidade entre os historiadores –, sobretudo se pensarmos no contexto político da época. O fato de retraçar as origens dessa forma de "democracia", aliás, é importante para nossa reflexão acerca da "universidade participativa": se uma das grandes questões da universidade contemporânea é saber a forma como ela deve tomar suas decisões ou a forma como ela deve gerir sua autonomia, essa genealogia que remonta à Idade Média, para aqueles que defendem um alargamento da democracia no interior das universidades, talvez possa ser extremamente importante.

Mas será que, no século XIII, podíamos falar de autonomia? Será que a universidade, em meio a uma luta de poderes, vislumbrou alguma forma de liberdade?

§5. A escolástica: entre a razão e os livros sagrados

Antes de responder a essas perguntas, é preciso fazer referência a uma das principais correntes de pensamento da época. Afinal, como sua etimologia indica (do latim *scholasticus*, relativo à escola), a escolástica esteve diretamente ligada às universidades.

A primeira metade da Idade Média fora marcada pela obediência, pela hostilidade à dúvida, pela imposição dos dogmas da Igreja. Mas após a virada do ano 1000, sem o desencadeamento do apocalipse, uma nova forma de pensar foi se instalando, trazendo uma série de controvérsias.

A redescoberta de Aristóteles, conforme vimos, foi a grande novidade. O fato de sua obra trazer uma explicação coerente para a natureza do mundo, sem recorrer aos textos sagrados, fez com que alguns passassem a questionar ou ao menos verificar as verdades da Igreja, utilizando-se da razão e do argumento lógico.

O nominalismo foi a principal escola de pensamento aristotélico. Sua doutrina afirmava que as ideias ou conceitos universais são apenas nomes e que a realidade consiste nos objetos concretos individuais. Essa afirmação contradizia a escola do realismo, de inspiração platônica, segundo a qual as ideias, conceitos universais, constituíam a única realidade.

A disputa entre essas duas correntes durou quatro séculos e foi extremamente importante para formação da escolástica. De forma resumida, podemos dizer que enquanto o nominalismo abria as portas para uma sistematização do conhecimento, dando-lhe formas científicas, o realismo impedia que a figura de Deus ficasse de fora.

A obra de Tomás de Aquino foi uma síntese dessas ideias. Ao tentar conciliar a fé e a razão, ele buscava desenvolver o poder de formular crenças num sistema lógico e de expor e defender tais definições de crenças contra todos os argumentos que pudessem ser levantados contra elas.

Mas havia uma regra clara no pensamento escolástico: em última instância, havendo dúvida, o argumento religioso devia ser considerado superior ao racional. O *credo ut intelligam*,[20] de Anselmo, foi o princípio dominante. A Igreja ainda controlava o saber.

§6. A metodologia: uma arte da argumentação

O último ponto em comum das universidades medievais surgiu justamente a partir da escolástica. A metodologia desta talvez tenha sido uma das principais características das instituições de ensino superior da época.

---

[20] Creio para compreender.

A redescoberta da lógica aristotélica animara a prática analítica, fazendo com que todas as matérias fossem divididas em partes, capítulos, sub-capítulos etc. Uma vez sistematizado, o conhecimento era posto em prática, através da dialética, que se tornou a forma de raciocínio por excelência da época.

Assim, nas universidades, esse método lógico-dialético era expresso através da *lectio* (lição) e da *disputatio* (disputa). Enquanto a primeira visava apresentar aos estudantes as grandes "autoridades", fazendo-os conhecer o conjunto da disciplina, a segunda permitia-lhes um aprofundamento mais livre da questão, testando-lhes a vivacidade de espírito e a justeza de raciocínio (Verger, 1973: 60-61).

Vejamos Odofredo, professor de Direito em Bolonha, falando para os alunos sobre sua metodologia, em 1228:

> Primeiro, dar-vos-ei um resumo de cada título antes de proceder à análise literal do texto; segundo, farei uma exposição a mais clara e explícita possível do teor de cada fragmento incluído no título; terceiro, farei a leitura do texto com o objetivo de emendá-lo; quarto, repetirei brevemente o conteúdo da norma; quinto, esclarecerei as aparentes contradições, acrescentando alguns princípios gerais de direito (extraídos do próprio texto), chamado comumente *Brocardica*, como também as distinções e os problemas sutis e úteis decorrentes da norma, com suas respectivas soluções, dentro dos limites da capacidade que a Divina Providência me concederá. Se alguma lei merecer, em virtude de sua importância e dificuldade, uma *repetitio*, essa repetição será feita à noite. As *disputationes* realizar-se-ão pelo menos duas vezes por ano (*apud* Manacorda, 1997: 153).

Para Jacques Verger, havia nessa metodologia a expressão de um pensamento original. Apesar de os argumentos da disputa terem que se basear nas referências textuais da lição, os temas – *quaestio* filosóficos ou teológicos e *casus* jurídicos – ensejavam verdadeiros problemas, mostrando a inovação e a criatividade da pedagogia escolástica (Verger, 1973: 62).

Mas, voltando à nossa questão, até que ponto isso foi sinônimo de autonomia? Até que ponto podemos falar em liberdade?

1.III. Entre liberdade e luta pelo poder: uma universidade autônoma?

Não há dúvidas de que o nascimento da universidade anunciava uma nova instituição, com uma função específica, dentro da organização social.

Conforme vimos, havia até mesmo um caráter universal, com a transferência da *licencia docendi* para Roma, sem contar a adoção de uma linguagem comum (o latim) e a mobilidade crescente dos alunos e professores, que deu origem a uma verdadeira *"peregrinatio academica"*.[21]

Mas ao falar de instituição, nos vem à mente a palavra "liberdade", no sentido de saber até que ponto a universidade podia ser considerada autônoma.

Nesta seção, veremos dois fatores que contribuíram para a perda de autonomia da universidade, para depois fazermos um balanço final, no que toca essa autonomia, analisando quais as lições que podemos tirar da universidade medieval.

§1. A controvérsia das ordens mendicantes

As duas principais ordens mendicantes cristãs, os franciscanos e os dominicanos, nasceram no começo do século XIII. Opondo-se à riqueza das grandes catedrais e à suntuosidade dos clérigos dirigentes, essas novas ordens pregavam o ideal da vida ascética, fazendo votos de pobreza. Devido à influência dos seus fundadores (Francisco de Assis e Domingo de Guzmão), elas passaram a exercer uma grande influência no mundo cristão.

Como os mendicantes davam enorme valor para o estudo das escrituras, eles logo se interessaram pelas universidades. Vindos sobretudo de locais onde não era possível aprofundar-se em Teologia, esses religiosos foram bem acolhidos nas faculdades, recebendo inclusive uma recomendação do papa.

Mas se em princípio a devoção e o estilo de vida dos mendicantes agradaram a todos, não demorou muito para surgirem desavenças no seio das universidades. Para começar, os mendicantes se interessavam apenas pelo estudo da Teologia, ignorando totalmente a faculdade de Artes. Seus estudos preliminares eram seguidos no interior da própria ordem, o que contrariava o estatuto das universidades. Outro problema era a falta de integra-

---

[21] Para Jacques Minot, "a *peregrinatio academica* fez da Europa uma só universidade" (Minot, 1991: 14). Para Jean Vial, as universidades "contribuíram para se criar um espírito europeu" (Vial, 1995: 26).

ção dos novos mestres mendicantes. Ao contrário dos seus pares seculares, que lutavam por autonomia, eles se recusavam a participar de greves ou receber qualquer forma de remuneração. Mesmo no interior das faculdades de Teologia, eles não seguiam os protocolos, dando maior importância às regras de suas próprias ordens.

Em Paris, não tardou muito para que essas divergências se transformassem num conflito. Numa carta para o bispo, em 1254, os mestres seculares atacaram os mendicantes (acusando-os de desrespeitar as regras da corporação) e expuseram suas preocupações com relação ao futuro da universidade.

Diante do problema, a Igreja acabou tendo de intervir. Na verdade, desde 1250, o papa já havia se manifestado a favor dos mendicantes, ao autorizar-lhes a licença em Teologia, sem a obrigação de passar pela faculdade de Artes. Mas, dessa vez, a intervenção foi ainda mais radical. Em 1255, na bula *Quase lignum vitae*, Alexandre IV mudou o estatuto da Universidade de Paris, inserindo-lhe diversas regras em favor dos mendicantes.

Esse ato foi um verdadeiro golpe na autonomia da instituição, provocando uma série de revoltas. Liderados por Guilherme de Saint-Amour, autor de um panfleto acusatório, os mestres seculares recusaram-se a acatar as decisões da bula e ainda deram início a uma campanha de boicote aos mendicantes.

Roma, porém, não se intimidou. Poucos dias depois, os mestres seculares foram excomungados e excluídos da universidade, e Saint-Amour acabou banido da França. (cf. Verger, 1990: 74-90)

§2. A condenação das teses averroístas

O segundo grande golpe na autonomia das universidades foi a condenação das teses de Averrois, grande filósofo de origem muçulmana, que nasceu em Córdoba no começo do século XII. Sua obra exerceu uma influência enorme, sendo difundida tanto nos países árabes como na Europa. Ele foi um dos principais comentadores da obra de Aristóteles. Seu pensamento, que buscava separar a filosofia da religião, dando maior credibilidade à primeira, lhe valeu o título de um dos pais da doutrina laica, assim como uma série de perseguições.

No contexto universitário do século XIII, Averrois não podia ser ignorado. Se, de um lado, seus comentários de Aristóteles haviam inspirado grande parte dos autores da escolástica, de outro, os averroístas radicais não admitiam a conciliação da filosofia grega com o cristianismo, reivindicando, ao contrário, duas coisas separadas, duas ordens de verdade: uma relacionada com a razão natural, filosoficamente irrefutável; e a outra revelada pelo dogma, à qual aderimos pela fé.

Diante dessas teses, a situação na Universidade de Paris era a seguinte. Na faculdade de Artes, onde havia um espírito mais laico, os averroístas eram maioria, sendo Siger de Brabant um dos seus principais representantes. Já na faculdade de Teologia, havia duas correntes: os agostinianos (herdeiros do realismo), totalmente adversos ao averroísmo e os escolásticos (influenciados pelo nominalismo), que tentavam estabelecer um meio-termo, através da obra de Tomás de Aquino.

Diante desse contexto, os agostinianos adotaram uma estratégia. Eles passaram a fazer uma enorme pressão, junto ao bispo de Paris, sobretudo contra os mestres averroístas. Em 1270, após várias divergências, o bispo Etienne Tempier finalmente sucumbiu à influência e condenou as 13 teses que agrupavam a doutrina de Averrois. A decisão provocou uma série de conflitos e não tardou a ir parar em Roma. Como era de se esperar, o papado tomou largamente o partido dos agostinianos, induzindo o bispo Etienne Tempier a ampliar, ainda mais, as condenações, que passaram a figurar sob a forma de 219 proposições erradas acerca do averroísmo. O líder do movimento, Siger de Brabant, foi até mesmo citado em um tribunal da inquisição, e os seus seguidores acabaram sendo expulsos da universidade.

Mas a influência dos agostinianos não parou por aí. Na verdade, nas 219 proposições houve uma mistura de averroísmo com o pensamento de Tomás de Aquino, ou seja, um objetivo claro de condenar não apenas uma filosofia naturalista (puramente racional), mas também a possibilidade de qualquer síntese conciliadora da fé e da razão.

Esse ato foi um verdadeiro ataque contra a liberdade intelectual nas universidades. Ele marcou a impossibilidade de um consenso, o fim da busca por uma verdade racional, a diminuição das *disputatios* nas argumentações e o aumento da importância da Bíblia como fonte de conhecimento.

Para Jacques Verger, trata-se de uma data relevante na história da instituição: "a universidade passaria a ser um local cada vez mais importante de vigilância intelectual e de repressão" (Verger, 1973: 98-99).

§3. A transformação das universidades: uma decadência institucional

A controvérsia das ordens mendicantes e a condenação das teses averroístas anunciaram o fim do sonho de autonomia das universidades medievais.

CAPÍTULO 1 UNIVERSIDADE E IDADE MÉDIA   43

Após um período glorioso, marcado por uma atividade intelectual intensa, as universidades passaram a ser totalmente instrumentalizadas, tanto pela Igreja como pelos reis.

Na verdade, foi uma época cheia de mudanças. Se o "Renascimento do século XII" viu uma explosão demográfica, um aumento nas atividades comerciais, um interesse pelo conhecimento, o século XIV inaugurou um período de dificuldades, marcado pela Guerra dos 100 anos, pela Guerra das Rosas, pela peste negra, pela fome etc.

Esse novo cenário acabou provocando uma transformação política. Houve um aumento considerável do poder dos reis, que passaram a assegurar as condições econômicas da população. Era o início da "era do príncipe" (conforme a expressão de Jacques Le Goff): uma era marcada pela bajulação sem precedentes das cortes, que se tornavam cada vez mais importantes (Le Goff, 1985: 138).

Esse aumento de poder dos reis não tardou a refletir-se nas universidades. Embora seguissem sob a jurisdição eclesiástica, elas vinham sofrendo pressão para representar cada vez mais os interesses da corte, em prejuízo da Igreja. Durante o Grande Cisma, Carlos V chegou inclusive a considerá-la como a "filha mais velha do rei", criando uma série de controvérsias.

Diante desse novo contexto, o número de universidades foi se multiplicando. Na verdade, foram aparecendo diversas outras formas de estabelecimentos (colégios, academias, salões, sociedade de sábios...), que passaram a concorrer com a antiga instituição. E, apesar de algumas universidades, como a de Paris, ainda seguirem sob forte influência da Igreja, não tardou muito para que elas finalmente passassem à jurisdição comum, ficando sob a tutela das monarquias.[22]

Foi o fim de toda uma época. Para Jacques Minot, a mudança de jurisdição enterrou definitivamente o caráter universal da instituição, extinguindo a *peregrinatio academica* e a busca da construção de um saber (Minot, 1991: 24). Jacques Verger, da sua parte, chama a atenção para a perda do caráter democrático (com o fim das nações) e a transformação das universidades num instrumento dos governantes locais (Verger, 1990: 39). Jacques Le Goff, no mesmo sentido, fala da falta de ambição dessa nova universidade, preo-

---

[22] Na França, em 1445, Carlos VII declarou que a universidade sairia da jurisdição eclesiástica passando para a jurisdição comum. E, no século XVI, sob Henrique IV, a universidade passou a ser controlada pelo Rei.

cupada apenas em formar os juristas e os administradores do desenvolvimento nacional, concedendo-lhes o ensino necessário (Le Goff, 1985: 140). Por fim, Louis Liard fala do declínio da instituição, concomitante com o declínio da escolástica, que fez com que o conhecimento migrasse para fora das universidades (Liard, 1909: 56).

Mas qual seria o destino dessa "invenção medieval"?

CAPÍTULO 2 UNIVERSIDADE E MODERNIDADE

Conforme vimos, após uma época gloriosa, marcada por uma atividade intelectual intensa, as universidades medievais foram caindo em declínio, sendo cada vez mais instrumentalizadas pelos monarcas e pela Igreja.

Foi um período de mudanças. Com a chegada da Modernidade, despontava uma nova maneira de pensar, de encarar o mundo. E, ao contrário do que ocorreu com a escolástica, que na época também foi uma vanguarda de pensamento, o humanismo e o racionalismo emergentes, pelo menos no começo, ficaram de fora das universidades.

Dentre as consequências dessa atitude reacionária, a principal delas foi que as universidades viram o conhecimento migrar, pouco a pouco, para outros locais, como as sociedades de sábios, as academias de ciência, os círculos fechados das cortes etc.[23] Para Jacques Le Goff, trata-se da passagem do intelectual (professor universitário, rodeado de alunos) para o humanista (cientista recluso, mais preocupado com suas pesquisas), que alimentou o progresso humano de forma jamais imaginada.[24]

Quais foram as principais razões dessas transformações? De que forma elas influenciaram as universidades? Veremos que, muito além de um período histórico, a Modernidade nos envia a um projeto de civilização, a uma concepção cognitiva do universo, a uma configuração moral e espiritual do ser humano. Suas fronteiras ultrapassaram barreiras geográfico-temporais e até hoje pautam diversos aspectos do mundo acadêmico. Compreender a Modernidade é imprescindível para falar da universidade.

---

[23] Como afirma Le Goff, "quando o verdadeiro humanista conquista Paris, ele não vai ensinar na Universidade, mas nesta instituição para uma elite: o *Collège des lecteurs royaux*, o futuro Collège de France" (Le Goff, 1985: p. 181).

[24] Le Goff critica essa mudança: afinal, apesar do progresso, o conhecimento foi se tornando cada vez mais uma exclusividade das elites fechadas. Nas universidades, apesar do elitismo, havia uma abertura maior para o povo. O professor, ao compartilhar suas ideias com os alunos, fazia com que estes as compartilhassem com seus amigos (e assim por diante), o que trazia um certo dinamismo para o conhecimento. Segundo Le Goff, a partir da Renascença, o povo passou definitivamente a não fazer parte da vida cultural dos países (Le Goff, 1985: 187-189).

2.I. A ruptura cultural-político-epistemológica: uma nova maneira de pensar?

> Essas regras são suficientes para permitir que você saiba distinguir o verdadeiro do falso – e isso ajuda o homem a olhar somente para as coisas que são possíveis e com moderação devida – e não de se envolver na ignorância, algo que pode não trazer bons resultados, de modo que no desespero você se entregaria à melancolia.
>
> Leonardo da Vinci, *The Notebooks of Leonardo da Vinci*, vol. 1, capítulo 1, 12.

Se a "nova era" tivesse um homem-arquétipo, não há dúvida que este seria Leonardo da Vinci. O gênio florentino – artista, cientista, filósofo, engenheiro, botânico, anatomista, escritor – foi o representante máximo do novo *homo universalis*: aquele pesquisador incansável, sujeito do mundo, especialista em diversos campos, descobridor da natureza humana e da sua relação com o universo sensível – o humanista, sobre o qual nos falava Jacques Le Goff.

Não seria exagero dizer que da Vinci esteve envolvido com quase todos os aspectos da Modernidade. Mesmo se a sua participação política (no que toca à formação dos Estados-Nações) e religiosa (no que cabe à Reforma) sejam menos significativas, suas ideias, suas descobertas, sua metodologia, sua visão de mundo, pelo grau de influência que exerceram, foram representativas de toda uma época.

Além disso, também no que toca à universidade, o percurso de Leonardo da Vinci, pelo fato de ele jamais ter frequentado uma,[25] foi bastante sintomático, mostrando o deslocamento que a instituição sofreu, ficando à margem das inovações daquele tempo.

Mas quais os elementos culturais, filosóficos, políticos e científicos que permitiram o nascimento de um gênio, como da Vinci? E quais as consequências desses fatores com relação à universidade? Eis as questões que passamos a analisar.

---

[25] A formação de da Vinci se deu no atelier do artista e arquiteto Andréa del Verrocchio, que trabalhava sob os cuidados do estadista da Republica Florentina, Lourenço de Médici, o Magnífico.

§1. Uma nova visão do homem: o Renascimento como precedente cultural

Havia algo de novo na Itália no final do século XIV. Quando Dante ignorou as formalidades e o elitismo do latim, fazendo do percurso de Virgílio, na *Divina Comédia*, a criação de um novo vernáculo, ele aproximou a língua dos dialetos e dos cidadãos locais. Quando Giotto quebrou as regras da arte gótica, inserindo um naturalismo em seus afrescos, deixando de lado as figuras estáticas de outrora, ele introduziu movimentos ("vivos") tridimensionais. Quando Petrarca, nos seus versos, exaltou o desenvolvimento da personalidade, por meio de várias experiências, trazendo uma alternativa ao ascetismo da Igreja, ele revelou a alma humana em sua inteira escala de paixões, de sofrimentos e de possibilidades.

Como podemos perceber, nos três casos, a novidade era o indivíduo. Seja em Dante, em Giotto ou em Petrarca, o homem passava ao primeiro plano e começava a ser visto como homem. Nada do Absolutismo (ou da unidade) da vida intelectual e sentimental ditada pela Igreja. Os poetas e artistas italianos, naquilo que a arte tem de visionária, anunciavam a volta das emoções, da apreciação do belo, das satisfações contemplativas da vida, que ficaram de fora da Idade Média.

Não foi por acaso que os florentinos, tendo como referência a Grécia gloriosa, já no final do século XIV, falavam de uma *Rinascita*. Afinal, havia um passado escondido, algo camuflado, que o movimento das letras e das artes italianas tentava recuperar. E quando Rafael, pouco tempo depois, numa carta para o papa Leão X, falou dos tempos bárbaros de outrora, não havia dúvidas de que uma nova era havia começado.

A visão antropocêntrica do mundo é o principal legado renascentista. É verdade que esse humanismo foi concomitante com uma série de fatores (as grandes descobertas, a formação dos Estados-Nações, o desenvolvimento da ciência, a Reforma...), mas é ele que está na base das transformações, sendo um denominador comum para a época que surgia.

No que toca à educação, esse humanismo foi responsável pela revalorização da chamada "educação liberal". Formulada pelos gregos (e adaptada aos romanos por homens como Cícero), essa "metodologia de ensino" exaltava o desenvolvimento de uma personalidade moral livre, tanto intelectual como emocional:

> Chamamos liberais os estudos que formam o homem livre; aqueles estudos pelos quais alcançamos e praticamos a virtude e a sabedoria; a educação que pro-

move, treina e desenvolve os dotes mais elevados do corpo e do espírito, que eno-
brecem os homens e que são justamente considerados como os mais dignos logo
abaixo da virtude (*apud* Monroe, 1968: 153).

Ou seja, nada do formalismo escolástico ou do asceticismo dos mosteiros
que até então predominavam. Essa definição de Paulo Vergério, datada de
1374, mostra a ruptura que estava prestes a ocorrer. Com a "educação liberal", o interesse era voltado para o indivíduo, para fazer deste um "homem
perfeito", um cidadão capaz de participar das instituições sociais e da vida
em comum, e não apenas de forma prática, formal e mecânica; a finalidade
da "educação liberal" era, antes de tudo, a formação do homem como um
todo, ou seja, a formação do homem face às suas múltiplas dimensões, fossem elas existenciais, sociais, culturais ou políticas.

Para Petrarca, esse ideal humanista encontrava-se nos grandes autores
da Antiguidade, que passaram a ser bastante difundidos, sobretudo após a
invenção da imprensa. A literatura, nesse contexto, era vista como a base
para a formação do homem, um meio necessário para ampliar as emoções,
a imaginação e o saber, uma atitude de introspecção e análise, não para uma
busca de uma vida em outro mundo, mas para a imortalidade do indivíduo
face ao seu presente.

Será que, em algum lugar ao longo do caminho, esquecemos essa dimensão existencial da cultura das Artes e das Letras? Faria ela parte de um
"modelo participativo"? Teremos a chance de voltar a essas questões. Por
agora, é importante assinalar que, no início da Renascença, essa visão de
mundo inovadora ainda era um tanto marginal nas universidades, que permaneciam instrumentalizadas pelos monarcas e pela Igreja. A Modernidade
ainda dava seus primeiros passos e a Reforma protestante contribuiria para
lhe abrir caminho.

§2. Lutero e a Reforma: da teologia a uma ruptura educacional

> Com um desejo ardente de trazer a verdade à luz, as se-
> guintes teses serão defendidas em Wittenberg sob a presi-
> dência do Rev. Frei Martinho Lutero, Mestre de Artes, Mes-
> tre de Sagrada Teologia e Professor oficial da mesma. Ele,
> portanto, pede que todos os que não puderem estar presen-
> tes e disputar com ele verbalmente, façam-no por escrito.

Eis o preâmbulo das 95 teses, afixadas na porta da catedral de Wittenberg, no dia 31 de outubro de 1517. Como podemos observar, e o filme de Eric Till também deixa claro, tratava-se de uma *disputatio*, na tradição acadêmica escolástica, para que Lutero pudesse defender suas ideias inovadoras. Estas, como era de se esperar, foram logo revogadas, e Lutero acabou excomungado, pouco tempo depois, por meio de uma bula pontifical. Mas sua atitude não ficou sem consequências: o dia 31 de outubro em breve se tornaria a data oficial de comemoração do surgimento do protestantismo e a história do Cristianismo jamais seria a mesma.

Como é notório, uma das grandes questões de Lutero foi o ataque à mercantilização das indulgências. Longe do seu caráter original (ligado à reflexão, à penitência, à caridade), as indulgências tinham se tornado um negócio tão lucrativo, com a venda de objetos, que muitos começaram a acusar a Igreja de enriquecer às custas do medo do Inferno. Mas, apesar de esse tema ter se tornado um símbolo da Reforma, a história desta é muito mais complexa, envolvendo uma série de fatores. Suas raízes remontam às discussões entre realistas e nominalistas, no sentido de saber as possibilidades que o ser humano tinha de fazer uso da razão. Esse debate, iniciado no século XI, além de jamais ter sido esquecido, acabou ganhando uma nova dimensão com o advento do protestantismo.

Assim, dando continuação à tradição agostiniana, os realistas seguiam considerando a religião como uma verdade completa, revelada na sua totalidade pela Providência, e confiada a uma instituição que deveria ser considerada tão divina quanto a própria revelação original. Já os nominalistas, na sequência de Abelardo, Duns Scot e Ockham, defendiam que a religião era uma verdade divina em sua origem, mas que só se completava pela evolução do espírito das pessoas, ou seja, não havia uma verdade completa, mas verdades cujos princípios iam se aperfeiçoando na medida da sua aplicação à vida dos homens. Como nos mostra Paul Monroe, enquanto os primeiros, ao adotar a revelação original como base, encontravam a verdade na autoridade da Igreja, os segundos, ao conjugar a razão e a revelação original (dando a esta significação no tempo e no espaço), iam deslocando a verdade para o campo do indivíduo (Monroe, 1968: 173).

Podemos observar então a convergência que houve entre a Reforma (de base nominalista) e o Renascimento, pelo menos no que toca à mudança de perspectiva com relação ao homem e à possibilidade deste fazer uso da razão. Aliás, da mesma forma que ocorrera na Itália, poucos séculos antes, esse "individualismo" emergente traria uma série de consequências, muitas delas voltadas para as universidades e para a educação em geral.

A presença de Lutero, nesse caso, foi essencial. Ele foi o principal líder de um movimento educacional que começara na Alemanha. Suas propostas visavam libertar a educação do monopólio da Igreja, ampliando as oportunidades de aprendizado, tanto para a vida religiosa como para a vida secular. Em sua *Carta aos Prefeitos e Conselheiros das Cidades Alemãs*, ele escreve:

> Ainda que não houvesse alma, ou céu, nem inferno, seria necessário haver escolas para a segurança dos negócios deste mundo, como a história dos gregos e romanos claramente nos ensina. O mundo tem necessidade de homens e mulheres educados, para que os homens possam governar o país acertadamente e para que as mulheres possam criar convenientemente seus filhos, dirigir seus criados e os negócios domésticos (*apud* Monroe, 1968: 178).

Essa defesa da educação vai de par com outra das grandes causas de Lutero. Seguindo a tradição nominalista, ao reivindicar o uso da razão para complementar a revelação divina, Lutero não apenas lutava para que todas as pessoas pudessem ler a Bíblia, como foi o primeiro a traduzi-la do latim (elitista) para o alemão (popular). Combinadas, essas duas atitudes (ampliação da educação e nova versão das Escrituras) induziram muitas e diversas pessoas a aprender e aprofundar o vernáculo, o que transformou a vida cultural do povo teutônico.

Num estudo recente, Sacha Becker e Ludger Wößmann mostraram, de forma interessante, a relação entre a educação e o impulso da economia nos países protestantes (Becker e Wößmann, 2007), hipótese que contraria a famosa tese de Weber, em que o "espírito" do capitalismo é associado à ética protestante (Weber, 2004). Analisando dados da Prússia, no século XIX, Becker e Wößmann mostraram que existe, de fato, uma relação entre comunidades protestantes e sucesso econômico (como sugere Weber), mas que essa relação sociológica se repete ao fazer o cruzamento entre comunidades de pessoas letradas e sucesso econômico. Em seguida, os autores mostraram que a relação de comunidades de pessoas letradas e sucesso econômico também se repetia em aglomerados católicos, o que, segundo eles, indicaria que a religião, no sentido de uma disposição *ética* face aos temas econômicos, *não* teve um efeito significativo nos resultados econômicos.

A tese de Becker e Wößmann sublinha, assim, a importância que teve o capital humano (a educação) na diferença do impulso capitalista entre os países católicos e protestantes, a partir dos séculos XVI e XVII. A Reforma teria contribuído para que houvesse uma liberdade maior de aprendizado, de ensino, de pesquisa, o que de fato ocorreu nos países que romperam com a Igreja. "Quando olhamos o progresso do espírito humano desde a invenção da imprensa – já dizia Diderot –, observamos, em primeiro lugar, que depois do Renascimento das letras na Itália, a boa cultura, as melhores escolas se estabeleceram em países protestantes" (*apud* Gusdorf, 1964: 48).

Essa relação fica clara ao analisarmos o percurso das universidades nos países do Norte (que passaram pela Reforma) e nos países do Sul (que continuaram sob a influência de Roma). Como afirma Jacques Minot, enquanto "as primeiras ensinavam as ciências e a teologia, praticavam o livre exame crítico, aceitavam a multiplicidade de seitas e a diversidade de pontos de vista, as segundas sofriam o monolitismo hierárquico e autoritário da Igreja" (Minot, 1991: 27, nota de pé de página).

Existe de fato uma forte relação entre a Reforma e o desenvolvimento das universidades nos países protestantes. O exemplo clássico foi a Universidade de Cambridge, que, sob a liderança de Tyndale (1484-1536) e Latimer (1485-1555), logo teria seus mosteiros e conventos substituídos por novos colégios, com o estabelecimento de cátedras *régias* (Monroe, 1968: 181). Não foi por acaso que Newton – membro do Trinity College – sairia dos muros dessa universidade. Mais tolerante no plano religioso, mais próxima dos *whigs* na política,[26] Cambridge foi uma das primeiras a deixar as sombras medievais de lado, acolhendo "as novidades científicas (...) e o racionalismo das Luzes" (Charle e Verger, 1994: 54).

Mas essa relação entre universidade e Modernidade, mesmo nos países protestantes, não se daria de forma imediata, nem seria isenta de controvérsias. Como nos mostra Paul Monroe, mesmo após o clima de "liberdade" instaurado pela Reforma, as amarras religiosas continuaram fortes, fazendo com que "a aplicação das faculdades críticas e racionais à literatura, a assuntos religiosos e seculares, à vida institucional e às realidades da natureza ficassem, ainda uma vez, adiadas para os séculos seguintes" (Monroe, 1968: 174).

---

[26] Ao contrário de Oxford, mais conservadora, mais ligada aos *tories* (cf. Charle e Verger, 1994: 54).

HISTÓRIA DA UNIVERSIDADE

Não há dúvidas, porém, de que a Reforma contribuiu para uma mudança de mentalidade. Ao descentralizar ainda mais o poder, com relação à Igreja, e ao valorizar o indivíduo, com o uso da razão, ela possibilitou uma série de novas experiências – no campo da educação, das ciências, da economia, da política... – que colocariam os países protestantes em primeiro plano, numa vanguarda de comportamento. Muitas dessas transformações tiveram influência na história das universidades. Como a principal delas foi a revolução científica – ocorrida sobretudo na Inglaterra, a partir do novo método experimental –, vejamos suas principais características.

§3. Das universidades para as academias de ciência: o surgimento do novo método experimental

No século XVI, após o advento da Reforma (e com o fim da Guerra das Rosas), a Inglaterra vivia sua *golden age*. Assim como ocorrera na Itália, pouco tempo antes, a era isabelina foi palco de uma intensa transformação, sem precedentes no mundo anglo-saxão, que deu início à chamada Renascença Inglesa. No campo das artes, essa ruptura foi marcada sobretudo pelo teatro (Shakespeare) e pela poesia (Milton, Spencer), que juntos questionaram diversos aspectos culturais, religiosos e existências do ser humano, e acabaram modificando os costumes do povo inglês.

Mas a grande novidade viria no campo das ciências. Uma revolução metodológica estava prestes a surgir, transformando nossa forma de pensar.

> Nosso método, contudo, é tão fácil de ser apresentado quanto difícil de se aplicar. Consiste no estabelecer os graus de certeza, determinar o alcance exato dos sentidos e rejeitar, na maior parte dos casos, o labor da mente, calcado muito de perto sobre aqueles, abrindo e promovendo, assim, a nova e certa via da mente, que, de resto, provém das próprias percepções sensíveis (Bacon, 1993: 11).

Esse trecho de Francis Bacon não deixa dúvidas: era preciso mudar a maneira de enxergar o mundo. Como mostraria Galileu (seu contemporâneo), não é pelo fato de não observarmos qualquer movimento mecânico de rotação da Terra, que este não existe. O homem, na verdade, não pode confiar nos seus sentidos; as experiências imediatas nos enganam. Para Bacon, era preciso testar, verificar, comprovar... Nada das especulações filosóficas da escolástica; nada da inteligibilidade do modelo de Aristóteles.

Assim, em seu *Novum Organon* ("novo instrumento"), Bacon reformulou o sistema da lógica, introduzindo o método indutivista. Ao contrário do dedutivismo – exposto por Aristóteles, no *Organon* –, o método baconiano não confiava nos silogismos feitos a partir das hipóteses gerais (universais), das quais podíamos chegar a conclusões particulares. Para o indutivista, muito além de um processo puramente mental (dedutivo), a metodologia científica requeria a comprovação empírica dos fatos, coletando e registrando dados, observando e experimentando, fazendo generalizações a partir de análises comparativas, examinando minuciosamente as hipóteses (cf. Chalmers, 1993: 25-30).

Com Bacon, tem início o ideal prometeico do ser humano. Este passa a dispor das ferramentas para domesticar a natureza, e não simplesmente entendê-la. A ciência, e não mais a religião, é vista como a grande fonte salvadora. Como ficou ilustrado em *Nova Atlântida*, a sociedade ideal, para Bacon, giraria em torno das descobertas científicas, a partir das quais a ordem social se seguiria naturalmente.[27]

Bacon foi um dos precursores da revolução científica que estava acontecendo. Ela trouxe várias consequências: a ciência deu um salto, enorme, criando novas disciplinas e ampliando seus campos de intervenção; houve uma valorização contínua da matemática, da química, da astronomia etc., além da aplicação utilitária desses conhecimentos na navegação, na indústria, no comércio, na arte militar etc.

Essas transformações acabaram influenciando as universidades, mais nos países protestantes do que nos católicos, estes ainda muito próximos dos valores da Igreja. Conforme vimos, Cambridge, onde Bacon estudou, fora pioneira nesse sentido, acolhendo algumas das novidades da época. É um erro acreditar, porém, que as universidades tiveram uma posição de destaque. Michel Freitag, por exemplo, fala da "função ideológica central que assumiu a instituição universitária no processo de desenvolvimento da sociedade moderna" (Freitag, 1995: 33). A verdade é que esse papel deslocara-se, passando a ser exercido pelas academias de ciência, que pouco a pouco foram sendo construídas. A história da Royal Society, fundada na Inglaterra, ilustra muito bem essa perda de hegemonia. Por volta

---

[27] *Nova Atlântida* é um romance utópico, inacabado, de Francis Bacon, que foi publicado após a sua morte.

de 1650, influenciados pelas ideias de Bacon, um grupo de intelectuais britânicos passou a reunir-se para discutir os rumos da nova filosofia natural. No começo, eles faziam seus encontros nas universidades (tanto em Cambridge como em Oxford), mas, como o próprio nome do grupo talvez indique – eles se definiam como *Invisible College* –, suas ideias estavam muito além da antiga instituição, que ainda guardava resquícios medievais. Na verdade, a autonomia de homens como Robert Boyle, protótipo do *gentleman scientist*,[28] fazia com que esses intelectuais precisassem de um novo local, onde pudessem desenvolver livremente suas ideias. Assim, em 1660, eles convenceram o rei Carlos II a criar uma instituição alternativa – a Sociedade Real de Londres para o Aperfeiçoamento do Conhecimento Natural –, cuja primeira Carta estabelecia:

> Olhamos com bom grado para todas as formas de aprendizado, mas com benevolência maior nós encorajamos estudos filosóficos, especialmente aqueles pelos quais os atuais experimentos procuram modular uma nova filosofia ou aperfeiçoar a antiga. Para que, dessa forma, tais estudos, que até o momento não foram suficientemente brilhantes em outras partes do mundo, possam brilhar de forma proeminente no nosso povo, e que por extensão todo o mundo das letras possa sempre nos reconhecer não apenas como os Defensores da Fé, mas como os amantes universais e patronos de todas as formas de verdade.[29]

Para o contexto do século XVII, fica clara a vontade de construir algo novo, algo que fosse *além* do domínio de Deus. Nas universidades, a influência eclesiástica continuava presente: *"a teologia* – como afirma Gusdorf – [ainda] *fazia parte de uma cultura geral ao invés de ser uma cultura a parte"* (Gusdorf, 1964: 50). Na verdade, na Inglaterra, houve uma interação entre a Royal Society e algumas universidades, o que não ocorreu com a maior parte das outras academias de ciência. O exemplo clássico desse intercâmbio foi Newton: membro do Trinity College e da Royal Society; homem de fé, crente, e ao mesmo tempo cientista.

---

[28] O "cientista gentil-homem" era o nome dado aos cientistas que podiam fazer suas pesquisas com recursos financeiros próprios, de forma mais independente, antes que o incentivo em larga escala dos governos passasse a operar.

[29] Para a versão completa da primeira carta (em latim e em inglês), cf. <http://royalsociety.org>.

CAPÍTULO 2 UNIVERSIDADE E MODERNIDADE 55

Mas não nos iludamos: foram as academias de ciência – e não as universidades – que passaram a ser os principais centros de pensamento e de pesquisa no mundo.[30] A Royal Society, por exemplo, teve uma enorme influência na Revolução Industrial, assim como no êxito político, social e econômico da Inglaterra nos anos seguintes.

Quanto à universidade, ela ainda teria que aguardar alguns anos pela sua hora. Seria somente após o "modelo humboldtiano" que ela recuperaria a hegemonia.

§4. O racionalismo e a nova confiança epistemológica

O segundo grande movimento intelectual de transformação da Modernidade foi o advento do racionalismo. Junto com o novo método experimental, ele iria estabelecer as bases cognitivas para reformular o pensamento humano. Era a tentativa de acabar com as dúvidas, de fugir dos erros de outrora:

> A nova filosofia torna tudo incerto / O elemento do fogo está completamente extinto / O sol se perdeu, e a terra; e ninguém hoje / Pode mais nos dizer onde encontrá-la (...) / Tudo está em pedaços, toda coerência desaparecida./ Nenhuma relação justa, nada se ajusta mais (*apud* Ferry, 2007: 119).

Os versos de John Donne, escritos logo após o conhecimento dos princípios da revolução coperniciana, ilustram as incertezas que pairavam. O universo já não era mais um todo estático, fechado, ordenado, conforme a cosmologia dos antigos. A Igreja não tinha mais como sustentar seus argumentos.

O racionalismo surgiu para tentar reconstruir as coisas. Ele tinha os mesmos propósitos do novo método experimental, apesar de utilizar-se de um caminho diferente. Enquanto os empiristas partiam da experiência (única fonte do conhecimento, como diria Locke), os racionalistas partiam da inteligibilidade do ser humano (da "razão determinante", segundo a expressão de Leibniz). Mas, apesar das diferenças – que seriam mais tardes sintetiza-

---

[30] Christophe Charle e Jacques Verger afirmam que, apesar de "diversos autores e pensadores importantes da época moderna terem passado pelos colégios e pelas universidades, como estudantes e às vezes mesmo como professores, foi geralmente fora da universidade que eles elaboraram suas obras maiores ou fizeram suas descobertas" (Charle e Verger, 1994: 53).

das por Kant –, houve uma interface entre essas duas correntes do pensamento: *juntas*, elas buscaram justificar uma nova teoria do conhecimento; *juntas*, elas buscaram erguer uma nova ordem do mundo.

No caso do racionalismo, o principal representante foi Descartes. Considerado o pai da filosofia moderna, ele levou às ultimas consequências o "nada se ajusta mais" (sobre o qual falava John Donne), assumindo o desafio de reconstruir, com bases sólidas, uma nova ciência, uma nova maneira de pensar:

> E assim, para nada esconder de vós a cerca da natureza do meu trabalho, gostaria de tornar público (...) uma ciência completamente nova que resolveria em geral todas as questões de quantidade, contínua ou descontínua.[31]

Para essa função (quase demiúrgica), Descartes estabeleceu um método. Ele passou a duvidar de tudo. Duvidava das afirmações do senso comum, dos argumentos das autoridades, das informações da consciência, dos sentidos etc. Seu objetivo, com essa desconfiança, era dividir cada uma das dificuldades, decompor o pensamento, reduzir a complexidade, até chegar ao ponto de ter uma certeza, algo que ele realmente pudesse confiar:

> Rejeitamos todo conhecimento que é meramente provável e consideramos que só se deve acreditar naquelas coisas que são perfeitamente conhecidas e sobre a quais não pode haver dúvidas (*apud* Capra, 1982: 53).

No plano filosófico, a base dessa certeza foi o famoso *cogito* – penso, logo existo –, a partir do qual Descartes acreditava poder reconstituir, fazendo uso da razão, todas as verdades possíveis. E, independentemente das conclusões à que Descartes chegou (a prova ontológica da existência de Deus, o perfeccionismo deste, a oposição *res extensa / res cogitans*, o caráter absoluto e universal da razão...), que sempre foram questionadas no plano metafísico, a grande contribuição da sua obra foi o estabelecimento desse método analítico, que buscava dividir os problemas em partes, dispondo-as em seguida na sua ordem lógica, reduzindo as dúvidas, ordenando, quantificando, fazendo uso de um rigor matemático, para erguer um conhecimento verdadeiro:

> Porque já colhi dele tais frutos que embora no juízo que faço de mim próprio procure sempre inclinar-me mais para o lado da desconfiança do que para o da

---

[31] Descartes, numa carta para um amigo, *apud* Capra, 1982: 53.

presunção, e embora, olhando com olhar de filósofo as diversas ações e empreendimentos de todos os homens, não haja quase nenhuma que não me pareça vã e
inútil, não deixo de receber uma extrema satisfação com o progresso que julgo
ter feito em busca da verdade e de conceber tais esperanças para o futuro que,
se entre as ocupações dos homens, puramente homens, alguma há que seja soli-
damente boa e importante, ouso crer que é aquela que escolhi.[32]

Como mostra Boaventura de Sousa Santos, essa confiança epistemológica
foi uma das principais rupturas da Modernidade, e foi ela que aproximou
Bacon e Descartes (Santos, 2003: 20-31). Apesar de optarem por caminhos
opostos, tanto o racionalismo como o empirismo acreditavam poder encontrar
a ordem e a estabilidade do mundo, sendo essa certeza fundamental, junto
com outros fatores, para constituir uma nova era na história da humanidade.

Na França, onde a influência racionalista foi maior, o grande exemplo
dessa confiança veio com o projeto da *Enciclopédia* (*Dicionário raciocinado das
ciências, das artes e dos ofícios*), uma forma de "compêndio de todo o saber",
que fora organizado por Diderot. Ali, de forma jamais vista, estava exposta
uma síntese do conhecimento, abrangendo diversas inovações da época, que
seriam decisivas para o advento do Iluminismo.

No entanto, mais uma vez, a universidade ficou fora do caminho. De
maneira diferente da Inglaterra, onde ainda havia uma abertura, o objetivo
da instituição francesa continuava sendo o de formar cristãos, da mesma
forma que nos tempos medievais (Liard, 1909: 29). Como afirma Louis
Liard, mesmo depois de Montesquieu, Rousseau, Diderot e Voltaire, mesmo
depois do novo método experimental, dos problemas relativos ao homem,
à liberdade, "havia um ar que circulava em torno da Universidade de Paris
sem conseguir entrar" (Liard, 1909: 28).

Mas isso estava prestes a mudar: com a Revolução Francesa, a universidade medieval finalmente desapareceria.

§5. A Revolução Francesa e o movimento de transformação das uni-
versidades

> Tudo que vejo espalha as sementes de uma revolução que
> há de chegar infalivelmente e à qual não terei o prazer de

---

[32] Descartes, no seu famoso livro *Discurso sobre o método, apud* Santos 2003: 23.

> assistir. (...) As luzes estão espalhadas por toda parte, que
> haverá um estouro na primeira ocasião: e vai ser uma linda
> algazarra.
>
> Voltaire, *Carta ao Marquês de Chauvelin*, 2 de abril
> de 1764.

A Revolução foi uma ruptura. Não havia como evitar: os filhos de Descartes passaram ao ato; e o advento da República foi um corolário natural.

A nova ordem estabelecia um Estado regido por leis, um governo legítimo, a tolerância religiosa, a igualdade e a liberdade, o interesse geral das decisões etc. Nesse novo horizonte, inspirado em Rousseau, não havia espaço para os corpos intermediários ou interesses particulares. Era preciso fazer tábula rasa da herança medieval.

Assim foi extinta a universidade: em 1793, sob as alegações de ser "ligada à aristocracia" (Minot, 1991: 31) ou de ser "elitista, corporativista e religiosa" (Renaut, 1995: 165), a Convenção decidiu fechar a instituição.

Foi o fim, ou a interrupção, de uma longa história. A Universidade de Paris, uma das mais antigas do mundo, ficaria desativada por mais de uma década.

Esse ato, na verdade, foi representativo do que aconteceria em toda a Europa. Da mesma forma que a Revolução Francesa teve um caráter universal, acabando com o *Ancien Régime*, o fechamento da Universidade de Paris ilustrou a vontade de modificar essa antiga instituição. Os movimentos de reforma, afinal, vinham acontecendo em diversos países. Na Península Ibérica, por exemplo, Pombal (em Portugal) e Jovellanos (em Espanha) iniciaram um movimento de modernização das universidades, renovando a pedagogia, introduzindo novas disciplinas e acabando com os privilégios corporativistas. Da mesma forma, nos territórios dominados pela dinastia dos Habsburgos, o despotismo esclarecido da imperadora Maria Teresa (1740-1780) e do seu filho José II (1780-1790) foi responsável por diversos projetos, que acabaram transformando as universidades.

Mas o grande movimento de reforma ocorreria na Alemanha, alguns anos mais tarde, com o "modelo humboldtiano". No que toca à instituição da universidade, ele seria o resultado mais representativo da Modernidade, influenciando diversos outros países. Devido a sua importância, o analisaremos na próxima seção. Antes, é preciso voltar à França.

§6. O "modelo universitário napoleônico"

Em 1792, a Assembleia anunciava: "A pátria está em perigo". Essa famosa declaração, feita por decreto, ilustrava a situação da França: apesar do sucesso da Revolução, o país estava divido internamente, além de sofrer ameaças externas.

A queda da Bastilha, na verdade, deflagrara uma enorme complexidade política: representados pela alta burguesia e a nobreza liberal, os Girondinos pareciam satisfeitos, não queriam aprofundar a Revolução; já os Jacobinos, com o apoio da pequena burguesia e dos *sans-culottes*, buscavam dar continuidade às reformas, ampliando os direitos do povo; um grupo de deputados conhecido como Planície (ou Pântano) não tinha opinião fixa, votando sempre nas propostas com mais chances de ganhar; os Raivosos, formados pelos radicais, desejavam ver os membros das massas dirigindo o país; e os contrarrevolucionários, por fim, planejavam um golpe, visando a volta do monarca ao poder.

Era preciso colocar ordem na casa. Essa situação instável – logo viria o *Terreur*, o Diretório, a Conspiração dos iguais, as ameaças da Segunda coalizão... – ainda duraria alguns anos, até Napoleão por fim à cronologia, acabando com a Revolução. Adeus ao sonho democrático, à Republica, à Declaração dos Direitos do Homem... A França, em breve, teria seu imperador.

No plano externo, a história de Napoleão foi marcada por suas conquistas. Exímio conhecedor da "arte de guerra", ele daria à França sua extensão máxima, ameaçando a soberania de quase todos os países da Europa. No plano interno, Napoleão foi responsável por uma vasta reforma do Estado, em que se destacaram a fundação do Banco da França, a promulgação do Código napoleônico, a Concordata com a Igreja Católica e a reforma da educação, centrada na universidade.

No que toca a esta última, Napoleão fez algo jamais visto. Ele criou uma corporação – a Universidade Imperial –, que tinha o monopólio do ensino público, em todas as instâncias, desde o primário até o superior. Essa instituição controlava também todos os colégios e academias de pesquisa, ou seja: "ela era una (...), nada podia existir fora dela" (Minot, 1991: 36).

Na direção da Universidade, encontrava-se o *Grand Maître*, cujos poderes eram ilimitados. Ele nomeava os professores, os administradores e os conselhos acadêmicos, distribuía bolsas de estudo, concedia licenças para criar novas escolas, redigia os estatutos disciplinares etc., coordenando assim um regime totalitário e centralizador, que tinha uma concepção pragmática da universidade. O objetivo, de um lado, era formar pessoas para ocupar os cargos civis e militares; de outro, instrumentalizar a ciência para as finalidades do Estado.

Com esse modelo de universidade, Napoleão ressuscitou pelo menos dois ideais. Em primeiro lugar, ele trouxe à tona a perspectiva espartana de educação. Ao contrário de Atenas (onde se estimava a liberdade, as artes, o sentimento, a busca da felicidade...), a composição de Esparta sempre foi voltada para as conquistas, a bravura, a tenacidade, a organização da sociedade, o controle etc. Como afirma Jacques Minot, "pesava uma disciplina de essência militar (...) – ele se refere à universidade francesa, mas poderia muito bem estar falando de Esparta – e a vida escolar foi ritmada pelo barulho dos tambores" (Minot, 1991: 36).

Em segundo lugar, houve um retorno dos valores da Igreja, com a restituição da moral e o respeito das hierarquias. Afinal, além de os membros da universidade terem que se comprometer, por meio de sermão, à exata observação dos regulamentos, o imperador chegou ao ponto de instituir o celibato do corpo docente (pelo menos por um tempo), para que eles pudessem dedicar-se às suas tarefas com mais afinco (cf. Minot, 1991: 38-39).

Podemos notar que, com relação a alguns aspectos da Modernidade, a Universidade Imperial representou um retrocesso, uma verdadeira exceção. Ela foi *contra* a emancipação do homem pelo conhecimento; *contra* o humanismo, a autonomia e a liberdade, valores que vinham em ascensão desde o Renascimento. Muito pelo contrário, como afirma H. Taine, essa universidade representava "a 'máquina napoleônica', cuja missão era obter o comportamento uniforme de todos os sujeitos a serviço do imperador" (*apud* Minot, 1991: 39).

Apesar do viés totalitário, o "modelo napoleônico" foi importante para caracterizar uma universidade de Estado, que mais tarde acabaria influenciando outras instituições, sobretudo na América Latina. Nessa concepção, a universidade é vista como ferramenta de planejamento da sociedade. Dirigida de maneira central e uniforme, ela é instrumentalizada pela máquina estatal (para a formulação e a execução de seus projetos), além de privilegiar o estudo da matemática e da ordenação sistemática do conhecimento e da informação, fazendo do engenheiro seu representante maior (cf. Schwartzman, 1996: capítulo 2).

O exemplo clássico, na França, foi a *École Polytechnique*. Fundada durante a Revolução, ela seria aprimorada durante o período napoleônico, tornando-

-se uma das instituições de maior prestigio da Europa. "Lá – afirma Simon Schwartzman (referindo-se à sua época imperial) –, a educação militar era ministrada juntamente com o treinamento da mente em matemática e física; pensava-se que essa combinação prepararia as melhores mentes cartesianas, prontas para construir pontes, comandar exércitos e dirigir a economia" (Schwartzman, 1996: capítulo 2).

Esse modelo de instituição (ou de pensamento) foi um dos precursores do positivismo. Não foi por acaso que Comte cursou a *École Polytechnique*. Esta escola, mais tarde, seria uma das principais vitrines para seu lema de "ordem e progresso". Teremos a chance de voltar a falar sobre o assunto. Antes, vejamos o que aconteceu em Berlim.

2.II. A "universidade humboldtiana": em busca de um ideal?

A fundação da Universidade de Berlim, nos diz Steffens, "foi um dos eventos históricos mais notáveis do seu tempo" (*apud* Leon, 1959: 159). E não podia deixar de o ser: de Schelling à Hegel, passando por Fichte, Schleiermacher e Humboldt, quase toda a *intelligentsia* germânica esteve envolvida nesse projeto que, além de transformar a universidade, representaria a essência do idealismo alemão.

Mas como se deu esse processo? Qual a relação entre idealismo e universidade? Quais as consequências para o futuro da instituição? Eis algumas das questões que abordaremos nesta segunda seção.

§1. Do Romantismo ao idealismo: em busca da "rosa azul"

No começo do século XIX, a Alemanha ainda fazia parte da Prússia, que sucedeu ao Sacro Império Romano Germânico. Como nos mostra Jacques Droz, ao contrário da França e da Espanha, cuja unificação era coesa no final da Idade Média, o Império germânico ainda vivia uma existência anárquica, emergido no feudalismo, correspondendo o título de imperador a um muito limitado poder real (Droz, 1994: 4).

Na época da Prússia, com Frederico II (1740-1786), esse legado começou a se transformar. O déspota esclarecido, amigo de Voltaire, conseguiu não apenas uma unificação territorial mais forte – justificando-lhe o apelido de Frederico, o Grande –, como também introduzir parte do espírito das Luzes, lançando as sementes para um movimento de identidade nacional.

Mas foi apenas o começo. Apesar de o Iluminismo ter inspirado quase todas as grandes mentes da época – Kant que o diga –, o verdadeiro movimento de identidade germânica surgiu em *oposição* à *Aufklärung*, ou seja, contestando seu excesso de racionalismo ou sua frieza intelectual.

O romantismo fazia apelo às emoções. Nada das abstrações filosóficas, nada do cientificismo da *Crítica da razão pura*. A Revolução Francesa continuava sendo uma fonte de inspiração, mas a maneira de se construir uma Nação estava no *Volksgeist* (no "espírito do povo"), e não nas teorias do contrato social. Para os românticos, cada cultura tinha sua originalidade, cada país tinha suas tradições. As sociedades eram organismos vivos e a universalidade estava na descoberta de uma identidade nacional.

Nesse novo contexto, o gênio criador era o artista, cujas ferramentas eram a imaginação e a sensibilidade. Por meio delas, os poetas, os músicos e os pintores podiam atingir a realidade suprema, e os homens depois podiam comungar de suas descobertas.

O grande exemplo foi Novalis. Sua obra, além de poética, envolvia elementos da filosofia, da religião, da política e das ciências naturais. Assim, no seu *Rascunho Geral*,[33] Novalis imaginava uma forma específica de saber-total, em que a arte (sobretudo a poesia) seria a pedra angular. No coração de sua reflexão, encontrava-se a busca de um *universo mágico*, que combinasse poder espiritual e criação literária. E a "rosa azul", união do sonho e do mundo real, símbolo maior do romantismo, representava essa busca insaciável.

Já podemos perceber a convergência entre o romantismo e o idealismo, que não tardaria a acontecer. Essa relação, aliás, se daria na cidade (e na Universidade) de Iena, por onde passaram Goethe, Schelling, Novalis, Schiller, Schlegel, Fichte, Hegel, ou seja, a nata da *belle époque* das letras germânicas.

No entanto, é preciso estar atento a um detalhe. Como afirma Stephen d'Irsay, a Alemanha, na época, era um "estado de permanente tornar-se", nada ainda estava claramente definido (Irsay, 1933:179). Apesar de o racionalismo ter cedido lugar ao sentimento, a influência de Kant, seja diretamente ou por meio da sua vulgarização, não podia ser negligenciada. Assim, mesmo sem querer, o filósofo de Königsberg se tornaria o verdadeiro pai do idealismo alemão (Irsay, 1933:180).

Veremos logo adiante como se deu essa influência. Ela teve ligação com o papel da universidade na busca de uma sociedade ideal.

---

[33] *Das Allgemeine Brouillon*, conforme original. Texto não traduzido para o português.

CAPÍTULO 2 UNIVERSIDADE E MODERNIDADE   63

§2. As controvérsias em torno da fundação da Universidade de Berlim

A cidade de Iena estava ameaçada. Pouco a pouco, as tropas de Napoleão avançavam. A capital do romantismo logo estaria ocupada.

A vitória da França custou caro à Prússia. Além de Iena, ela perderia o ducado de Magdebourg, local onde se encontrava a Universidade de Halle, outra das mais importantes instituições de ensino superior do reinado. Era preciso fazer alguma coisa. Era preciso criar uma nova universidade.

Esse desejo já vinha sendo manifestado, mesmo antes da invasão. Schelling, em 1802, publicara *Lições sobre o método dos estudos acadêmicos*, texto no qual ele pedia a fundação de uma instituição digna dos novos tempos (Schelling, 1979). A vitória napoleônica acabou acelerando o processo.

Segundo Alain Renaut, a grande controvérsia da época girava em torno das "escolas especiais" (*Spezialschulen*) e das "escolas superiores profissionais" (*Fachhochschulen*), que vinham se multiplicando, entrando em concorrência direta com as universidades (Renaut, 1995: 120). Trata-se de um debate que se tornaria clássico na filosofia da ciência, entre os defensores da "pesquisa ou conhecimento puro" e da "pesquisa ou conhecimento aplicado". Os últimos, numa tradição que remonta a Leibniz, defendiam uma concepção da ciência que não fosse apenas teórica, "por e para si", mas que também levasse em conta o ponto de vista da aplicação, ou seja, sua condição necessariamente prática. Já os primeiros rejeitavam todo o caráter utilitarista da ciência, defendendo a ideia de que a universidade, como indica Karl Jaspers, deveria ser um local "de busca incondicional da verdade e apenas por amor à verdade" (*apud* Santos, 1995: 188).

A partir dessa discussão, o projeto de fundar uma nova instituição levantava diversas perguntas: as escolas especiais e profissionais deveriam fazer parte da universidade? E as academias de ciência? Era necessário separar o ensino da pesquisa? Para resolver a situação, o então ministro Beyme decidiu convocar Humboldt. Homem de Estado, das letras, do universo da cultura, ele era a pessoa certa para conduzir o projeto da futura Universidade de Berlim.

Mas a conciliação entre "pesquisa ou conhecimento puro" e "pesquisa ou conhecimento aplicado" não foi o único desafio da instituição. Bayme pedira também dois pareceres sobre a organização da nova universidade: um a Fichte e outro a Schleiermacher, que apresentaram ideias totalmente contrárias. Enquanto a proposta do primeiro era *autoritária*, ligando a uni-

64 HISTÓRIA DA UNIVERSIDADE

versidade ao Estado, a proposta do segundo era *liberal*, concedendo autonomia para os professores (Leon, 1959).

Coube a Humboldt, mais uma vez, fazer a opção.

§3. O "modelo universitário humboldtiano"

Xavier Leon narra esse episódio fascinante da história alemã. Humboldt chegou a receber os dois intelectuais, juntos, no seu escritório. Mas, apesar da simpatia por Fichte, ele não podia aceitar a sua proposta *autoritária*. Humboldt, sabemos hoje, foi um dos pais do liberalismo político. Ele já havia escrito, em 1792, seu *Ensaio sobre os limites da ação do Estado*, que, devido às circunstâncias políticas da Prússia, só foi publicado após a sua morte. Mas, como bom diplomata, Humboldt escutou Fichte. Na visão deste, a universidade devia ser uma totalidade, em fusão com o Estado, visando "preparar futuros cidadãos para preencher uma função na comunidade nacional" (*apud* Renaut, 1995: 128).

Professores, pesquisadores, estudantes, administradores, não havia autonomia para ninguém. Para Fichte, deveria haver apenas uma universidade, em todo o reino, englobando todas as atividades. Essa universidade seria dirigida por um mestre, conhecedor da arte da filosofia, sobre o qual ninguém exerceria influência (Fichte, 1979: 188). Como afirma Xavier Leon, "esse mestre era ele [Fichte], era sua própria ditadura que se oferecia a dirigir a futura Universidade" (Leon, 1959: 145).

Humboldt então acabou optando pela proposta de Schleiermacher. Nela, o Estado apenas financiava a universidade. Havia uma total autonomia para a instituição. Os professores e pesquisadores eram livres. Eles podiam ensinar, conforme metodologia própria, e desenvolver suas investigações, de forma independente. Constituiu-se, assim, uma "liberdade de cátedra": para cada disciplina científica haveria um líder intelectual autônomo e responsável tanto pela gestão dos processos administrativos como pela gestão acadêmica dos conteúdos curriculares.

Mas, no que toca à separação entre ensino e pesquisa, Humboldt foi contra a proposta de Schleiermacher. Para este, deveria haver duas instituições distintas: a academia e a universidade. O objetivo era maximizar a autonomia de ambas. Na academia se daria o progresso da ciência (com a pesquisa); e na universidade, a transmissão do saber (com o aprendizado). Humboldt achava que as duas funções deveriam estar na mesma instituição. Segundo ele, o fato de expor as teses diante de um auditório inflamado é bom para o intelecto: a ciência, com a participação de pessoas diversas (alunos, outros professores etc.), torna-se mais dinâmica, e os eventuais excessos de autonomia, da pesquisa, são equilibrados na universidade (Humboldt, 1979: 326-327).

Por fim, restava a questão das escolas especiais e das escolas profissionais, que vinham se multiplicando. Humboldt, nesse sentido, não abria mão de uma "ciência pura". Ele defendia uma instituição autônoma, longe da influência do Estado, das técnicas e da sociedade. "As associações profissionais são menos importantes (...) – afirmava ele –, elas podem se formar na esfera privada" (Humboldt, 1979: 327).

A dimensão prática do "modelo humboldtiano", na verdade, está em outro lugar. Como nos mostra Alain Renaut,[34] Humboldt não podia simplesmente ignorar a controvérsia entre "pesquisa ou conhecimento puro" e "pesquisa ou conhecimento aplicado": "havia a dupla ameaça de uma teoria dissociada de toda perspectiva prática e de uma prática dissociada de toda reflexão teórica" (Renaut, 2002: 48). Humboldt vai então conservar o saber puro (a busca da verdade), mas ao contrário de inserir a perspectiva prática na aquisição de uma técnica setorial qualquer (de um *savoir faire*), ele vai justificar a praticidade da universidade defendendo a "formação pelo saber" (*Bildung durch Wissenschaft*) (Renaut, 1995: 124). Isso quer dizer o seguinte: a formação do homem como tal (como ser humano, completo, para viver em sociedade) não pode ficar restrita à técnica, à profissão, ao *savoir faire*; a verdadeira "formação do homem" passa por um conhecimento mais abrangente, animado pelo ideal filosófico de articular, ao infinito, e de forma crítica, os diversos campos científicos, proporcionando uma visão totalizante do saber. A universidade aparece assim ao mesmo tempo como local de busca da verdade (pura, autônoma, desinteressada), e local da reorganização do saber (prático, conjugado, totalizante). Como afirma Alain Renaut, é dessa forma que ela (a universidade) "poderia contribuir para o que Humboldt chamava de 'educação moral da nação'" (Renaut, 1995: 127).

Aqui, começamos a entrar no cerne do idealismo alemão. Na visão de Humboldt, a universidade deveria fazer parte de um processo – e talvez ela

---

[34] A interpretação de Alain Renaut, no que toca ao "modelo humboldtiano", é inspirada dos trabalhos de Jürgen Mittelstrass, grande especialista alemão do assunto. Renaut faz referência, sobretudo, à coletânea *Die unzeitgemässe Universität*. Francfort: Suhrkamp, 1994, na qual Mittelstrass reuniu a maior parte dos seus artigos sobre a universidade.

fosse a peça principal – que iria possibilitar a execução da *racionalidade filo-sófica* (na ciência, na sociedade, no Estado...), por meio da unificação continua do saber. A melhor compreensão desse processo, que pode ser identificado como "Sistema", é imprescindível para definir o "modelo humboldtiano".

§4. Uma perspectiva de "Sistema": a convergência entre o "modelo humboldtiano" e o idealismo alemão

Apesar das diferenças, havia um ponto em comum na opinião de todos os filósofos que estiveram envolvidos na fundação da Universidade de Berlim: a possibilidade da constituição de um saber unificado, totalizante; a possibilidade da edificação de um "Sistema".

Vejamos alguns exemplos. Primeiro, Schelling:

> Qual é o único ponto a partir do qual depende toda nossa pesquisa posterior? Trata-se da ideia do saber incondicionado em si, saber que é pura e simplesmente Um, e no seio do qual todo saber constitui igualmente um, deste saber originário que, se ramificando, não se dissocia senão em função de diversos graus que constituem a manifestação do mundo ideal, e que se desdobra na totalidade da imensa árvore do conhecimento (*apud* Ferry e Renaut, 1981: 19-20).

Vejamos agora Fichte, que, após perguntar: "para onde tendemos?", responde: "à unidade da coisa a partir de um ponto de vista *único*", ou seja, a ideia de uma "totalidade do saber", em que cada elemento é "uma parte indispensável de uma totalidade maior", a qual deve ser "penetrada por um conceito claro", de forma que as partes "se encadeiem umas às outras" (*apud* Ferry e Renaut, 1981: 20).

Ou Schleiermacher, ao dizer que

> a ciência é obra de todos (...), no domínio do saber, tudo é interdependente, nós somente podemos penetrar num objeto qualquer na sua relação com todos os outros (...), todos os esforços científicos se chamam uns aos outros e querem fusionar (Schleiermacher, 1979: 257).

Humboldt, da sua parte, fala de seguir "na direção de um Ideal" (Humboldt, 1979: 323), e até mesmo Hegel[35] afirma que

---

[35] Hegel vivenciou os acontecimentos da fundação da Universidade de Berlim, mas não participou diretamente nesta. Sobre a universidade, ele escreveria, mais tarde, em 1816, o texto *O ensino da Filosofia na universidade.*

partindo da convicção de que o sistema está acabando, que existe, sob o nome de Enciclopédia Filosófica, um "complexo sistemático das ciências": [há então] a "exigência de constituir um todo ordenado, construído em todas as suas partes, o vasto campo dos objetos que pertencem à Filosofia", isto é, todas as ciências. (*apud* Ferry e Renaut, 1981: 21-22).

De fato, podemos observar, em todos os textos, a vontade de se constituir uma saber unificado no seio do "Sistema". Esse desejo na verdade já podia ser identificado no começo da Modernidade (com o racionalismo e o novo método experimental) e no romantismo (conforme vimos, em Novalis). O idealismo alemão vai buscar sintetizar, de certa forma, todas essas tendências, levando ao extremo a possibilidade da unificação-sistêmica, e fazendo da universidade um dos principais meios para realização desse ideal.

O caminho, para tanto, passava por uma reorganização da universidade. Ela não podia mais continuar nos moldes da Idade Média, com uma justaposição desordenada das disciplinas, que permaneciam separadas umas das outras. Afinal, dizia Schelling,

> quando, no começo do curso acadêmico, o jovem entra pela primeira vez no mundo das ciências, quanto mais gosto e tendência ele sente pela totalidade, menos pode obter uma impressão diferente da de um caos no qual ainda não distingue nada, ou de um vasto oceano onde ele se vê jogado sem bússola nem estrela polar (*apud* Ferry e Renaut, 1981: 24).

Essa "forma gótica", conforme a expressão de Schleiermacher, tinha que ser substituída por um saber unificado. Tratava-se da passagem da *universitas magistrorum et scholarium* (corporação de mestres e alunos) à *universitas scientiarum* (reunião dos saberes), ou seja, a passagem de uma instituição medieval para uma instituição moderna. E, apesar das controvérsias – *autoritarismo* de Fichte versus *liberalismo* de Schleiermacher –, havia no seio do idealismo alemão uma outra unanimidade: essa passagem para uma instituição moderna se daria por meio da faculdade de filosofia, que se tornaria uma guardiã da razão.

É aqui que o legado de Kant começa a se tornar claro. Em *O conflito das faculdades* (1795), carta aberta ao rei da Prússia, ele havia exposto sua ideia de como os saberes deveriam ser organizados na universidade. A instituição, seguindo a tradição medieval, ainda tinha três faculdades superiores (Teologia, Medicina e Direito) e uma faculdade inferior (a de Filosofia, herdeira da faculdade de Artes, que se ocupava do *studium generale*).[36] De forma brilhante, sem ofender a soberania do rei, Kant propunha uma inversão: por meio da faculdade de Teologia, o governo poderia influenciar a intimidade das pessoas; por meio da faculdade de Direito, o governo poderia se ocupar das leis públicas, organizando as relações exteriores dos indivíduos; por meio da faculdade de Medicina, o governo poderia certificar-se do bem--estar corporal, garantindo um povo saudável; mas a faculdade de Filosofia, esta, deveria ser autônoma: ela representava o interesse científico, a razão que se desenvolvia segundo suas próprias leis, a busca da verdade como tal (Renaut, 2002: 61-62). A faculdade de Filosofia deveria então ser a mais importante, assumindo o papel que fora da faculdade de Teologia durante a Idade Média. O rei, dessa forma, manteria seu poder, ficando restringido apenas pela verdade, por meio da "razão prática", que deveria nos guiar, de forma *universal*.

Os filósofos do idealismo alemão, não há dúvidas, beberam dessa fonte. A faculdade de Filosofia, tanto para Fichte como para Schleiermacher, deveria ser a principal. A diferença, conforme vimos, estava na forma: enquanto para Fichte ela deveria ser dirigida somente por um mestre – "sobre o qual ninguém vai exercer influência, (...) [que] irá reproduzir a arte do saber para seus alunos na sua totalidade, (...) seguro do seu sistema, (...) distinguindo saber e não saber (...), formando um centro orgânico de unidade" (Fichte, 1979: 188-190) –, para Schleiermarcher, deveria haver uma multiplicidade de mestres e uma liberdade, já que "a ciência é obra de todos, não é o feito de um só indivíduo" (Schleiermacher, 1979: 257).

A influência kantiana, na verdade, vai muito além da organização das faculdades, inserindo-se no propósito sistêmico do idealismo alemão e da "universidade humboldtiana". Como nos mostram Luc Ferry e Alain Renaut, a posição de Kant se caracteriza por uma dupla atitude com relação ao Sistema:

> Sua eliminação no nível do conhecimento finito e, contudo, sua introdução a título de ideal para o pensamento (...) [ou seja], um sistema de experiência que seja acabado se mostra impossível: as categorias do entendimento nunca podem determinar totalmente a matéria dos fenômenos para diluir nelas toda a exterioridade (...), e há então, uma separação nítida entre dois tipos de racionalidade:

---

[36] A filosofia, então, deve ser entendida no seu sentido lato, englobando as humanidades, a matemática e as ciências naturais.

a do entendimento, da Ciência, como aplicação determinante das categorias, e a da razão, como exigência refletidora da sistematicidade; mas (...) esta separação não exclui absolutamente o fato de que haja um vínculo entre o entendimento e a razão e que a ideia racional de um sistema permaneça para o entendimento um princípio de reflexão, uma tarefa que lhe prescreva a razão em seu uso regulador (Ferry e Renaut, 1981: 36-37).

Mas a "universidade humboldtiana" não se limitou ao "modelo kantiano". Ela absorveria parte da racionalidade deste, mas em seguida, sob influência do idealismo alemão, projetaria essa racionalidade para uma outra dimensão.

Dessa forma, com relação a Kant, ao falar que "toda a organização interna dos estabelecimentos [da universidade] está no fato de que a ciência não foi ainda totalmente descoberta, não poderá jamais ser, e que devemos procurá-la incessantemente como tal" (Humboldt, 1979: 323), podemos perceber que Humboldt adere, de fato, aos limites das categorias do entendimento, dizendo em seguida que devemos seguir "na direção de um Ideal" (Humboldt, 1979: 323), da Unidade, o que caracterizaria, pelo menos em parte, o uso regulador da razão, na busca do "Sistema".

O salto para o idealismo se dá em segundo lugar. Após organizar a universidade, sob a regência da faculdade de Filosofia, erigindo um "Sistema" racional, o "modelo humboldtiano" acreditava na realização da *Bildung*,[37] de forma espontânea, no seio da universidade. Na verdade, são dois movimentos paralelos e complementares: o primeiro, kantiano, com a razão, a ciência, que se desenvolvia com suas próprias ferramentas; o segundo, idealista, com outra *razão*, (a "razão do mundo", em Hegel, ou o "espírito do mundo", em Schelling), que chegaria naturalmente, por meio da "consciência coletiva que tomava forma na época" (Irsay, 1933: 191), iluminando não apenas a

---

[37] Termo alemão significando ao mesmo tempo "cultura", "formação" e "educação", ligado ao humanismo e ao ensino que se desenvolveu no final do século XVIII. Na origem, o termo é ligado ao misticismo, do final da Idade Média – "Bild" tem relação com o latim "forme"; era a alma que, ao receber em si a presença de Deus, se transformava na imagem (na forma) de Jesus –, mas depois teve uma mudança progressiva, passando a significar um processo ao mesmo tempo natural e histórico pelo qual a humanidade se "dá forma", a si mesma, paralelamente à força plástica da natureza. Em Humboldt, ela se torna um ideal de cultura geral e diversificada, que recusa toda a especialização imposta pelo interesse ou por obrigações materiais, um processo de formação que é nele mesmo um fim.

"cultura", a "formação", a "educação" (que formam a *Bildung*), mas também a primeira razão (a ciência), na busca e na consolidação de um "Sistema", na busca e na consolidação de um ideal, primeiro, no seio da universidade, depois, em toda a sociedade.

Como afirma Humboldt, numa carta para o rei, "Berlim foi concebida como um lar de civilização nacional" (*apud* Irsay, 1933: 191).

§5. A herança do "modelo humboldtiano"

Deveríamos "esquecer Berlim?", nos pergunta Alain Renaut (Renaut, 1995: 138). A resposta não é fácil. É verdade que os pressupostos filosóficos e epistemológicos do idealismo alemão parecerem ultrapassados, mas o "modelo humboldtiano" talvez ainda possa inspirar nossa reflexão contemporânea sobre a universidade.

De fato, muita coisa mudou. Em primeiro lugar, a oposição entre "ciência ou conhecimento puro" e "ciência ou conhecimento aplicado" não parece mais pertinente. Com o advento da sociedade industrial, a evolução das disciplinas técnicas e tecnológicas fez com que a distinção entre saber e técnica se tornasse obsoleta, ou seja, assistimos cada vez mais a uma utilização da ciência pela técnica e a uma reutilização do progresso técnico pela ciência.

Em segundo lugar, a crença de um conhecimento unificado (da perspectiva de "Sistema") parece cada vez mais difícil. Observamos, ao contrário, uma multiplicidade de saberes concorrentes. Fragmentada, a razão não é vista de forma totalizante.

Por fim, a própria história da Alemanha iria colocar em causa a crença na realização espontânea e contínua da racionalidade no seio da sociedade, ideia que estava no centro do idealismo alemão. A ascensão do nazismo colocou em xeque a visão historicista de um *progresso da razão*.

Todas essas questões podem ser encontradas nos filósofos da Escola de Frankfurt. Dentre eles, Habermas abordou-as sob o ponto de vista do "modelo humboldtiano". Num pequeno capítulo de *Teoria e prática*, ele analisa os quadros cognitivos que inspiraram os fundadores da Universidade de Berlim, criticando a crença de que o progresso da ciência deveria trazer um progresso moral, ou seja, uma emancipação social da humanidade (Habermas, 1975: 347-393, vol. II).

Ao contrário, Habermas defende uma *politização da ciência*, que passa por uma *democratização da universidade*. Na sua visão, a autonomia não está mais na "liberdade de cátedra", como no tempo de Humboldt, mas na capacidade da universidade de agir no campo político, defendendo seus interesses legítimos, tanto com relação ao ensino como à pesquisa (Habermas, 1975: 347--393, vol. II).

Apesar dessas críticas, Habermas nos chama a atenção para a importância de Humboldt no que toca à capacidade de formação e emancipação dos estudantes no seio da universidade. É verdade que ele discorda da maneira como Humboldt imagina essa realização, que passa pela *Bildung*, mas afirma que ela é a principal herança de Berlim, e que deveria ser ao mesmo tempo recuperada e reinventada (Habermas, 1975: 393, vol. II).

De fato, a própria transformação do significado da *Bildung* ilustra a necessidade de rever essa função da universidade, que vem se degradando com o tempo. De uma definição complexa (que passava pela "educação", pela "formação", pela "cultura", inseridas nos ideais do humanismo), a *Bildung* foi se rebaixando, e hoje é vista apenas como uma "formação", como um treinamento visando à utilização do conhecimento ou de uma técnica em algum domínio da ciência.

Teremos a oportunidade de voltar a falar sobre esses temas. O potencial emancipatório dos alunos, bem como a *politização* e a *democratização da universidade*, estão no seio do "modelo participativo".

§6. Uma "universidade de pesquisa"? A interpretação redutível de Berlim

Para concluir esta seção, gostaríamos de apontar um erro na interpretação do que realmente foi a ideia do "modelo humboldtiano". Chamamos a atenção, mais uma vez, para o texto de Michel Freitag. Ao criticar a mudança de finalidade da universidade contemporânea (cada vez mais utilitarista, cada vez mais instrumentalizada), ele alerta para a relação crescente entre interesses econômicos e universidade, o que ocorreu sobretudo nos Estados Unidos, mas que segundo ele também pode ser identificado com o "modelo humboldtiano" (Freitag, 1995: 54). Nesse sentido, Berlim seria exclusivamente uma "universidade de pesquisa", preocupada com o desenvolvimento econômico e com o progresso científico, sem uma reflexividade maior.

Vimos que o "modelo humboldtiano" vai muito além disso. Inserido no idealismo alemão, ele tem uma perspectiva de "Sistema" e de realização da *Bildung*, ou seja, uma preocupação de "unificação do saber" e de "educação moral da nação". É redutível então falar do "modelo alemão" apenas como uma "universidade de pesquisa", sem levar em conta os outros aspectos que envolveram a sua reflexão.

Na verdade, essa interpretação, que ocorre com frequência, está muito ligada ao lema "liberdade e solidão", ao qual Humboldt fazia alusão. No entanto, essa "liberdade e solidão" (para que os professores e pesquisadores desenvolvessem suas atividades) não ocorria sem uma unificação posterior. Como nos diz o próprio Humboldt: era necessário "coesão sem coerção". Ou seja, era necessário "liberdade e solidão", mas era preciso pensar no todo.

CAPÍTULO 3 A UNIVERSIDADE NO MUNDO ANGLO-SAXÃO

O "modelo humboldtiano", que acabamos de descrever, exerceria uma enorme influência, sobretudo nas universidades inglesas e americanas. Se Cambridge e Oxford já vinham se transformando, conforme vimos, absorvendo os valores da Modernidade, após Berlim elas encontraram uma justificativa ainda maior, um arquétipo institucional para seguir nessa direção.

Nos Estados Unidos, mais tarde, aconteceria a mesma coisa. Alguns dos grandes modernizadores das universidades americanas (como Eliot, em Harvard) foram visitar a Alemanha, no final do século XIX, para tentar copiar esse modelo de universidade, considerado então a grande referência internacional.

Mas esclarecemos logo uma coisa: o verdadeiro "modelo humboldtiano", com todas as características que vimos no capítulo anterior, mal chegou a existir. A história da Alemanha, após a revolta de 1848, seria marcada por um *boom* econômico (com a ascensão do capitalismo e o advento da Revolução Industrial), que traria um enorme desenvolvimento para as universidades, mas que acabaria encobrindo diversos propósitos que os filósofos do idealismo haviam imaginado.[38]

Existe então uma diferença, conforme acabamos de ver, entre o "modelo humboldtiano original" (com a perspectiva de "Sistema" e da consolidação da *Bildung*) e a "universidade de pesquisa de inspiração humboldtiana" (com liberdade para os seus integrantes). Pois foi essa última que acabou influenciando Eliot (em Harvard), Gilman (na Johns Hopkins University) e Cambridge e Oxford (na Inglaterra). E foi a partir dela que se daria uma longa discussão, conforme veremos neste capítulo, que acabou inspirando dois "modelos universitários", ambos em países anglo-saxônicos.

---

[38] Jacques Droz mostra como a Alemanha, após a revolta de Berlim, em 1848, com medo de uma "república vermelha", voltou-se para o capitalismo, impulsionado pela nascente Revolução Industrial, deixando muitas questões políticas e sociais de lado. (Droz, 1994: 30-32). Essa ênfase no progresso econômico, que foi apadrinhada por Bismarck, acabou apagando muitos propósitos do idealismo alemão.

3.I. A "educação liberal": uma releitura inglesa da antiga tradição grega?

Vimos como o Renascimento, ao recuperar a individualidade, mudou a maneira de o homem enxergar o mundo. No que toca à educação, vimos como os contemporâneos de Petrarca, ao reivindicar um "ensino liberal", exigiam uma formação humanística que fugisse dos dogmas da Igreja. Mas quais as origens dessa "educação liberal"? De que forma ela entraria nas universidades? E quais as suas principais consequências no mundo contemporâneo?

§1. A "educação liberal": uma componente da *Paideia*?

> O helenismo ocupa uma posição singular. A Grécia representa, em face dos grandes povos do Oriente, um "progresso" fundamental, um novo "estágio" em tudo o que se refere à vida dos homens na comunidade. Esta fundamenta-se em princípios completamente novos. Por mais elevadas que julguemos as realizações artísticas, religiosas e políticas dos povos anteriores, a história daquilo a que podemos com plena consciência chamar cultura só começa com os Gregos.
>
> Werner Jaeger, *Paideia*, p. 5.

Werner Jaeger é considerado um dos maiores historiadores da Grécia antiga. Seu monumental *Paideia*, publicado em três volumes, descreve toda a trajetória de formação do homem grego. Entender essa posição singular do Helenismo na história da humanidade não é tarefa fácil: é preciso entrar no universo da filosofia, da cosmologia, da política, do teatro etc. Mas entender por que a história da cultura só começa com os Gregos, conforme afirma Jaeger, é uma tarefa ainda mais difícil: seria a educação (ou a compreensão dela no seio da *Paideia*) o melhor caminho?

Havia algo de novo na Grécia. A história da educação estava prestes a mudar. Como nos mostra Paul Monroe, após um longo período marcado pela conservação e reprodução do passado, mediante a supressão da individualidade, começou a dar-se oportunidade ao desenvolvimento individual (Monroe, 1968: 27).

De fato, na antiga tradição não havia muito lugar para o aprendizado pessoal. Como os homens estavam excessivamente ligados às tradições comunitárias (religiosas e mitológicas), à divisão da sociedade (em formas hierárquicas) e à preparação militar dos Estados (que viviam em guerras), o coletivismo acabou prevalecendo sobre a individualidade.

Com o advento da democracia, muita coisa mudou. As novas condições da vida política, econômica, filosófica, institucional, artística e cultural foram abrindo cada vez mais espaço para o homem livre, responsável pelo seu próprio destino, cuja formação passava por aquilo que ficou denominado como "educação liberal".[39]

Foi sem dúvida um rito de passagem. Dentre as exigências do novo *modus vivendi*, estava a necessidade de desenvolver a capacidade para conseguir êxito numa sociedade democrática. Assim, "no lugar da velha moralidade fundamentada nas instituições da cidade-estado, da família e do culto aos deuses familiares, foi colocada uma nova moralidade baseada no interesse próprio e no esclarecimento pessoal" (Monroe, 1968: 53).

Mas essas mudanças não vieram sem controvérsias. No que toca à educação, o aparecimento dos sofistas, como é notório, causou diversos atritos. Os seguidores de Protágoras, representante máximo desse novo modo de formação individualizada, foram se multiplicando, oferecendo aos jovens da cidade o ensino que os preparava para uma carreira de engrandecimento pessoal na vida política e social da época. Porém, o excesso de individualismo (a preocupação apenas com a instrução pessoal dos alunos, ignorando a coletividade) e o relativismo que os sofistas passaram a pregar (como na máxima "o homem é a medida de todas as coisas",[40] que rejeitava os valores universais) despertaram uma série de críticas, inaugurando um dos debates mais apaixonantes da história da educação.

Esse tema é tão importante – e ilustra tão bem as discussões contemporâneas – que merece uma atenção maior. O que estava em jogo era o seguinte. Na Grécia, a educação sempre fora marcada por uma harmonia, por uma moralidade e por uma convergência para a cidadania. Exemplos dessas

---

[39] O termo "educação liberal", na verdade, foi cunhado somente durante a Renascença. Esse termo, no entanto, foi concebido a partir do conceito grego de "sete artes liberais" (*trivium* e *quatrivium*, conforme vimos no Capítulo 1), que se ocupavam da formação pessoal dos indivíduos. Dizer então que as origens da "educação liberal" se encontram na Grécia antiga – como faz Paul Monroe (Monroe, 1968: 27) – não é um exagero. Veremos, logo adiante, mais detalhes sobre as transformações (e as nuances) desse termo.

[40] Atribuída a Protágoras.

HISTÓRIA DA UNIVERSIDADE

características são encontrados na "educação homérica" (voltada para a formação do guerreiro, combinando bravura com temperança, e para a reverência aos deuses), na "educação espartana" (voltada para a formação do Estado forte) e na "educação ateniense" (voltada para a cidadania, para o equilíbrio estético das artes e para o respeito das tradições morais do povo). O advento do individualismo, então, foi uma novidade que pouco a pouco foi entrando nos costumes dos povos gregos. Mas, apesar de alterar os valores anteriores (a harmonia, a moralidade e a cidadania), não houve uma aniquilação deles, ou seja, o individualismo apenas os transformou.

Nas artes, por exemplo, ao combinar a recitação dos poemas clássicos (tradição antiga) com uma interpretação pessoal na voz e no acompanhamento da lira (tradição nova), o *individualismo* buscava um equilíbrio entre o desenvolvimento pessoal e a harmonia.[41] No que toca ao racionalismo emergente, ao negar a moralidade no respeito aos deuses (tradição antiga), o *individualismo* exigia do homem "conhecer-se a si próprio" (tradição nova), para recuperar a moralidade através da virtude. Por fim, com a queda do totalitarismo político (tradição antiga), o *individualismo* contribuiu para a democracia (tradição nova). Se antes o pertencimento coletivo estava na constituição de um Estado forte, esse mesmo princípio agora encontrava-se na participação dos homens livres, voltados para a *res publica*.

O que aconteceu, então, com o advento dos sofistas? Houve um enfraquecimento desses valores. A harmonia, a moralidade e a cidadania, que antes vinham sendo apenas transformadas, corriam o risco de desaparecerem, ou seja, de sucumbirem diante dos excessos de individualidade.[42] Aparece assim o grande debate da educação grega: como conciliar o interesse social e individual? Como articular o conflito entre a velha tradição e a nova forma de ensino?

Sócrates foi o primeiro a tentar responder a essas questões. Ele admitia como ponto de partida o princípio básico da doutrina sofista, "o homem é a medida de todas as coisas", mas argumentava que, justamente por causa disso, o homem deveria "conhecer-se a si mesmo". Para Sócrates, este último processo, sem dúvida educativo, passava pela geração do "poder de pensar",

---

[41] Como afirma Platão, "a harmonia é apreciada por aquele que inteligentemente se vale das Musas, não como se fosse dada para um prazer irracional, mas como uma aliada, com o propósito de reduzir o curso desarmônico da alma a uma harmonia e concordância consigo mesmo" (*apud* Monroe, 1968: 46).

ou seja, o poder de formar espíritos capazes de chegar a conclusões corretas, por meio do "método dialético". Ele não via problema na formação pessoal, mas não conseguia imaginá-la sem um complemento universal. A grande virtude, para Sócrates, estava na capacidade do diálogo, na capacidade de chegar ao conhecimento verdadeiro. A educação não podia ser apenas uma série de informações (*individualista*), ela precisava de uma projeção moral (*coletivista*).

Platão, da mesma forma, vai tentar formular um ideal educativo que promova o completo desenvolvimento da personalidade, sem deixar de lado as finalidades institucionais e o bem coletivo. Na sua República ideal, os homens são divididos em classes (filosófica, militar, industrial), correspondentes às suas virtudes individuais (sabedoria, honra, enriquecimento). A justiça social, para Platão, passa pela organização dessas classes, e o principal meio para tanto é um correto sistema pedagógico. O que Platão imagina é que cada indivíduo deve dedicar sua vida a fazer o que for mais apto à sua natureza. Por meio do ensino, então, ele vai descobrir sua virtude, integrando-se em seguida a uma das classes e, ao fazer o mais elevado para si (*individualismo*), ele realizará o máximo para a sociedade (*coletivismo*).[43]

Aqui entramos no cerne da *Paideia*. Apesar das diferenças entre Sócrates e Platão (e entre eles e outras correntes de pensamento), é nessa busca pela conciliação do individual com o social que se encontra o verdadeiro ideal grego. É a partir daí, como afirma Werner Jaeger na epígrafe desta seção, que começa a cultura. Com isso, ele quer dizer o seguinte: a cultura pode ser entendida como a "totalidade das manifestações e formas de vida que caracterizam um povo" (Jaeger, 2001: 7-8); esse é o seu sentido amplo, antropológico, identificado nas mais remotas sociedades. Mas Jaeger lamenta que esse conceito, majoritário hoje em dia, esconda uma segunda definição de cultura, identificada com a *Paideia*, que é muito mais significativa. Nesse sentido, a cultura não é "um 'aspecto exterior da vida', κατασκευη του βίου, incompreensível, fluido e anárquico" (Jaeger, 2001:

---

[42] Como afirma Paul Monroe, "a cortesia, a dignidade, a seriedade, a devoção à necessidade pública, da velha vida grega (...) foram substituídos por uma frivolidade maior, por uma inclinação a colocar o proveito pessoal acima do serviço público (...)" (Monroe, 1968: 53).
[43] Paul Monroe vê nessa conciliação a "formulação do ideal grego de uma educação liberal" (Monroe, 1968: 65).

8), ela é consciência antropocêntrica, que surgiu com o individualismo grego, somada à vontade de construir algo maior.

> A descoberta do Homem [pelo povo Grego] não é a do *eu* subjetivo, mas a consciência gradual das leis gerais que determinam a essência humana. O princípio espiritual dos Gregos não é o individualismo, mas o "humanismo", para usar a palavra no seu sentido clássico e originário (...) [que] teve, ao lado da acepção vulgar e primitiva de humanitário (...) um segundo sentido mais nobre e rigoroso. Significou a educação do Homem de acordo com a verdadeira forma humana, com o seu autêntico ser. Tal é a genuína *paideia* grega (...) Não brota do individual, mas da ideia. Acima do Homem como ser gregário ou como suposto *eu* autônomo, ergueu-se o Homem como ideia. A ela aspiram os educadores gregos, bem como os poetas, artistas e filósofos (Jaeger, 2001: p. 14-15).

A formação desse Homem, como ideia, jamais pode ser vista fora do contexto social. Assim, completa Jaeger,

> a educação grega não é uma soma de técnicas de organização privada, orientadas para a formação de uma individualidade perfeita e independente. (...) Todo o futuro humanismo deve estar essencialmente orientado para o fato fundamental de toda educação grega, a saber: que a humanidade, o "ser do Homem" se encontra essencialmente vinculado às características do Homem como ser político (Jaeger, 2001: 16-17).

Ou seja, o ideal da *Paideia* passa por essa conciliação da individualidade com a coletividade. A "educação liberal" não pode ser vista fora de um todo orgânico. O desenvolvimento pessoal do homem, levado às últimas consequências, passa pela relação com os seus pares.

Essa questão do excesso de individualismo, que foi marcante para os gregos,[44] volta à baila na sociedade contemporânea. Trata-se de uma das principais criticas ao "modelo liberal". Neste, a universidade vê seu caráter de "instituição social" enfraquecido, tornando-se cada vez mais uma organização para a aquisição de competências.[45] Recuperar o ideal da *Paideia*, conforme veremos, é um dos principais desafios do "modelo participativo".

---

[44] Paul Monroe fala de como ela contribuiu para a desmoralização de Atenas (Monroe, 1968: 56).

[45] Conforme a crítica de Michel Freitag que expomos na Introdução deste livro.

§2. Uma nova "educação liberal"? Newman e a "ideia de uma universidade"

A definição de "educação liberal" que acabamos de ver refere-se à passagem da "Grécia arcaica" para "Grécia clássica". Em seguida, no que toca à "época helenística", com o enfraquecimento das Cidades-Estados, a "educação liberal" ganhou uma conotação um pouco mais individualista, não tão inserida no conceito abrangente de *Paideia*. Como afirma Henri-Iréne Marrou,

> para o Helenístico, a existência humana não tem outro fim se não atingir a forma mais rica e mais perfeita de personalidade; como o cloroplasto modela e decora as figuras de argila, cada homem deve propor-se, como tarefa fundamental, modelar sua própria estátua (Marrou, 1973: 158).[46]

Essa alternância entre uma posição mais individualista (durante o helenismo, com Alexandre, o Grande) e uma concepção um pouco mais social (como foi o caso, mais tarde, no Império Romano) vai marcar o "ensino liberal" até o começo da Idade Média. Com o advento do cristianismo, a educação sofreu mudanças radicais, inserindo-se num contexto moral-ascético que preparava o ser humano para uma vida religiosa. Nada do desenvolvimento pessoal – da "ideia de Homem" – inaugurada pelos gregos: "Durante mil anos – afirma Paul Monroe – a educação ia caracterizar-se pela ausência de elementos intelectuais" (Monroe, 1968: 100).

Vimos um pouco desse contexto, anteriormente, ao falarmos da pedagogia monástica, e vimos também como o Renascimento, em dois tempos, foi recuperando os valores do "ensino liberal": as faculdades de Artes, na fase preliminar do século XII, ao restaurar o aprendizado do *trivium* e do *quadrivium*; e o humanismo renascentista, um pouco mais tarde, ao trazer de volta o individualismo de outrora.

Mas o verdadeiro debate sobre a "educação liberal", no seio das universidades, ainda iria tardar alguns anos. O conservadorismo da instituição, conforme vimos, ainda dava demasiado atenção aos valores religiosos, impedindo o florescimento de uma cultura laica. Foi somente com os movimentos de reforma universitária, contemporâneos à Revolução Francesa, que o

---

[46] Werner Jaeger, nesse mesmo sentido, fala que "a educação grega (...) voltada para a formação de uma individualidade perfeita e independente (...), só aconteceu na época helenística, quando o Estado grego já havia desaparecido" (Jaeger, 2001: 16).

tema do "ensino liberal" realmente veio à tona. E a fonte mais rica, para tanto, deu-se com as discussões que aconteceram na Inglaterra, no século XIX, após a publicação do livro de John Newman, *A ideia de uma universidade*.

No que consistia essa "ideia"? Antes de mais, para compreender a posição de Newman, é preciso expor alguns dados biográficos. Nascido em Londres, de uma família anglicana, Newman teve uma educação religiosa, tornando--se sacerdote protestante. Mas ele foi acima de tudo um "homem de Oxford": além de ter estudado e ensinado ali (respectivamente no Trinity e no Oriel College), Newman tornar-se-ia, mais tarde, vigário da Santa Maria (a igreja da universidade) e um dos principais líderes do polêmico Movimento de Oxford. Sua participação nesse grupo, que defendia uma aproximação entre as Igrejas anglicana e católica, fez com que Newman ganhasse fama na Inglaterra. No entanto, assim que suas ideias começaram a ser perseguidas, sua vida mudou: obrigado a deixar Oxford, ele converteu-se ao catolicismo e acabou mudando-se para Roma.

A história de Newman com a "educação liberal" começa então em 1851, depois do seu exílio, quando ele foi convidado para presidir a fundação de uma universidade católica na Irlanda. Após proferir uma série de cinco conferências (*Discursos sobre o alcance e a natureza da educação universitária*), Newman foi indicado para dirigir a nova universidade, em Dublin, onde ele pôde dar sequência às suas reflexões, aprimorando seus artigos, até que suas ideias foram sintetizadas no clássico *A ideia de uma universidade*.

O que estava em jogo nesse livro era o seguinte. Como afirma Frank Turner, uma das principais questões de Newman era justificar por que uma universidade católica era necessária (Turner, 1996a: 19). Essa posição, que hoje pode nos parecer retrógrada, era totalmente circunstancial: após as controvérsias do Movimento de Oxford (e da sua ida para Roma), Newman não podia ignorar os fatores religiosos, sobretudo no contexto da fundação de uma instituição católico-irlandesa, rodeada pelo protestantismo vitoriano. Mas a posição de Newman, diante dessas circunstâncias, foi na verdade um tanto audaciosa. Ele iria defender o estudo da teologia no seio da universidade (o que era uma posição contrária à tendência de secularização do ensino superior da época), mas ao mesmo tempo ele iria afirmar que esse estudo estava vinculado à "redenção humana" e não à "transmissão do conhecimento universal", ou seja, a teologia aparecia a título de "crença pessoal", abrindo espaço para uma outra ótica universitária:

CAPÍTULO 3 A UNIVERSIDADE NO MUNDO ANGLO-SAXÃO   81

Os princípios segundo os quais conduzirei minha investigação são alcançáveis, conforme já sugeri, pela simples experiência de vida. Eles não brotam unicamente da teologia; não pressupõem um discernimento sobrenatural; não estão ligados de modo especial à Revelação; na verdade, quase surgem da natureza do acaso, sendo ditados mesmo pela prudência e pela sabedoria humanas; a iluminação divina está ausente e eles são reconhecíveis pelo senso comum, até quando o interesse próprio não os instiga (Newman, 1996: 61).

Podemos observar então que Newman praticamente excluiu os fatores religiosos da sua reflexão, constituindo, como afirma Martha Garland, um enorme paradoxo (Garland, 1996: 347). Essa contradição mostra o lado moderno de Newman, apresentando os verdadeiros propósitos do livro: em primeiro lugar, apesar de a obra ter sido escrita em função da inauguração da universidade católica irlandesa, não há dúvida de que ela também era dirigida às universidades inglesas, ou seja, o *verdadeiro* destinatário era Oxford, sua antiga instituição; em segundo lugar, a preocupação de Newman, assim como ocorrera na Alemanha, era o desafio que as universidades (sobretudo inglesas) tinham diante da profissionalização do ensino, decorrente do advento da Revolução Industrial; e se em Berlim o argumento contra o utilitarismo acadêmico foi a "formação pelo saber" – conforme vimos, em Humboldt –, Newman apresentaria uma outra finalidade para a universidade – finalidade essa que se opunha à profissionalização, mas também ao "modelo alemão": a defesa da "educação liberal".

Essa defesa passava então por uma dupla rejeição: Newman não podia aceitar nem uma instituição voltada para a especialização – como era o caso da recém-inaugurada Universidade de Londres, instituição instrumentalizada pelas profissões emergentes no novo cenário industrial[47] –, nem tampouco uma instituição voltada para as descobertas científicas – para a "pesquisa fundamental" –, o que na Inglaterra consistia uma herança da tradição baconiana. Para Newman, essas duas funções (profissionalização e pesquisa) eram importantes, mas deveriam não apenas ser feitas em outro lugar – que não fosse a universidade –, mas sobretudo deveriam ser precedidas por uma formação – esta, sim, universitária – baseada na "educação liberal".

---

[47] Fundada em 1826, sob forte influência do utilitarismo de Bentham, ela foi o símbolo das novas instituições universitárias que davam ênfase à formação profissional dos alunos.

Mas, afinal, qual é a sua definição de "educação liberal"? Para Newman, ela tem duas dimensões: a capacidade de desenvolver o raciocínio (a "formação intelectual do individuo") e a capacidade de desenvolver o espírito público (a "formação do *gentleman*"). Esse duplo processo, ainda na tradição de conciliar o *pessoal* com o *social*, acontecia da seguinte forma. Em primeiro lugar, para Newman, o conhecimento deveria ser um fim em si mesmo.

> Só é liberal – dizia ele – o conhecimento que encerra em si suas próprias pretensões, independe de consequências (...), esse conhecimento é, não um meio para se chegar a um fim, nem os prolegômenos de certas ciências nas quais naturalmente se resolve, mas um fim a ser perseguido por seu próprio valor (Newman, 1996: 134).

Esse conhecimento, na verdade, está ligado à capacidade de raciocinar, à possibilidade de examinar as mais diversas áreas do aprendizado e à liberdade de chegar às suas próprias conclusões. O que Newman deseja, com ele, é a "cultura geral" do indivíduo, em diversos campos do conhecimento, preocupando-se apenas em desenvolver seu intelecto. A universidade aparece assim como "local de educação e não de instrução" (Newman, 1996: 141).

Mas essa "educação liberal", em segundo lugar, não deixa de ter as suas consequências. O fato de "desenvolver o conhecimento por si mesmo", ainda que de forma *indireta*, acaba por

> Elevar o nível intelectual da universidade, cultivar o espírito público, apurar o gosto nacional, contribuir com princípios verdadeiros para o entusiasmo popular (...), facilitar o exercício do poder político e refinar o relacionamento da vida privada (Kerr, 1982: 20).

Ou seja, para Newman, ao conceder uma "educação liberal", preocupada apenas com a "formação geral" e com o desenvolvimento das "capacidades intelectuais", a universidade prepara o *gentleman*: aquele indivíduo capaz de "raciocinar em todos os assuntos", capaz de "alcançar a verdade", capaz de na sua futura ocupação exercer o "espírito público", capaz de fazer do "conhecimento uma filosofia" (Newman, 1996: 150).

Newman inaugura, assim, uma nova tradição no seio das universidades. Não que a "educação liberal" jamais tenha feito parte das instituições, muito

CAPÍTULO 3 A UNIVERSIDADE NO MUNDO ANGLO-SAXÃO 83

pelo contrário. Mas a novidade, com Newman, é que ele a coloca *acima de tudo*,[48] ou seja, a "educação liberal", despendida na universidade, aparece como um "princípio civilizatório" (Turner, 1996b: 371).

Pois é essa "ideia de universidade", afirma Martha Garland, "que vem servindo como modelo fundacional em consideração de um modelo ideal de educação superior", baseado na "educação liberal" (Garland, 1996: 347). Mas será que, na Inglaterra do século XVIII, esse modelo era unânime?

§3. Ciências e Humanidades: a batalha das *"Two Cultures"*

A grande importância do livro de Newman, conforme assinalamos, foi o debate que ele provocou. A obra, em si, como afirma Martha Garland, é bastante confusa, devendo seu sucesso muito mais à fama do autor do que a sua própria qualidade (Garland, 1996: 347). Frank Turner, da sua parte, fala de uma "contribuição desajeitada" de Newman – para a "educação liberal" –, devido aos diversos paradoxos da obra (Turner, 1996b: 375). O problema é que, apesar de fazer a distinção entre "educação liberal" e teologia, Newman não eliminava esta última totalmente da sua "ideia de universidade", o que contrariava uma vasta tendência de secularização. Mas então por que tamanha repercussão?

O grande legado de Newman foi ter estabelecido a base ideológica (o "modelo fundacional") para uma das partes – até então a mais fraca – na batalha entre Ciências e Humanidades, que estava prestes a eclodir. Essa batalha, que começou na época vitoriana, consistia em saber quem iria subir no antigo pedestal da teologia, ou seja, quem iria formar as mentes capazes de estabelecer a universalidade (e a totalidade) do pensamento. Na Alemanha, conforme vimos, essa mesma questão havia sido colocada, sendo que a resposta passava pelo "modelo humboldtiano", inserido no contexto do idealismo. Na Inglaterra, as coisas eram um pouco diferentes. Duas correntes, Ciências e Humanidades, pareciam se candidatar.

A primeira delas, dando sequência à tradição baconiana, apresentava-se de forma mais contundente. Thomas Huxley, por exemplo, era um dos principais representantes desse grupo – já influenciado pelo Positivismo –, que defendia uma formação voltada para pesquisa no seio da

---

[48] Claro que, na visão de Newman, a "educação liberal" não está acima da fé. Mas, conforme assinalamos anteriormente, a fé consiste na "salvação pessoal" (para a vida eterna), enquanto a "educação liberal" vai guiar a realização intelectual e social dos indivíduos.

universidade, ou seja, a ideia de que a cultura científica é que deveria ser a cultura do *gentleman.*

A importância de Newman foi então revalorizar a segunda corrente. Na sua defesa da "educação liberal", apesar dos paradoxos quanto à teologia, ele iria dar força à tese de que a universalidade do ser humano passava pelo estudo das Humanidades,[49] ou seja, que a formação nas universidades deveria ser antes de tudo voltada para uma "cultura geral" que abordasse os grandes aspectos da existência humana. Esse grupo, que no debate inglês foi representado sobretudo por Matthew Arnold, defendia a ideia de que eram os estudos literários, ou a cultura das Letras, os únicos capazes de formar o homem completo.

Ciências contra Humanidades. Essa divisão, que C. P. Snow definiu como "duas culturas" (Snow, 1965), ainda traria uma série de controvérsias. O recente episódio da "guerra das ciências", por exemplo, tem suas origens nessa desavença original. Mas, mesmo se a "guerra" ainda continua, não há dúvidas de que, na primeira batalha, as Ciências saíram vitoriosas. A própria história das Humanidades, como mostra Paul Monroe, atesta a sua derrota.

> O que era um meio para se chegar às grandes questões da humanidade [o estudo das Letras], tornou-se um fim em si mesmo [os estudos literários]. Consequentemente, a finalidade da educação passou a ser considerada em termos de língua e de literatura e não de vida (Monroe, 1968: 155).

Immanuel Wallerstein, da mesma forma, ao analisar a dicotomia definida por Snow, mostra como as Ciências foram ganhando cada vez mais espaço, superando as Humanidades (Wallerstein, 2001: 45). O autor chama a atenção para o fato de que, antes dessa divisão (em "duas culturas"), todas as formas de saber, no decorrer da história, eram consideradas epistemologicamente unificadas. Kant, por exemplo, mesmo falando de filosofia, peda-

---

[49] O termo "Humanidades" vem da expressão latina *studia humanitatis* e começou a ser utilizado no século XV. Ele se referia, então, ao estudo da língua e da literatura grega e latina. É importante assinalar, no entanto, que esse estudo era extremamente abrangente, envolvendo diversos aspectos da vida, da filosofia, da cultura, das ciências etc., como mostra esta passagem de Batista Guarino, datada de 1459: "o conhecimento e a prática da virtude são peculiares ao homem; eis porque os nossos antepassados chamavam *Humanitas* aos propósitos, às atividades específicas da humanidade. Nenhum ramo do conhecimento abrange uma extensão tão ampla de assuntos quanto esta ciência que tento descrever" (*apud* Monroe, 1968: 155).

gogia, astronomia, geografia, matemática etc., poderia na época ter sido um professor de poesia (Wallerstein, 2001: 44).

Mas as "duas culturas", afirma Wallerstein, logo encontrariam seus caminhos próprios, ganhando em seguida uma "cultura intermediária": as letras (e a filosofia) ficaram com a busca do belo (e do bem); as ciências ficariam com a busca da verdade; e as ciências sociais, por fim, apareceriam fazendo um "meio-termo". Para Wallerstein, durante um tempo, essa divisão ainda traria muitas dúvidas, sobretudo no que toca às ciências sociais. Mas, no final do século XIX, as coisas já estavam bem claras: a Economia (tratava do mercado), a Ciência Política (tratava do Estado) e a Sociologia (tratava da sociedade civil), todas três lidavam com o presente; enquanto a História analisava o passado e a Antropologia analisava os povos primitivos e não ocidentais (Wallerstein, 2001: 45).

O que aconteceu em seguida? Segundo Wallerstein, a partir da segunda metade do século XX, essas fronteiras (tanto das ciências sociais, como das ciências, das letras e da filosofia) começaram a ficar instáveis. Diversos fatores contribuíram para isso: a complexidade das disciplinas (que criavam ramos específicos do conhecimento), o fenômeno da interdisciplinaridade (que criava zonas de interesse comum), os chamados "estudos culturais" (que eram contra o determinismo, afirmando serem os "textos" fenômenos sociais), as novas descobertas da ciência (que ampliaram o domínio epistemológico, trazendo uma série de possibilidades) etc. (Wallerstein, 2001: 46-47).

Não cabe aqui aprofundar essa análise, mas mostrar que o século XXI se inaugura com um questionamento dessa antiga taxionomia, reenviando-nos a uma situação anterior à divisão das "duas culturas",[50] o que parece abrir a possibilidade de rever o conceito de Humanidades, assim como o de "educação liberal". Nesse sentido, quais seriam as principais correntes, hoje em dia, que buscam redefinir a antiga tradição grega?

§4. "Cultura Geral", *Great Books*, "Formação pessoal": a herança da "educação liberal"

O "modelo newmaniano" sofreu algumas transformações, mas ele ainda teria vida longa na história da universidade. O que Newman imaginava era

---

[50] Para Wallerstein, a reestruturação dessas "culturas" (tanto das duas originais, Ciências e Humanidades, como das ciências sociais) é um dos principais desafios da universidade (Wallerstein, 2001: 49).

uma elite esclarecida, formada nos moldes da "educação liberal" que pudesse dirigir o país e estabelecer os princípios civilizatórios. Essa ideia continuou existindo, mas ela jamais foi hegemônica. Vimos como as Ciências, da mesma forma, reivindicavam um papel de liderança, e veremos, logo adiante, como o desenvolvimento do capitalismo, junto com o fenômeno da massificação dos alunos, transformou completamente a instituição universitária, criando um quadro ainda mais complexo.

Assim como o "modelo humboldtiano", então, o "modelo newmaniano", na sua forma pura, mal chegou a existir. Não apenas a universidade perdeu sua hegemonia – a primordialidade civilizatória que Newman imaginava –, como a exclusividade da "educação liberal" na formação das elites – e a própria ideia de elite universitária – parece cada vez mais difícil de ser realizada. Mas o "modelo newmaniano" deixou um legado: ele consiste na defesa da "educação liberal", talvez não na sua exclusividade, no seio da universidade.

Para encerrar esta seção, gostaríamos de apresentar algumas correntes contemporâneas que reivindicam essa herança, mostrando as diferenças em suas interpretações da "educação liberal". Destacaremos três posições: i) a "Formação Pessoal", ii) a tradição dos *Great Books*, iii) e a "Cultura Geral".

A primeira delas, a "Formação Pessoal", interpreta o conceito de "educação liberal" de uma forma redutora. A "educação liberal", nesse sentido, seria a aquisição de certas competências, um *savoir faire* específico, que permite o engrandecimento pessoal do indivíduo, preparando-o para o sucesso profissional, para uma carreira gloriosa. Essa posição, conforme vimos, tem suas origens com o ensino das "artes liberais" e atingiu grande notoriedade com o advento dos sofistas. Hoje em dia, ela está bastante presente no ensino superior: num cenário de concorrência acirrada, os alunos são cada vez mais voltados para o profissionalismo, ou seja, para a aquisição das ferramentas intelectuais necessárias para se lançarem no mercado de trabalho. Mas essa posição, ao valorizar apenas a formação pessoal-utilitária do indivíduo, ignora a abrangência do conceito de "educação liberal", que passa pela formação do Homem, por uma síntese do individual com o coletivo. Nesse sentido, ela não pode ser considerada uma herdeira da "tradição newmaniana", ou quem sabe, até mesmo reivindicar o termo "educação liberal".

Mas não simplifiquemos. Na verdade, essa "Formação Pessoal", dentro de uma perspectiva de "sociedade liberal", também advoga para si uma dimensão coletiva. É a tese do Modo 2, cuja receita passa por uma economia e uma sociedade voltadas para o mercado, por uma concorrência acirrada, por uma maximização das competências individuais, por uma ênfase na meritocracia etc. Esse seria o caminho para o crescimento econômico, para instigar no ser humano a vontade de se superar, para fazer com que os ricos possam se tornar mais ricos, sendo que essa prosperidade acabaria beneficiando os mais pobres, trazendo no final das contas um progresso geral para a humanidade.[51] Nesse sentido, o papel da universidade, como revela a fórmula *"economically-oriented paradigm"* de Gibbons, seria inserir-se na dinâmica do processo. Quais os riscos que isso representa? Em breve veremos que a "perspectiva liberal", tanto de sociedade como de universidade, está nas antípodas do "modelo participativo".

A segunda corrente, a tradição dos *"Great Books"*, ganhou força justamente como resposta ao excesso de "Formação Pessoal", que vinha ocorrendo nos Estados Unidos, a partir dos anos 1960. O termo, "Grandes Livros", já aparecera no final da década de 1920, numa série de debates na Universidade de Columbia, e acabou ganhando notoriedade com Allan Bloom, um pouco mais tarde, tornando-se desde então representativo desse "ideal universitário" que defende um retorno à verdadeira "educação liberal".

Afinal, para Bloom:

> A educação liberal era florescente quando preparava o caminho para uma concepção unificada da natureza e do homem, concepção que os mais altos espíritos debateram ao mais alto nível. Ela começou a declinar quando não se encontraram para apoia-la senão especialidades, cujas premissas não desembocam em visão geral alguma (Bloom, 1989: 350).

Mas o que significam os *"Great Books"*? Na sua origem, o termo refere-se a uma lista de grandes autores, representantes do "Cânone Ocidental", que deveriam fazer parte dos currículos universitários. Mortimer Adler, por exemplo, poucos anos depois de participar dos debates em Columbia, publicou no seu *How to Read a Book* uma lista extensiva, que acabou tendo uma enorme repercussão.

---

[51] Ou seja, não se trata de fazer dos ricos cada vez mais ricos e dos pobres cada vez mais pobres, como poderia definir uma crítica estereotipada, mas de defender, ainda sob a influência de Adam Smith, que a liberdade econômica, num cenário de concorrência, embora resulte em algumas desigualdades, é o melhor caminho para a "riqueza das nações". Como diz Hayek, o poder criador de uma sociedade livre traz benefícios óbvios e diretos a alguns, ao passo que o mal que essa liberdade (sobretudo econômica) representa é muito menor (Hayek, 1984).

Mas o grande debate em torno dos "*Great Books*" se daria algumas décadas mais tarde, sobretudo após a publicação de *O declínio da cultura ocidental*. Nesse livro, Allan Bloom não indica uma lista, como Adler, mas defende principalmente um retorno aos Antigos (Homero, Tucídides, Platão, Aristóteles...), com o intuito de introduzir temas como "O Homem e a Natureza", "A Guerra e a Responsabilidade Moral", "As Artes e a Criatividade", "A Cultura e o Indivíduo", que deveriam fazer parte dos primeiros anos da formação universitária (Bloom, 1989: 345-346). O que está em jogo, em Bloom, é a velha tradição newmaniana da "educação liberal", ou seja, de um lado, a luta contra o "utilitarismo universitário" e contra os "especialistas de uma ideia", do outro, a defesa da "cultura humanística" – da busca pela resposta à pergunta "o que é o homem?" – que, segundo Bloom, deveria ser uma preocupação constante para os alunos e professores (Bloom, 1989: 23).

Mas há algumas particularidades, com relação a Bloom, que não podem ser omitidas. Sua defesa da "educação liberal", na verdade, acontece num contexto bastante diferente do de Newman. A universidade, definitivamente, já não é mais uma instituição exclusiva para as elites (fenômeno da massificação), nem a "cultura geral" é identificada apenas com os Antigos (fenômeno do multiculturalismo). Esse cenário, muito mais complexo, não altera a posição de Bloom: para ele (como para Newman), a universidade deve ser uma instituição aristocrática, "para os raros homens teóricos se ocuparem da investigação racional no pequeno número de disciplinas que tratam os primeiros princípios de todas as coisas" (*apud* Santos, 1995: 194)[52] e uma instituição dos cânones ocidentais, já que "a mente que não tem preconceitos, a princípio está vazia" (Bloom, 1989: 53).

Será que essa posição é compatível com a realidade das universidades no século XXI? Será que a corrente dos "*Great Books*", numa sociedade cada vez mais complexa, é uma proposta satisfatória? Será que Bloom, mesmo reivindicando os Antigos, captou o verdadeiro significado da *Paideia*? Vamos ter a ocasião voltar a essas questões.

Para terminar, é preciso expor uma última tradição, a da "Cultura Geral", que também reivindica a herança da "educação liberal". Alain Renaut, por exemplo, é um dos seus representantes. Nas suas obras consagradas ao

---

[52] Santos nos remete ao livro *A cultura inculta*, que é a versão portuguesa de *O declínio da cultura ocidental* (título da versão brasileira). O título original do livro é *The Closing of the American Mind*.

CAPÍTULO 3 A UNIVERSIDADE NO MUNDO ANGLO-SAXÃO 89

tema, ele busca uma alternativa ao excesso de "Formação Pessoal" – ou à "cultura da profissionalização" –, sem cair na alternativa dos "*Great Books*". Seu questionamento passa sobretudo pelo "fenômeno da massificação". O que fazer diante dela? Ignorá-la, como faz a tradição dos "*Great Books*"? Ou dispensar apenas um ensino profissionalizante, como faz a tradição da "Formação Pessoal"?

Renaut busca então uma alternativa. A "especialização", para ele, é importante, mas ela não deveria ofuscar a tradição "universalizante" da universidade, ou seja, uma perspectiva mais abrangente da formação que leve em conta não apenas uma "cultura humanística" – patrimônio comum da nossa existência –, mas também uma "visão geral do conhecimento", que é de extrema importância num mundo cada vez mais complexo.[53]

Para Renaut, a solução passa pela "Cultura Geral". O que ele quer dizer com isso? Partindo de um artigo de Antoine Prost, da década de 1970, Renaut sugere que as universidades deveriam se tornar "um complemento de cultura geral sem finalidade profissional explícita, uma forma de equivalente do que foram os colégios de 1920" (Renaut, 2002: 95). Aqui, Renaut faz alusão principalmente às universidades europeias, uma vez que nos Estados Unidos essa "formação complementar" ocorre com mais frequência nos primeiros anos do ensino superior. Mas na Europa, particularmente na França, se os colégios (os *Lycées*) antes conseguiam exaurir essa "formação complementar" – pelo menos de uma elite intelectualizada –, a realidade hoje é diferente: a "massificação dos colégios" e a crescente "complexidade do conhecimento" fazem com que a universidade precise aumentar o seu papel na difusão da "cultura geral". Mas no que toca ao conteúdo desta última, a proposta de Renaut vale tanto para Europa como para os Estados Unidos. Aliás, a primeira coisa que ele faz é criticar a proposta concorrente – com relação ao conteúdo da "cultura geral" –, que vinha justamente da América do Norte. Para Renaut, além do caráter elitista (que ignora a massificação), a tradição dos "*Great Books*" representa "uma resposta curta à questão de saber qual cultura a universidade deve transmitir hoje em dia" (Renaut, 1995: 230). Na sua visão, a "cultura geral" é vista de uma outra forma:

---

[53] Essa argumentação de Renaut encontra-se, sobretudo, no seu livro *Les révolutions des universités*, p. 203-247, no qual ele busca responder à pergunta: cultura ou profissionalização (no seio das universidades)? Uma análise mais resumida pode ser encontrada ao longo do seu segundo livro consagrado à universidade: *Que faire des universités?*

Não em termos de capital cultural a ser preservado ou reconstituído sob a forma de um culto às grandes obras "reconhecidas" (por quem?), mas contrabalanceado a tendência da profissionalização pelo reconhecimento de que cada disciplina tem uma característica parcial, e que existe, na verdade, uma solidariedade intrínseca entre problemas múltiplos que aparecem numa sociedade complexa. De forma breve – completa Renaut – (...) [deve-se] fazer surgir a exigência da cultura geral mostrando que as questões levantadas atualmente por uma disciplina não são independentes nem daquelas que estruturaram a sua história, nem das interrogações apoderadas pelas outras disciplinas: assim não se trataria de forma alguma (...) de retardar o acesso aos "verdadeiros estudos", ou seja, os estudos especializados, mas muito pelo contrário de manifestar, ao longo da formação de futuros médicos, advogados ou físicos, o papel importante que tem a especialidade deles nas questões que tocam à humanidade no seu todo (Renaut, 1995: 230-231).

Essa posição de Alain Renaut, em defesa da "Cultura Geral", nos parece a mais pertinente "herança newmaniana", se comparada à "Formação Pessoal" e à tradição dos *Great Books*. Sua interpretação da "educação liberal", ao valorizar a interdisciplinaridade e uma perspectiva mais abrangente do conhecimento, escapa ao mesmo tempo do reducionismo da "cultura da profissionalização" e da "não complexidade" do elitismo bloomaniano. Mas será que ela corresponde à interpretação da "educação liberal" da "universidade participativa"? Voltaremos a falar dessa questão.

3.II. O "modelo universitário norte-americano": a *multiversity* como lógica da história?

Acabamos de analisar diversos aspectos da "educação liberal". No que se refere às universidades, vimos que a maior contribuição para o tema foi a de Newman, dentro do contexto da Inglaterra vitoriana, e que as discussões em torno da sua obra acabaram dando origem ao epíteto "modelo inglês" (ou "newmaniano"), para se referir a uma instituição voltada para a "educação liberal". Mas vimos também que essa corrente, apesar da vida longa, seria por diversas vezes contestada por uma tradição da Ciência, que sofreu grande influência do "modelo humboldtiano". Todas essas tradições, apesar das divergências, foram representativas da Modernidade, e influenciaram as universidades europeias durante mais de dois séculos. Mas se nenhuma dessas tradições foi hegemônica (ou chegou a existir de forma pura), a convergência delas, como "modelo institucional", estava prestes a acontecer. Seria a *multiversity* norte-americana uma lógica da história?

§1. Das origens coloniais às instituições independentes: breve genealogia dos *colleges* norte-americanos

A história do ensino superior dos Estados Unidos reflete muito bem a história do país. No começo do século XVII, após uma era marcada exclusivamente pela exploração, teve início o período da colonização britânica. Virgínia, fundada em 1607, seria a primeira das 13 colônias, que logo formariam a base da chamada *British America*. Essa passagem (da exploração para a colonização) marcou uma nova etapa, trazendo uma identidade local para os habitantes do novo continente. Assim, com o desenvolvimento sociocultural das comunidades, não tardariam muito a surgir os primeiros *colleges* – Harvard, em 1636, seria precursor –, que deram início ao ensino superior na colônia.

No começo, essas instituições eram muito precárias. Ao contrário do que ocorrera na Europa medieval, onde houve um apoio considerável da Igreja, os *colleges* norte-americanos foram iniciativas das recém-criadas administrações locais, junto com o poder religioso sectário, ambos sem muitos recursos para gastar. Aliás, essa convergência entre poder público e divino, ilustrada na criação dos *colleges*, foi uma característica marcante das primeiras colônias: formada pelos radicais do protestantismo inglês, a sociedade colonial era dirigida por um Estado eclesiástico – só os membros da Igreja tinham direito ao voto – e carregava consigo a crença de ter sido escolhida por Deus "para povoar e evangelizar o novo mundo" (Lacroix, 2006: 41).

Os primeiros *colleges* foram então *state-church-institutions* (para usar a expressão de Richard Hofstadter): eles visavam formar os eclesiásticos e os administradores locais, que muitas vezes se confundiam, além de uma pequena elite da sociedade civil (Masseys-Bertoneche, 2006: 36). Mas a realidade iria mudar. A fundação do King's College (futura Universidade de Columbia), em 1754, por exemplo, marcaria uma ruptura: formado a partir de uma loteria para arrecadar fundos, sob iniciativa conjunta do governo e de alguns homens de negócios de Nova York, o King's College seria a primeira instituição de ensino superior totalmente independente da Igreja. O caso do Philadelphia College (futura Universidade da Pensilvânia), logo em seguida, seria ainda mais significativo: sob influência de Benjamin Franklin, o "santo patrono da filantropia americana", o *college* seria fundado exclusivamente por uma associação de burgueses, ganhando autonomia tanto com relação à Igreja como ao Estado. Mas o evento mais importante para a história das universidades norte-americanas talvez tenha sido a controvérsia em torno do Dartmouth College, alguns anos mais tarde, já após a independência dos Estados Unidos. A questão envolvia uma discórdia entre o Estado de New Hampshire e o *Council of Trustees*[54] do Dartmouth College, no sentido de saber se o *college* era uma instituição pública cujo estatuto poderia ser mudado pelo Estado ou se era uma corporação privada ao abrigo dos interesses da legislatura. O caso foi parar no Supremo Tribunal, que acabou cassando a decisão do Tribunal de New Hampshire (favorável ao Estado), decidindo que o Dartmouth College "não era uma instituição pública, nem uma propriedade pública, mas uma instituição beneficente privada" (Masseys-Bertoneche, 2006: 47).

O que significou essa decisão? Carole Masseys-Bertoneche, num livro consagrado à filantropia e às universidades americanas, chama a atenção para "importância histórica que essa decisão teria nas décadas seguintes".[55] No que toca aos *colleges* (futuras universidades), ao trazer segurança jurídica para as *"charitable corporations"*, a decisão do Supremo Tribunal consolidaria um modelo que acabaria sendo adotado por quase todas as outras grandes instituições de ensino superior norte-americanas. Além disso, no que cabe à própria história dos Estados Unidos, essa decisão iria ilustrar uma das principais características do país: a delegação de parte dos serviços públicos às associações não lucrativas, ou seja, um pouco daquilo que Tocqueville iria definir, mais tarde, como a quintessência da contribuição norte-americana à ideia de democracia (Tocqueville, 1979).

Mas adiantemos logo uma coisa: o ensino superior dos Estados Unidos, ao contrário do que muitas vezes se imagina, não é majoritariamente privado. Hoje em dia, por exemplo, aproximadamente três quartos dos universitários norte-americanos estão matriculados em instituições públicas (Brisset-Sillion, 1997: 11). O enorme sucesso das universidades privadas, no

---

[54] O *Council of Trustees* era o conselho que tinha por responsabilidade administrar os *colleges*, fazendo valer as diretrizes do seu estatuto.

[55] "Essa questão – afirma a autora – se transformou num problema nacional devido ao fato de que os *colleges* e universidades tinham se tornado, conforme a expressão de Jurgen Herbst, 'laboratórios para todas as questões de vida ou de morte que diziam respeito ao país'" (Masseys-Bertoneche, 2006: 45).

entanto, acabou trazendo uma projeção significativa para esse modelo, que deve muito da sua glória à decisão do Supremo Tribunal. Pouco tempo após a consolidação do *"charitable trust"*, os Estados Unidos iriam entrar na sua *Gilded Age*, e a cultura da filantropia, ilustrada pela máxima de Samuel Eliot – "na Inglaterra os homens ricos constroem famílias, na América eles constroem universidades ou as ampliam" (*apud* Masseys-Bertoneche, 2006: 59) –, marcaria de vez as universidades do país.

Mas, além da filantropia, que outros fatores contribuiriam para que os antigos *colleges* semieclesiásticos se tornassem as maiores e mais bem-sucedidas instituições de ensino superior do mundo?

§2. A modernização das universidades norte-americanas

A grande referência para os primeiros *colleges* norte-americanos foi Oxford e Cambridge, onde havia se formado um número significativo dos colonos vindos da Inglaterra. Mas, se o objetivo principal dessas primeiras instituições era formar os eclesiásticos e administradores locais, o desenvolvimento da sociedade americana, conforme vimos, foi distanciando os *colleges* da Igreja, aproximando-os cada vez mais dos interesses da recém-formada burguesia.

Essa mudança não exclui os fatores religiosos. O que estava acontecendo nos Estados Unidos, na verdade, era uma efetivação dos ideais utilitaristas da tradição puritana. Como nos mostra Jean-Michel Lacroix, longe do fardo milenar dos costumes europeus, respondendo aos desejos e às necessidades espirituais e econômicas imediatas, nascia uma nova cultura, anglo-americana, que levava ao extremo a ética do trabalho protestante (Lacroix, 2006: 61).

O ensino superior não tinha como deixar de seguir essa tendência. Muito além do *gentleman* – da tradição inglesa –, o novo arquétipo da sociedade norte-americana era o *self made man*, cuja formação passava mais pelo profissionalismo pragmático, com a valorização do trabalho, do que por uma "cultura geral" nos moldes europeus. Essa tendência, aliás, fica clara naquele que é considerado o ato fundador das universidades norte-americanas: a promulgação do Morril Act, ou a lei das *Land-grant universities*, como ficou conhecida.

Do que se tratava? Promulgada pelo presidente Lincoln, em 1862, essa disposição federal colocava à disposição de cada Estado certa quantidade de terra, proporcional ao número de senadores, com o objetivo de edificar

94 HISTÓRIA DA UNIVERSIDADE

estabelecimentos de ensino superior consagrados, "no essencial, sem excluir as outras matérias científicas ou clássicas, ao ensino da agricultura e da mecânica" (Renaut, 1995: 214). Cada Estado podia vender parte desses terrenos e investir o dinheiro na construção dos edifícios. Assim, o Morril Act permitiu a construção de diversas "escolas técnicas, institutos de engenharia e outras instituições que trabalhavam em íntima associação com a indústria e a agricultura, e davam à pesquisa acadêmica uma ponte natural e direta com o setor empresarial, que retribuía apoiando e financiando as instituições universitárias" (Schwartzman, 1996, capítulo 1).

Mas o passo mais importante para a modernização das universidades norte-americanas aconteceria por meio da reorganização das grandes instituições privadas, sendo que Harvard mais uma vez seria precursora. Essa reorganização, ocorrida no final do século XIX, teve como pano de fundo o "modelo humboldtiano" (com suas devidas nuances), que era a grande referência universitária da época. Charles W. Eliot, após passar uma temporada nas instituições alemãs, assumiria a presidência de Harvard, buscando introduzir na universidade – para além da "educação liberal" do *gentleman* newmaniano – uma comunidade de pesquisadores animados pela preocupação do progresso do conhecimento. Da mesma forma, a recém-inaugurada Johns Hopkins University seria a primeira instituição a fazer a distinção entre os quatro primeiros anos de ensino geral (o *college*) e um ciclo ulterior de pesquisas especializadas (a *graduate school*), que marcaria as grandes universidades norte-americanas.

Outra grande referência para a modernização das universidades norte-americanas (e agora muito mais próximo do "modelo humboldtiano" original) foi Abraham Flexner, um dos grandes educadores americanos. Formado na Johns Hopkins University, com apenas 19 anos, Flexner continuaria seus estudos em Harvard e em Berlim. Sua fama começou ainda novo: após criar um curso de preparação para que os jovens pudessem entrar nas grandes universidades, ele foi recebido por Eliot, presidente de Harvard, que estava surpreso com o desempenho de seus alunos. Flexner escreveria, mais tarde, duas obras de suma importância: primeiro um relatório sobre o estudo da medicina nos Estados Unidos e no Canadá, conhecido como *Flexner Report*; depois um livro clássico, *Universities*, o qual ele comparava o ensino superior nos Estados Unidos, Inglaterra e Alemanha. Defensor do "modelo humboldtiano" original, Flexner criticava as instituições norte-americanas, afirmando que elas usavam o nome "universidade" sem qualquer critério. Para ele, assim como para Humboldt, a universidade era, antes de tudo, o local da "pesquisa pura", desinteressada, e depois da "unidade de espírito e propósito".[56] Ou seja, para Flexner, todas as outras funções (escolas técnicas, profissionais, preparatórias...) não tinham seu lugar na universidade. Até mesmo os cursos tradicionais, como Direito e Medicina, somente deveriam ir para a universidade quando fizessem pesquisa (Flexner, 1968: 25-30). Dessa forma, sua "ideia de universidade moderna" – Flexner usava o termo para contrapor à "ideia de universidade" de Newman – passava pela "busca do conhecimento, a solução dos problemas, a apreciação crítica das realizações e o treinamento do homem num nível realmente alto"(Flexner, 1968: 42).

Flexner exerceria uma influência considerável nas grandes universidades norte-americanas. Não somente com relação ao estudo e às pesquisas na área de Medicina – que ganharam uma outra dimensão após o seu relatório –, mas em todos os outros campos do conhecimento, que beneficiaram da sua militância em favor da pesquisa de excelência. Mas o "modelo humboldtiano", como imaginava Flexner, não conquistaria a América. Na verdade, quando ele estava escrevendo suas ideias, a universidade já estava passando por uma outra fase: a história, como nos diz Clark Kerr, corre mais rápido que a pena do observador (Kerr, 1982: 22).

§3. O despertar da *multiversity*: uma nova tradição universitária?

> A universidade americana (...) não é nem Oxford, nem Berlim; ela é uma instituição de tipo inédito.

A frase é de Kerr, no seu livro *The Uses of the University*, um clássico dos anos 1960. Como podemos perceber, sua frase não apenas anunciava uma nova instituição – que ele chamou de *multiversity* –, como estabelecia o diálogo entre os modelos anteriores, sobretudo o de Humboldt e o de Newman. Afinal, para Kerr, a universidade norte-americana englobava todas as correntes (pesquisa, "educação liberal", profissionalização...), "sem adorar – nas suas palavras – um único Deus" (Kerr, 1982: 113).

---

[56] Flexner fala da "ciência grande", com suas "grande funções", da descoberta dos "grandes homens" (como Pasteur, Virchow, Hertz, Maxwell), e que isso é o mais importante para a universidade, ela não deve gastar sua energia com outras coisas (Flexner, 1968: 25-26).

Quanto ao nome ("multiversidade"), Kerr fazia alusão à ideia de "multiverso", desenvolvida por William James, na sua defesa do "pluralismo" contra o "monismo" filosófico. Descrente de toda abordagem absoluta (fosse ela Deus, a luta de classes, a seleção natural, a sexualidade infantil...), James enxergava diversas forças atuando em conflitos mais ou menos eternos, onde cada parte se liga à parte imediatamente contígua, e em que cada uma das demais partes está em uma conexão possível com as outras (Kerr, 1982: 113-114).

Pois assim era a *multiversity*: dela faziam parte os estudantes, os professores, os dirigentes, o poder público, as fundações, as agências federais, os ex-alunos, a imprensa, as comunidades empresariais, profissionais, rurais, sindicais etc. (Kerr, 1982: 30-36). Por diversas vezes, Kerr fala da "governabilidade da universidade", ou seja, como esses diversos atores interagiam, contribuindo cada um para uma função da universidade, e como o reitor se transformava num verdadeiro líder político (ou comunitário), para administrar interesses muitas vezes conflituantes (Kerr, 1982: 117).

Quando escreveu o livro, em 1963, Kerr era o reitor da Universidade da Califórnia em Berkeley, que já contava com mais de 50 mil estudantes, divididos em dezenas de departamentos, cujas atividades iam da "formação liberal" e das "ciências clássicas" (estas com diversos prêmios Nobel), passando por hospitais universitários, programas comunitários e parceria com indústrias, até a imprensa local, grupos de teatro e equipes de basquete e futebol americano. Para Kerr, era esse dinamismo que fazia a força da *multiversity*, ou seja, "uma série de processos que produzem uma série de resultados"(Kerr, 1982: 31), incorporando um conjunto de tradições. Assim, explicava ele, na graduação buscava-se uma linha britânica de "educação liberal", cujas origens remontavam a Platão; na pós-graduação buscava-se uma vertente alemã de pesquisa, também presente em Pitágoras; e, finalmente, as outras atividades seguiam um modelo americano, cuja diversidade já se encontrava nos Sofistas (Kerr, 1982: 29-30).

O grande interlocutor de Kerr foi Flexner, a quem ele atribuía um idealismo inocente, ao acreditar na coesão e unidade da ciência, ignorando o pluralismo e a complexidade da sociedade da época. Para Kerr, já não era mais possível uma instituição autônoma, descontextualizada do campo social: essa "república de sábios" – diriam mais tarde seus seguidores – estava condenada a ficar isolada na sua torre de marfim.

Seria verdade? Talvez a história das universidades norte-americanas nos diga que sim. Afinal, se Flexner criticava, nos anos 1930, o rumo que tomavam Harvard, Columbia, Johns Hopkins etc., acusando-as de não serem verdadeiras universidades, seriam justamente elas que se tornariam as maiores instituições de ensino superior do mundo. Assim, anunciava Kerr, "a ideia da *multiversity* é uma ideia enraizada na lógica da história" (Kerr, 1967: 16) e "Flexner – concluiu ele, depois – subestimou a força da América" (Flexner, 1968: xix.).[57]

O otimismo de Kerr, na verdade, ia ainda mais longe. Para ele, o dinamismo americano iria fazer da *multiversity* um modelo a ser copiado no mundo inteiro: "Haverá uma universidade verdadeiramente americana, uma instituição singular na História Universal, uma instituição que, ao invés de copiar outros modelos, servirá ela própria de modelo para universidades de outras partes do globo terrestre" (Kerr, 1982: 79). Seria a *multiversity*, pensando em Fukuyama, o "fim da história" das universidades?

§4. A "guerra do campus": uma crítica da *multiversity*?

> Nós somos uma matéria-prima que não tem a intenção (...) de se deixar transformar em qualquer produto (...). Nós somos seres humanos. E isso me conduz à desobediência civil.
>
> Mario Savio, líder do Free Speech Movement, *apud* Judith Simony, Free Speech Movement, p. 223.

Clark Kerr estava no meio do furacão. As palavras de Mario Savio, estudante de Berkeley, tinham o reitor da universidade como alvo. A "guerra do campus", como definiu John Searle, estava prestes a começar (Searle, 1971).

Mas o que foi essa "revolta de Berkeley"? Em 1964, os Estados Unidos viviam uma época conturbada. Para Wallerstein e Starr, três movimentos se destacavam: o *Civil Rights Movement* (na luta pelo direito das minorias); o *Peace Movement* (contra as armas nucleares e a Guerra do Vietnam); e o movimento pela liberação cultural (na esteira da *beat generation*) (Wallerstein e Starr, 1971). Em meio a essa efervescência, que gerou uma série de protestos, Kerr decidiu proibir todas as manifestações políticas no campus da universidade. Mas se a medida visava acalmar os ânimos dos estudantes, seu

---

[57] Kerr é autor do prefácio do livro.

efeito acabou sendo o contrário: dali sairia o *Free Speech Movement*, seguido de uma série de greves, *sit-ins*, marchas, *protest songs* etc., que invadiriam quase todos os *campi* norte-americanos.

O fato de Kerr estar diretamente envolvido nas manifestações, logo após publicar o seu livro sobre a universidade, fez com que a ideia de *multiversity* saísse extremamente prejudicada. Saber porém o que tocava especificamente à universidade, no meio dessa confusão dos anos 1960, não é tarefa fácil. É verdade que os críticos não tardariam a satirizar a nova *marketversity* (*apud* Renaut, 1995: 224), referindo-se aos excessos utilitários do novo modelo, e que algumas das ideias de Kerr podiam parecer conservadoras. Aproveitando, no entanto, um distanciamento histórico, gostaríamos de propor uma leitura mais "otimista" da *multiversity*, que talvez possa ser útil para definir nosso conceito de "universidade participativa".

Para começar, qual foi exatamente a crítica que a *multiversity* recebeu? Segundo Alain Renaut, o livro *Universities Between Two Worlds*, de Roy Niblett, talvez seja a obra que melhor represente o que ocorreu nas universidades norte-americanas, durante a consolidação do modelo de Kerr (Renaut, 1995: 225). Esses "dois mundos", a que Niblett se refere, são a "profissionalização" e a "cultura geral", ou seja, nascia uma controvérsia em torno da universidade norte-americana, no sentido de que sua abertura (sobretudo para as empresas, as novas tecnologias, a industrialização etc.) estava gerando um déficit progressivo – ou um "ataque", nas palavras de Niblett – em favor das carreiras profissionais e da racionalidade utilitária do ensino superior, deixando de lado a antiga tradição da "cultura geral" (Niblett, 1974: 3).

A reação, no entanto, não demorou a chegar: se a "revolta de Berkeley" já denunciava alguns aspectos alienantes da "cultura do profissionalismo", outras correntes, tanto à direita como à esquerda, foram aparecendo, defendendo a "cultura geral". Da tradição antimoderna (Leo Strauss) e dos "*Great Books*" (Allan Bloom), passando por uma crítica da sociedade burguesa (Daniel Bell), até a defesa do individualismo democrático (Lionel Trilling),[58] surgia uma onda, ao mesmo tempo contra os excessos utilitaristas da *multiversity* e em defesa da "educação liberal", fosse esta para formar "especialistas cultivados"[59]

---

[58] Essas quatro correntes são citadas por Alain Renaut (Cf. Renaut, 1995: 225-226).
[59] Como defende Bloom.

e "lideres de uma *sociedade hierárquica*"[60] ou para balancear uma "cultura geral" com uma "cultura profissional".[61]

Resumindo, a "universidade de Kerr" estava sendo contestada por todos os lados: muito aberta ao exterior, ela tinha se tornado uma "estação de serviço",[62] aceitando qualquer negócio; muito ligada ao mundo emergente do *business*, ela preocupava-se demasiado com os aspectos econômicos; muito focada na carreira dos estudantes, ela formava "homens de uma ideia só". Mas até que ponto, pensando na "ideia da *multiversity*", isso tudo era verdade?

Veremos que as críticas que Kerr recebeu são muito parecidas com as críticas que algumas das propostas de "modernização das universidades" vêm recebendo hoje. A principal preocupação, tanto num caso como no outro, é o excesso de racionalidade utilitária e de vínculo com os interesses econômicos, que aos poucos eliminariam algumas das principais características da instituição universitária. Atualmente, essas críticas são vinculadas às pressões por parte de alguns *think tanks* e organizações internacionais (European Round Table, Banco Mundial, OMC etc.), dentro do contexto daquilo que genericamente passou a se chamar de neoliberalismo. Mas será que o "modelo de Kerr", pelo menos de forma teórica, previa isso?

Gostaríamos de defender a tese de que "não". A ideia da *multiversity*, na verdade, ia muito além do "profissionalismo" e de uma parceria com o "*big business*". Do mesmo modo, ela englobava uma "responsabilidade social das universidades", como no caso dos escritórios de advocacia e das clínicas médicas gratuitas, sob iniciativa das faculdades de Direito e Medicina; como nos programas de investigação e de consultoria sobre problemas urbanos organizados em colaboração entre os departamentos de Sociologia e de Urbanismo, junto com administrações locais; como nas ações de educação contínua e de educação de adultos, nos departamentos de Educação; como na abertura das bibliotecas universitárias à população e nas iniciativas do tipo "universidade aberta" (Santos, 1995: 207). Isso sem contar a "pesquisa clássica", na linha humboldtiana, e uma "formação geral", seguindo a tradição inglesa. Ou seja, a *multiversity*, como mostramos anteriormente, pelo

---

[60] Argumento que pode ser encontrado em Strauss.
[61] Posição de Bell.
[62] A expressão é de Flexner (*service stations*), que, já em 1930, acusava as universidades de aceitarem diversas funções. Cf. Flexner, 1968, capítulo 2.

menos na sua ideia, era uma convergência de todos os modelos universitários, visando conduzir a instituição a "se alargar até o ponto de abraçar o conjunto da sociedade" (Renaut, 1995: 224).

Saber a verdadeira consequência desse modelo é uma outra história. Será que as funções que Kerr imaginava (pesquisa, cultura geral, profissionalismo, responsabilidade social, programas de esporte etc.) encontraram um equilíbrio e uma legitimidade na sociedade que elas deveriam abraçar? Aqui, nossa resposta é sem dúvida negativa. O pragmatismo de Kerr, sua crença numa América que estava dando certo, não previa os efeitos perversos que poderiam ocorrer. Muito além da perda da "cultura geral" (como nos "dois mundos" a que se referia Niblett), veremos logo mais que os riscos da *multiversity* ensejam questões amplas de organização social e de organização da ciência.

Mas enxergar em Kerr um "conservador", apóstolo do "neoliberalismo", nos parece um erro. É verdade que seu vocabulário muitas vezes se aproxima do discurso "mercadológico"[63] e que sua posição nos eventos de Berkeley dão margem para o qualificar como partidário do *statu quo*. Porém, naquele começo dos anos 1960, nem o excesso de "racionalidade econômica" conhecia seus principais críticos, nem a urgência das decisões, num contexto perturbado como foi o de Berkeley, possibilitava uma visão totalmente clara do que realmente estava acontecendo.

Pelo contrário, Kerr foi um "conciliador", como ele mesmo se definia.[64] No caso de Berkeley, por exemplo, o fato de ele ter sido atacado tanto pela direita como pela esquerda (tanto por não permitir os protestos políticos na universidade como por não punir os estudantes),[65] mostra que o seu "conservadorismo" não era nada radical. E, com relação ao seu suposto "neoliberalismo", o fato de ele mais tarde ter sido perseguido pelo governo Reagan (sendo qualificado como um "perigoso esquerdista")[66] mostra o quanto essa leitura é falaciosa.

---

[63] Kerr equipara, por exemplo, a função do reitor da universidade com a de chefe de uma empresa, que tem que administrar seus empregados, sua receita, seu patrimônio etc. (Kerr, 1982: 118).

[64] Ele fala que o reitor é um mediador entre as diferentes "culturas" (pesquisa, educação liberal, serviços...). Ou, então, no mesmo sentido, que o reitor é um líder político, líder comunitário, estadista do campus, unificador, pacificador, administrador de crise, e que, por isso, somente os moderados podem ter o controle da *multiversity* (Kerr, 1982: 41, 109 e 117).

[65] Cf. Hechinger, 2003.

[66] Cf. Rosenfeldreagan, 2002.

Concluindo, a *multiversity*, na sua ideia inicial, sobretudo devido à sua diversidade, nos parece realmente, como dizia Kerr, "um modelo enraizado na lógica da história", mas cujos mecanismos de controle e de legitimidade, como apontaria a posterioridade, acabaram se mostrando inadequados. Seria esse o principal desafio da "universidade participativa"?

CAPÍTULO 4 A UNIVERSIDADE NA AMÉRICA LATINA

Para terminar nosso percurso histórico, gostaríamos de abordar o "modelo universitário latino-americano". Essa tradição, pouco conhecida no resto do mundo,[67] teve início com o chamado Movimento de Córdoba, iniciado na Argentina, no começo do século XX. Gostaríamos de abordar também alguns aspectos históricos da universidade brasileira, em especial a controvérsia em torno do "Manifesto dos Pioneiros da Educação Nova", a trajetória do conceito de "extensão" e a recente proposta da "Universidade Nova". Seriam essas as principais genealogias para um "modelo participativo"?

4.I. O Movimento de Córdoba: uma reforma universitária no horizonte da reforma social?

> Desde hoje contamos para o país uma vergonha a menos e uma liberdade a mais. As dores que restam são as liberdades que faltam. Acreditamos não nos equivocarmos, as ressonâncias do coração nos advertem: estamos pisando sobre uma revolução, estamos vivendo uma hora americana.
>
> Deodoro Roca, Manifesto liminar, publicado em
> *La Gaceta Universitária*, Córdoba, 1918.

Ao publicar *Nuestra América*, no final do século XIX, o poeta e pensador cubano José Martí, dando sequência à tradição bolivariana, dizia que a "universidade europeia há de ceder à universidade americana".[68] Mesmo referindo-se mais à identidade sociocultural – como mais tarde na antropofagia brasileira – do que propriamente à instituição universitária, as palavras do "Apóstolo" já anunciavam e inspiravam, numa via de mão dupla, aquilo que

---

[67] Na França, por exemplo, Alain Renaut, no seu *Révolutions de l'université*, livro que faz um apanhado geral dos modelos ocidentais de universidade, não faz nenhuma referência a esta experiência. Nos Estados Unidos, Kerr, no seu *Os usos da Universidade*, também ignora o assunto.

[68] Cf. José Martí, Nuestra América. Publicado originalmente no jornal mexicano *El Partido Liberal*, em 30 de janeiro de 1991, disponível em: <http://www.analitica.com/ BITBLIO/ jmarti/nuestra_america.asp>.

104 HISTÓRIA DA UNIVERSIDADE

Deodoro Roca e seus amigos mais tarde tentariam colocar em prática. O "grito de Córdoba", sim, seria uma autêntica reforma universitária, mas não fazia ele tão somente, para muito além dos muros acadêmicos e das fronteiras dos pampas, ecoar o sonho da *Nuestra América*, o sonho de uma nova civilização?

§1. Da independência ao Radicalismo: lutas pela liberdade na Argentina

> Quando há liberdade, todo o resto sobra.
>
> Frase atribuída a San Martín.

Apesar de San Martín ser considerado o *Padre de la Patria*, a sequência da história da Argentina não fez jus ao famoso lema do seu libertador. Após a independência, conquistada com o sangue das batalhas, o país entraria num longo período de guerra civil (1814-1880), seguido por uma República Conservadora (1880-1916), formada praticamente por um único partido, o PAN,[69] que governou o país de forma fraudulenta, estabelecendo o controvertido sistema de "voto cantado".[70]

Estabelecer as consequências desse último período, que ficou conhecido como *Generación del'80*, é um assunto que divide os argentinos. Se, de um lado, Buenos Aires conquistava o título de "a Paris da América do Sul", tendo uma renda *per capita* comparada à das mais ricas cidades do mundo, de outro, o interior do país conhecia a exclusão, vivendo em condições precárias (Lynch *et al.*, 2001: 115-117). Independentemente da herança dessa geração – muitos a consideram uma "época de ouro" –, uma coisa é certa: o sonho de San Martín fora raptado. Afinal, onde estava a liberdade?

A situação iria mudar no começo do século XX. Em 1910, nas comemorações do centenário da independência, as divergências internas ficaram claras: enquanto o PAN ressaltava os louros do país, promovendo festivida-

---

[69] Partido Autonomista Nacional.

[70] O "voto cantado" era o processo mediante o qual o votante deveria se apresentar à mesa eleitoral e pronunciar em voz alta o seu voto, que era anotado, em seguida, pelas autoridades. O sistema permitiu um controle dos votos mediante ameaça, troca de favores e abuso de poder.

des, com a presença de celebridades, estourava uma série de protestos, greves, barricadas, realizadas pelos sindicatos, grupos socialistas, comunistas, anarquistas, exigindo melhores condições sociais, e que acabou levando as autoridades a declarar o estado de sítio, reprimindo violentamente as manifestações.

Os protestos, no entanto, não foram em vão. Diante das pressões, às quais se somaram, ao longo dos anos, diversas tentativas de revolução, o PAN acabou passando a lei Sáenz Peña, que estabelecia o sufrágio secreto, acabando com a antiga tradição do "voto cantado". Era a chance de que a oposição precisava. Hipólito Yrigoyen, um dos fundadores da União Cívica Radical,[71] lançou-se como candidato nas eleições seguintes, em 1916, e sua vitória acabou colocando um termo a mais de três décadas de monopólio do poder.

A ascensão do Radicalismo foi um rito de passagem. Ela representou uma ruptura com o legado colonialista, marcado pelas grandes oligarquias, que haviam estabelecido um pequeno círculo corrupto, fraudulento, governando com mão de ferro o país. A eleição de Yrigoyen, antigo combatente da luta armada, significava a esperança de uma nova era, assente na declaração de princípios da "causa radical", cujas exigências passavam pela igualdade social, pela democracia, pela recuperação da ética, pela reparação histórica das injustiças do país etc.

Seria um excesso de idealismo? O contexto político do começo do século XX – marcado pela Primeira Guerra, pela repercussão das reformas sociais (desde o advento da Internacional), pela lapidação dos novos regimes políticos (comunismo, capitalismo liberal) – fazia com que as discussões em torno dos grandes ideais estivessem em primeiro plano, como não podia deixar de ser no caso da chegada de Yrigoyen ao poder. Os conservadores, no entanto, não tardariam a denunciar o caráter utópico do Radicalismo, que ganharia as duas eleições seguintes realizadas no país.

Fazer o balanço desse período, que terminaria com um golpe militar, é uma das mais calorosas discussões políticas da Argentina. Se alguns acusam o despreparo dos Radicais (arraigado, em excesso, às ideologias), outros denunciam a herança do aparato institucional (parlamento, justiça, economia etc.), cuja ordem constituída acabou frustrando o triunfo das propostas do novo ciclo (Romero, 2005: 130-133).

---

[71] Partido de oposição fundado em 1891, formado por membros de diversas correntes contrárias ao PAN, cujas origens remontam à União Cívica da Juventude e à União Cívica.

106   HISTÓRIA DA UNIVERSIDADE

De quem é a razão? A história não admite respostas exatas. Esse contexto político, no entanto, é imprescindível para compreender o Movimento de Córdoba. Foi na sequência da chegada de Yrigoyen ao poder – e basicamente com os mesmos propósitos – que eclodiu uma revolta de estudantes na universidade dessa cidade. E, é verdade que homogeneizar Córdoba com o Radicalismo seria um exagero, mas o julgamento de um passa pelo julgamento do outro, sendo que ambos foram interrompidos, nas palavras do poeta Leopoldo Lugones, com a "hora da espada" (*apud* Romero, 2005: 141).[72]

§2. O Movimento de Córdoba: diário de uma revolta

> As universidades têm sido até aqui o refúgio secular dos medíocres, a renda dos ignorantes, o abrigo dos inválidos e – o que é pior ainda – o lugar onde todas as formas de tirania e de insensibilidade encontraram a cátedra que as ditasse. As universidades chegaram a ser assim fiel reflexo destas sociedades decadentes que se empenham em oferecer o triste espetáculo de imobilidade senil.
>
> Deodoro Roca, Manifesto Liminar.

Fundada pelos jesuítas no século XVII, a Universidade de Córdoba sempre foi considerada a mais conservadora das instituições de ensino superior da Argentina, sendo extremamente apegada à Igreja e à herança colonial. Como afirmam Alberto Cria e Horácio Sanguinetti, em pleno século XX, as sombras da Companhia de Jesus seguiam pairando na universidade: ali não entravam livros de Marx, Darwin, Haeckel; ainda se estudava-se o direito canônico católico e fazia-se o juramento profissional sobre os santos evangelhos (Ciria e Sanguinetti, 1962: 3).

Com a chegada dos Radicais ao poder, um clima de inquietação tomou conta da universidade. Já em 1916, o poeta Arturo Capdevila fizera uma conferência "herética" sobre os Incas na biblioteca da instituição, incendiando uma polêmica entre liberais e conservadores, irritando os setores clericais. Mas foi em 1918 que a situação se agravou. Cansados do autoritarismo da

---

[72] Ou seja, com o golpe militar, em 1930. Lugones, que foi simpatizante socialista-anarquista, acabou aderindo ao conservadorismo, mais tarde, apoiando a causa nacionalista-fascista, que operou o golpe militar.

universidade, os estudantes decidiram entrar em greve, organizando um comitê pró-reforma e lançando um primeiro manifesto.[73] Os dirigentes da universidade, ignorando completamente as reivindicações, decidiram fechar a instituição, o que provocou uma série de passeatas e protestos, espalhando um clima de tensão nas ruas de Córdoba. Diante dessa situação, o presidente Yrigoyen decretou uma intervenção da universidade, com o intuito de estudar as causas dos problemas. Após uma série de negociações, foi marcada uma eleição interna para se eleger o reitor, o que em princípio satisfazia as reivindicações dos estudantes.[74] A pressão do aparato clerical, no entanto, acabou frustrando a expectativa da reforma.[75] O que parecia ser um triunfo garantido, aguardado por uma multidão que cercava a universidade, transformou-se numa grande desilusão, ao ser anunciada a vitória do candidato da *Corda Frates*, ou seja, os mesmos cavalheiros católicos, ligados aos políticos conservadores, que sempre controlaram a instituição.[76] Mas fora apenas o começo. O "grito de Córdoba", na verdade, ainda estava para acontecer.

Juan Carlos Portantiero, naquele que é considerado o maior clássico do assunto, *Estudiantes y Política en América Latina*, narra os detalhes da insurreição que logo começaria na Argentina, alastrando-se, em seguida, para diversos países. Para ele, muito além do quebra-quebra que tomou conta das ruas de Córdoba, após o anúncio da eleição, a grande importância da derrota dos estudantes está no fato de que eles puderam se organizar, criando alianças (com representantes políticos, sindicatos, outros grêmios estudantis etc.), além de refletir a respeito de suas verdadeiras reivindicações (Portantiero, 1978: 39-57). Foi dessa "nova fase" que surgiu o Manifesto Liminar,[77] redigido por Deodoro Roca (advogado, egresso da universidade)

---

[73] Que ainda não era o chamado Manifesto Liminar.

[74] Desta eleição iriam participar apenas os professores. A reivindicação da presença dos estudantes nas votações (e no governo da universidade) só viria mais tarde, numa segunda fase da reforma.

[75] Juan Carlos Portantiero mostra como houve uma "traição" dos professores liberais, que em princípio apoiavam o candidato dos estudantes, mas que depois acabaram votando no candidato da base clerical (Portantiero, 1978: 38-39).

[76] *Corda Frates* era o nome de uma organização semipública, formada sobretudo por docentes, que tinha o apoio do clero e mantinha fortes vínculos com os círculos reacionários da política argentina.

[77] Publicado no dia 21 de junho de 1918, numa edição extraordinária do jornal *La Gaceta Universitaria*, esse manifesto é considerado o ato liminar do Movimento de Córdoba. Seu título,

e assinado pelos membros da recém-criada Federação Universitária de Córdoba. Ao contrário do primeiro manifesto, discreto, dirigido à "juventude argentina", os destinatários desse segundo documento, muito mais elaborado, foram "os homens livres da América do Sul", o que ilustra a nova dimensão que a reforma havia ganhado. Para Orlando Albornoz, esse manifesto representa a "carta constitucional dos estudantes latino-americanos" (*apud* Tunnermann, 1978: 33) e o que aconteceu após a sua publicação marcaria de vez as universidades do continente.

A cronologia da reforma foi a seguinte. Em meio à divulgação do novo manifesto, a tensão aumentou ainda mais. Uma série de barricadas, motins, invasões tomou conta das ruas de Córdoba. Os estudantes, enfrentando a polícia, conseguiram entrar na universidade, declarando greve geral. Solicitado pelos dirigentes da *Corda Frates*, o Exército interveio de forma violenta, prendendo várias pessoas, que acabaram sendo processadas. Mas nada intimidava os manifestantes. Nas ruas, as passeatas eram cada vez mais numerosas. Simpatizantes de Buenos Aires também desembarcavam na cidade, trazendo ainda mais legitimidade para a causa.[78] Não tardaria muito para a greve se estender às demais universidades do país. Sindicatos, partidos políticos, intelectuais, movimentos operários, a *Argentina* estava com os estudantes.

Diante da situação, o presidente Yrigoyen decretou uma nova intervenção na Universidade de Córdoba. Dessa vez, várias reivindicações foram acatadas. Após algumas reuniões, com a presença de representantes do movimento estudantil, foi aprovada uma mudança no estatuto da universidade. Como afirma Portantiero, "nascia (...) a primeira universidade nova da América" (Portantiero, 1978: 54); e o movimento não pararia por ali.

§3. Autonomia, responsabilidade social, livre-docência, autogoverno: quais as reivindicações do "modelo de Córdoba"?

Compreender a ideologia da Reforma não é tarefa fácil. Gabriel del Mazzo, um dos seus principais expositores, afirma que Córdoba tinha um drama:

"A juventude argentina de Córdoba aos homens livres da América do Sul", mostra a dimensão continental dos seus propósitos, além da ambição dos seus signatários. Versão completa disponível em: <http://www.unc.edu.ar/reforma/manifiesto>.

[78] Alfredo Palácios (político socialista), por exemplo, assim que chegou, fez um discurso aclamado para quase 10 mil pessoas (Portantiero, 1978: 42).

o movimento reconhecia a influência de diversos autores e de diversas correntes, mas, como vivia uma ansiedade disciplinar sem resposta categórica, acabou tendo que desenvolver uma metodologia autodidata (*apud* Tunnermann, 1978: 18). Antenor Orrego, também referindo-se a esse *work in progress* de Córdoba, vai mais além, falando que, pela primeira vez, "houve uma docência da juventude sobre os seus mestres" (*apud* Tunnermann, 1978: 18).

Não podemos ignorar, no entanto, as diversas referências da Reforma. No que toca ao cenário político internacional, os movimentos socialistas da segunda metade do século XIX, assim como a Revolução Russa de 1917, tiveram grande importância (Tunnermann, 1978: 15-17). A preocupação com a desigualdade econômica, aliás, fica clara nos diversos artigos, documentos e manifestos que foram publicados após os acontecimentos de Córdoba.[79] No que se refere ao cenário interno, a ascensão do Radicalismo foi sem dúvida a maior contribuição. Havia uma esperança de que a classe média trabalhadora, principal responsável pela eleição do presidente Yrigoyen, também pudesse ser representada nas instituições de ensino superior, até então reduto das oligarquias. Como afirma Gabriel del Mazzo, "o renascimento democrático do país trouxe o renascimento democrático da Universidade" (*apud* Tunnermann, 1978: 76).

Outro fator que teve grande influência foi o advento do Modernismo na América Latina. Além da nova estética e de uma atitude inconformista com os valores de outrora, poetas como Rubén Darío ou José Martí propunham uma identidade própria para o continente, na expectativa de superar as tradições vindas da Europa e dos Estados Unidos. Essa esperança de uma "nova civilização" está presente em diversos testemunhos, sobretudo na frase "estar vivendo uma hora americana", que se tornou um slogan da Reforma. Alfredo Palácios, nesse mesmo sentido, afirma:

> Nossa América viveu até hoje de Europa, tendo-a por guia. Sua cultura a nutriu e a orientou. Mas a última guerra fez evidente o que já se adivinhava: que no coração dessa cultura iam os germes de sua própria desilusão. (...) Seguiremos nós, povos jovens, essa cultura decadente? Seremos tão insensatos que empreendamos (...) um caminho de dissolução? Nos deixaremos vencer pelos apetites e cobiças materiais que têm arrastado a destruição dos povos europeus? Imitare-

---

[79] Cf. a coletânea de textos que foram reunidas no livro de Portantiero, 1978, na seção Crónicas y documentos, p. 131-446.

-mos os norte-americanos, que, como Fausto, venderam sua alma em troca da riqueza e do poder, degenerando na plutocracia? Voltemos os olhos a nós mesmos. Reconheçamos que não nos servem os caminhos da Europa nem das velhas culturas (*apud* Tunnermann, 1978: 19-20).

Vários outros fatores contribuíram para o movimento. Hugo Biagini, por exemplo, chama a atenção para o Arielismo (movimento político-literário encabeçado pelo uruguaio José Enrique Rodo), para a chamada *Generación del 98* (que reunia intelectuais espanhóis) e para o *Affaire Dreyfus* (com Émile Zola, na França) (Biagini, 1999: 81-82). Carlos Tunnermann, da sua parte, ressalta a influência de alguns pensadores norte-americanos, como Woodrow Wilson, e de uma crítica do positivismo, a partir do movimento bergsoniano (Tunnermann, 1978: 17-18). Por fim, deve-se destacar os diversos encontros estudantis internacionais – como em Liège (1865), Bruxelas (1867), Paris (1900) e Budapeste (1902) –, que possibilitaram uma troca de experiências entre os participantes, não apenas em questões que envolviam as universidades, mas também naquelas relacionadas às causas político-sociais-econômicas, que estavam em voga na época.[80]

Mas se as fontes são diversas – ou às vezes confusas e contraditórias –, as exigências da Reforma foram claras, inaugurando um novo modelo de universidade. Hugo Biagini narra uma anedota, passada ainda em 1913 (cinco anos antes dos eventos em Córdoba), que ilustra bem essa novidade. Segundo ele, durante um congresso estudantil realizado em Nova Iorque, enquanto as delegações norte-americanas e europeias estavam muito mais preocupadas em aproveitar o encontro, de forma hedonista, além de se contentarem com discussões de temas clássicos, sem qualquer novidade, as delegações latino-americanas decidiram abandonar o congresso, alegando estarem preocupadas com os problemas sociais que ocorriam no mundo e na capacidade transformadora da universidade (Biagini, 1999: 87). Ou seja, elas antecipavam aquilo que Deodoro Roca, numa reflexão posterior, disse ter sido a principal descoberta da Reforma:

> A reforma (...) foi tudo o que pôde ser. Não pôde ser mais do que foi, em drama e atores. Deu de si tudo! Deu de forma rápida com seus limites infranqueáveis. E

---

[80] Hugo Biagini, por exemplo, fala da forte ligação entre o Movimento de Córdoba e a Internacional dos Trabalhadores, no sentido de denunciar os abusos de poder provindos do capital e da propriedade privada, e de exaltar a cooperação produtiva (Biagini, 1999: 89-90).

realizou um magnífico descobrimento. Somente isso a salvaria: ao descobrir a raiz de sua vacuidade e da sua infecundidade notória se deparou com este achado: reforma universitária é o mesmo que reforma social (Roca, 1978: 430-431).

Na verdade, essa descoberta vai além disso: não apenas "reforma universitária é o mesmo que reforma social", como, ainda nas palavras de Roca, era "na universidade [que] estava o segredo da transformação da sociedade" (*apud* Flachs, 1999: 42, vol. 3). Mas não se tratava – e aqui encontra-se a novidade – de uma transformação via desenvolvimento da ciência (como numa perspectiva humboldtiana), nem por meio da formação de uma elite esclarecida (como no caso do *gentleman* newmaniano), nem tampouco através de um ensino superior voltado para as novas profissões (como vinha sendo o caso desde a Revolução Industrial). A transformação da sociedade, imaginada por Córdoba, passava por um "projeto de Nação", do qual a universidade faria parte, ou seja, havia necessariamente uma sincronia entre "democratização", "identidade", "justiça social" etc., no âmbito sócio-político-econômico-cultural do país (como um todo) e da universidade (como parte integrante).

Para compreender essa confluência, citemos aquelas que são consideradas as principais mudanças da Reforma: 1) autonomia universitária em seus aspectos político, docente, administrativo e econômico; 2) eleição dos corpos diretivos e das autoridades da universidade pela própria comunidade universitária, com a participação dos professores, estudantes e graduados; 3) livre-docência e concurso para professores; 4) gratuitidade do ensino; 5) assistência social aos estudantes e democratização do ingresso na universidade; 6) vinculação com o sistema educativo nacional; 7) extensão universitária, fortalecimento da função social da universidade e preocupação com os problemas nacionais; 8) unidade latino-americana e luta contra o imperialismo (Tunnermann, 1978: 44-45).

Não há dúvidas de que essas exigências vão de encontro à máxima de Roca ("reforma universitária é reforma social"), mostrando a amplitude dos propósitos de Córdoba. Naquele começo de século XX, falar de "popularização",[81] de "responsabilidade social" e de "democratização" era uma novi-

---

[81] A "popularização" passava pela abertura da universidade para as classes populares ou desfavorecidas, que sempre ficaram de fora da universidade. Ela passava também pela criação das diversas "universidades populares" que surgiram na América Latina, após os movimentos

dade na reflexão sobre a universidade, o que acabou inaugurando um novo arquétipo institucional.

Mas se no decorrer dos anos algumas dessas propostas passaram à ordem do dia, o sonho da "nova civilização" imaginada por Córdoba acabou não se concretizando. Seria um excesso de idealismo ou um contratempo da história?

§4. Entre conquistas e desilusões: qual o legado da Reforma?

> A juventude com sua / lâmpada clara pode / iluminar os mais duros / destinos, ainda que na noite crepitem suas / chamas seu lume de oro / fecunda o caminho.
>
> Pablo Neruda, *Claridad*, 8 de outubro de 1921.

O poema do jovem Neruda, publicado quando ele tinha 17 anos, ilustra o entusiasmo que tomou conta da juventude latino-americana, logo após o "grito de Córdoba". Pouco a pouco, o movimento foi se estendendo, passando pelo Peru, Chile, México, Cuba, Uruguai, Venezuela etc., buscando acabar com a herança colonial, religiosa e oligárquica das universidades. Mentores argentinos, como Alfredo Palácios, passaram a visitar os países, incitando novas manifestações. Congressos estudantis foram organizados, surgiram universidades populares, novas legislações mudaram a cara das instituições de ensino superior. Como anunciava o Manifesto de Roca, "estamos pisando sobre uma revolução, estamos vivendo uma hora americana". Seria a concretização daquele sonho?

Talvez sim, se não fossem as ditaduras militares. Afinal, a "hora da espada" soou para todos os lados. A história da Argentina, nesse caso, continua sendo o melhor exemplo. Em 1922, o presidente Yrigoyen foi sucedido por Avelar, representante da ala direitista do Partido Radical, contando com a ajuda dos conservadores. Tinha início, como mostra Portantiero, o movimento de con-

---

de reforma que sucederam ao de Córdoba. A ideia de universidade popular surgiu no século XIX, sobretudo na França, sob iniciativa de Georges Deherme, um operário anarquista. Tratava-se de instituir um espaço de encontro entre a classe trabalhadora e os intelectuais da época, para que os segundos pudessem passar, de forma gratuita, alguns conhecimentos para os primeiros, visando a emancipação social destes, que tornariam construtores de seus próprios caminhos, não sujeitos às lógicas perversas do capitalismo (cf. Onfray, 2004).

trarreforma (Portantiero, 1978: 56). Pouco a pouco, o governo de Avelar foi intervindo nas universidades do país, mudando seus estatutos, desfazendo as conquistas da Reforma. Essa tendência – motivada segundo Portantiero por um liberalismo opulento[82] – durou quatro anos, até que Yrigoyen voltou ao poder, com as novas eleições. Com o retorno do *viejo caudillo*, o movimento universitário passou novamente à ofensiva: os antigos estatutos voltaram à vigência; reitores impostos pelas forças conservadoras foram destituídos; reformistas, como Alfredo Palácios, assumiram cargos de dirigentes. A esperança, no entanto, duraria apenas dois anos. Liderados pelo general Uriburu – à base de cassetete e gás lacrimogêneo –, os militares tomaram o poder e passaram reprimir todas as manifestações estudantis que apoiavam as causas da Reforma.

Ainda houve algumas tentativas de reativar o movimento,[83] mas de nada adiantaram. Uma série de prisões e assassinatos tomou conta do país, dando início à chamada "década infame". Num congresso estudantil, realizado em Buenos Aires, pouco depois do golpe, um documento apontava a desilusão e a realidade da Reforma: "[ela] só será realizada integralmente em uma sociedade que obedeça a uma estrutura econômica, jurídica e cultural totalmente nova" (*apud* Portantiero: 1978: 57).

Esse constato, que vale para quase toda a América Latina, não apaga as diversas críticas que foram feitas à Reforma. Sem contar o proselitismo conservador – que a qualificava como um mero "motim político-esquerdista (...) orquestrado por crianças indóceis" (*apud* Flachs, 1999: 67) –, integrantes do movimento ou antigos dissidentes apontaram, ao longo dos anos, diversas dificuldades encontradas por Córdoba. A principal delas, naquele fervor ideológico do começo do século XX, talvez tenha sido as inúmeras discordâncias internas do movimento. Juan Isidro Jiménez Grullón, por exemplo, critica o viés liberal, romântico e burguês que acabou tomando a Reforma. Defendendo uma perspectiva marxista, ele admite os avanços, mas

---

[82] Para Portantiero, com a freada da Revolução Russa na Europa, foi-se estabelecendo uma pacificação do capitalismo mercantilista na Argentina (amparado por uma exportação bem-sucedida e por uma tendência fascista que já despontava no país), o que acabou inibindo um aprofundamento das reformas sociais e universitárias (Portantiero, 1978: 56-57).

[83] Em 1932, uma nova greve tomou conta das universidades argentinas, mas os manifestantes acabaram sendo presos. Deodoro Roca, que foi designado advogado deles, afirmou que a universidade voltara a ser "uma grande caverna cheia de burocracia com parentes, parentes, muitos parentes" (*apud* Flachs, 1999: 62).

afirma que a Reforma não correspondeu aos interesses revolucionários, deixando à margem os camponeses e a nascente classe proletária (*apud* Tunnermann, 1978: 22). Da mesma forma, os integrantes do Partido Comunista Argentino, que no começo apoiaram a Reforma, depois passaram a criticá-la duramente, não apenas pelo seu caráter burguês, mas também pela sua falta de projeção nacional, demasiada presa, segundo eles, aos aspectos pedagógicos (*apud* Caruso, 1999: 130-132). Outros, como Carlos Ramos, denunciam o atraso ideológico do movimento, confuso quanto às suas fontes, perdido no tempo, ignorando a sociologia e a estrutura social (*apud* Tunnermann, 1978: 22). O próprio Deodoro Roca, principal figura do movimento, numa entrevista concedida vinte anos depois, admite muitas dessas críticas, sobretudo no que toca ao idealismo, à falta de maturidade e ao excesso de caráter burguês (Roca, 1978: 430-433).

Mas a Reforma, não há dúvidas, deixou um legado importante. Em primeiro lugar, como afirma Gérman Arciniegas, "apesar de não ter sido o que há de ser, [a universidade] deixou de ser o que vinha sendo" (*apud* Tunnermann, 1978: 9). Essa afirmação é valida sobretudo no que toca à influência eclesiástica: mesmo após o advento das ditaduras, ela teve sua morte decretada, abrindo as portas para uma instituição laica, inserida definitivamente no universo da ciência.

Outra ideia importante de Córdoba, e bastante inovadora para época, foi a "democratização das universidades". Não no sentido do acesso (que também foi uma exigência considerável e, de certa forma, igualmente precursora),[84] mas no sentido de gestão das universidades, com a participação de alunos, professores, ex-estudantes etc. Apesar de eclipsada pela ascensão das ditaduras, essa ideia ressurgiria, mais tarde, não apenas na América Latina, mas em diversas partes do mundo, e veremos como ela é um dos pilares da "universidade participativa".

Por fim, conforme já assinalamos, o grande legado de Córdoba foi associar a "reforma universitária" com a "reforma social". Na época, essa ideia estava ligada sobretudo ao contexto das oligarquias, ou seja, à vontade de transformar a realidade do país, em busca de ampliar a justiça social.[85] Mas

---

[84] Sobretudo no que toca às universidades populares, que abriam as portas para os *obreros* e outras classes desprivilegiadas.

[85] Nesse sentido, Júlio Gonzáles, numa conferência em 1923, afirma que a Reforma "é filha legítima da realidade social" (Gonzáles, 1978: 344).

CAPÍTULO 4 A UNIVERSIDADE NA AMÉRICA LATINA 115

com ela vinham diversas outras propostas, como o conceito de "responsabilidade social das universidades", de "popularização", de "projeto nacional", de "democratização" etc. Apesar da complexidade desses temas, acreditamos que a discussão em torno do conceito de "extensão", também *herdeiro* da Reforma,[86] é extremamente válida para nos esclarecer. Defenderemos a tese de que a "extensão", *fenômeno tipicamente latino-americano*,[87] ilustra o principal legado de Córdoba (apesar das transformações que o conceito recebeu durante as ditaduras) e que as discussões contemporâneas a seu respeito, sobretudo quando buscam recuperar seu sentido original, no contexto da Reforma, são uma das grandes fontes da "universidade participativa".

Mas o que significa "extensão"? De onde vêm suas origens? Para onde apontam suas perspectivas? Trataremos essas questões dento da conjuntura da universidade brasileira.

4.II. A universidade no Brasil: do atraso institucional para uma proposta inovadora?

> Pode-se dizer que nela não encontramos nada de proveito.
>
> Américo Vespúcio, citado por Caio Prado Júnior,
> *A evolução política do Brasil*, p. 12

A frase de Américo Vespúcio, falando daquela terra recém-descoberta, mostra o estado de "abandono" em que se encontrava o Brasil. A colonização foi um processo lento e a maneira com que Portugal lidou com o ensino superior nos fornece um bom exemplo disso. Ao contrário dos espanhóis, que logo fundaram universidades nas suas colônias (Republica Dominicana, 1538, Peru, 1551, México, 1551 etc.), os lusitanos não quiseram criar instituições de ensino superior no Brasil. Uma das razões, como afirmava o Conselho Ultramarino, era o fato de que "um dos mais fortes vínculos que sustentava a dependência das colônias era a necessidade de vir estudar a Portugal" (*apud* Cunha, 1986: 12). A luta pela universidade brasileira

---

[86] Na verdade, o termo (como veremos logo adiante) teve origem na Inglaterra.
[87] Isso porque o termo ("extensão") ganhou uma conotação totalmente diferente na América Latina, sobretudo nos debates contemporâneos (veremos os detalhes na próxima seção).

demorou vários séculos, concretizando-se somente no século XX. Como se deu esse atraso institucional? Será que o país, hoje, pode passar para um modelo inovador?

§1. O papel dos colégios jesuítas

Apesar da proibição de se constituir universidades no Brasil, os jesuítas foram capazes de ministrar uma forma de ensino superior no país. A ordem religiosa desembarcou em 1549, junto com Tomé de Souza, tendo como objetivo converter os índios e dar apoio aos colonos portugueses. Aos poucos, diversos colégios foram sendo criados. Com a dedicação dos religiosos, essas instituições ganharam consistência, organizando estudos que iam do primário ao secundário, mas chegando às vezes ao superior. No que toca a este último, a qualidade dos colégios podia ser equiparada às universidades nas colônias espanholas (Cunha, 1986: 13). A Câmara Municipal da Bahia, por exemplo, solicitou à Metrópole que os graus do Colégio local pudessem ser equiparados aos do Colégio de Évora, que tinha acabado de ganhar status de universidade. Mas o sonho ainda estava distante: uma comissão da Universidade de Coimbra não tardou a negar o pedido dos baianos (Cunha, 1986: 32).

Para piorar a situação, os jesuítas logo seriam expulsos das terras lusitanas. No Brasil, eles pareciam estar indo longe de mais. Os aldeamentos controlados pelas ordens iam ganhando certa "autonomia", entrando em conflito com os interesses da Coroa. Diante de um capitalismo emergente, comunidades como aquela que Clovis Lugon descreveu em *A República Comunista Cristã dos Guaranis* representavam um enorme retrocesso: não somente o ascetismo que os religiosos estavam transmitindo para os índios precisava ser combatido, como era necessária uma mão de obra barata ou escrava para os empreendimentos dos colonos portugueses.

Além disso, o espírito das Luzes despontava em Portugal, trazendo consigo a necessidade de se fortalecer o Estado e acabar de vez com o medievalismo. Assim, em 1759, Pombal baniu os jesuítas, fato que trouxe consequências para o ensino superior dos dois lados do Atlântico: enquanto na Metrópole a perda de influência dos religiosos contribuiu para a modernização da universidade,[88] no Brasil, o desaparecimento das ordens fez com que o sonho de se consolidar uma instituição ficasse ainda mais distante.

---

[88] Em 1770, por exemplo, houve uma reformulação da Universidade de Coimbra, que finalmente abandonou o "modelo medieval".

§2. Da chegada da Coroa ao advento da República Velha

Foi somente com a chegada da Coroa, em 1808, que o ensino superior brasileiro ganhou um impulso. Nesse novo contexto, que Nelson Piletti definiu como o "paraíso das elites" (Pilleti, 1991: 41), era preciso formar burocratas para trabalhar no Estado e profissionais liberais capazes de atender à nova realidade social. Tinha início a "cultura do bacharelismo": a aquisição de um diploma superior era o caminho para se constituir os "mandarins do Brasil" (Pang e Seckinger, 1972).

Aos poucos foram sendo criadas diversas instituições, como a Academia de Marinha, a Academia Real Militar, a Academia Nacional de Medicina, a Escola Real de Ciências, Artes e Ofícios, as Faculdades de Direito etc. Além disso, o debate sobre a criação de uma universidade não tardou a aparecer. A França, como nos mostra Luiz Antônio Cunha, era a grande referência intelectual da época, servindo de base para opiniões contraditórias. De um lado, por exemplo, podíamos encontrar a defesa do "modelo napoleônico", expressa nas palavras de Justiniano José da Rocha: "Eu confio muito na criação da universidade brasileira, porque entendo que universidade significa centralização e governo em toda a sua universalidade, abrangendo todas as doutrinas, todos os estados, desde a mais humilde escola primaria até a mais sublime academia" (*apud* Cunha, 1986: 89). De outro, podíamos encontrar a influência dos iluministas franceses, cuja desconfiança da universidade fica clara nas palavras do Conselheiro Almeida: "A universidade é uma coisa obsoleta e o Brasil, como país novo, não pode querer voltar atrás para construir a universidade; deve manter suas escolas especiais, porque o ensino tem de entrar em fase de especialização profunda; a velha universidade não pode ser restabelecida" (*apud* Cunha, 1986: 137).

E a instituição, de fato, não seria criada. No entender da Coroa, bastavam as universidades portuguesas, em especial Coimbra, que buscava deter um monopólio do saber. No que toca aos liberais brasileiros, apesar de algumas tentativas de criar universidades, a grande preocupação deles era com a autonomia das instituições de ensino existentes, ainda sob forte influência do Estado e da Igreja.

Mas essa autonomia só viria com o advento da República. Foi a partir de 1889, devido à influência de homens como Rui Barbosa, que a educação começou a se desenvencilhar das amarras de outrora. Não somente foram criadas as primeiras escolas livres (independentes do Estado, empreendidas por particulares), como houve mais liberdade nas escolas mantidas pelo governo. Essa mesma lógica pode ser estendida às instituições superiores. No entanto, apesar da expansão e da autonomia, continuava prevalecendo a "cultura do bacharelismo": as escolas superiores eram vistas muito mais como um trampolim para a ascensão social – o mito do "doutor" – do que como uma instituição ordenada capaz de contribuir para o progresso do saber. Prova disso é que o Brasil, em pleno século XX, apesar de algumas iniciativas que não vingaram, ainda não tinha uma universidade. Esse atraso institucional também ficou estampado na criação daquela que, para muitos, é considerada a primeira instituição universitária do país. Diz-se que foi apenas com intuito de conceder o título de doutor *honoris causa* ao rei da Bélgica, em 1920, que foi fundada a Universidade do Rio de Janeiro. Como aponta o próprio relatório do seu primeiro reitor, Dr. Benjamin Galvão, tratava-se tão somente de uma justaposição de escolas superiores – universidade apenas *in nomine* –, sem qualquer espírito de ciência ou laço entre os seus professores (*apud* Favero, 1997: 29).

Foi preciso esperar Vargas, em meio ao turbilhão pós-revolucionário, para que as universidades brasileiras ganhassem alma.

§3. Da Era Vargas à República Populista: o sonho da "Educação Nova" e as mudanças do "autoritarismo militar"

O advento da República não trouxe a estabilidade aguardada. Um clima de tensão pairava no ar. O excesso de poder exercido pelas oligarquias, amparadas no coronelismo e no voto de cabresto, trazia uma série de desconfortos. Havia revoltas das classes desfavorecidas (como Canudos, a Guerra do Contestado, a Revolta da Vacina, a Revolta da Chibata), manifestações sociais (como a greve de 1917, a criação do Partido Comunista do Brasil), rebeliões militares (como a Revolta do Forte de Copacabana, a Revolta de 1924, a Coluna Prestes), contestações culturais (como a Semana de Arte Moderna de 1922) etc. Para piorar a situação, o *crack* da Bolsa de Nova Iorque, em 1929, encadeou uma forte crise econômica; e o conflito entre Minas e São Paulo, com o fim da política do "café com leite", trouxe uma instabilidade política para o país. Foi nesse contexto que explodiu a Revolução de 30, pondo fim à República Velha e conduzindo Getúlio Vargas ao poder. Quais foram as consequências para o ensino superior?

Nos anos que precederam o período getulista, a educação também vivia um clima de instabilidade A escola elitista do Império ainda não havia sido

CAPÍTULO 4 A UNIVERSIDADE NA AMÉRICA LATINA   119

superada, fato que gerou uma série de críticas, vindas de diversos setores da sociedade. Nesse sentido, os principais atores foram a Associação Brasileira de Educação (que organizou diversos congressos no país), o inquérito sobre a educação promovido pelo jornal *O Estado de S. Paulo* (que foi levado a cabo por Fernando de Azevedo) e alguns Estados da federação (que buscavam introduzir reformas inovadoras). Era preciso, como nos mostra Paulo Ghiraldelli, "republicanizar a República", sendo que um simples dado pode justificar o intuito: "em 1920, 75% ou mais de nossa população em idade escolar era analfabeta" (Ghiraldelli Jr., 2003: 17).

O grande corolário desse clima de insatisfação viria pouco tempo depois da ascensão de Getúlio. Em 1932, foi redigido o "Manifesto dos Pioneiros da Educação Nova", um verdadeiro marco para a reflexão sobre o tema no país. O subtítulo do documento, "A reconstrução educacional no Brasil", mostra a complexidade dos propósitos dos seus 26 signatários, em temas que iam da filosofia da educação a formulações pedagógico-didáticas, passando pela política educacional (Ghiraldelli Jr., 2003: 31-32). "Na hierarquia dos problemas nacionais – anunciava o Manifesto –, nenhum sobreleva em importância e gravidade ao da educação. Nem mesmo os de caráter econômico lhe podem disputar a primazia nos planos de reconstrução nacional".[89] Para os signatários, era preciso abandonar a "escola tradicional", que servia aos interesses classistas, e instituir uma "escola nova", capaz de servir aos interesses do país. O itinerário dessa mudança, porém, não estava muito bem definido. É verdade que o Manifesto indicava diversas ações concretas – laicização, gratuitidade do ensino, modernização dos métodos, unidade escolar, obrigatoriedade, autonomia, descentralização etc. –, mas por trás da aparente unidade do grupo havia uma série de contradições. Como indica o próprio Fernando de Azevedo, redator do Manifesto,

> nesse período crítico, profundamente conturbado, mas renovador e fecundo, que sucedera a um longo período orgânico, de dominação da tradição e de ideias estabelecidas, a vida pedagógica, a princípio, numa dualidade de correntes e, depois, numa pluralidade e confusão de doutrinas, que mal se encobriam sob a denominação genérica de "Educação Nova" ou de "Escola Nova", suscetível de acepções muito diversas (*apud* Romanelli, 1983: 129-130).

---

[89] O Manifesto dos Pioneiros da Educação Nova, disponível em: <www.pedagogiaemfoco. pro.br/heb07a.htm>.

120 HISTÓRIA DA UNIVERSIDADE

Quais eram essas contradições? Talvez a melhor maneira de abordá-las, como nos mostra Luiz Antônio Cunha (Cunha, 1986: 256-279), seja por meio das nuances do "liberalismo", sendo que essa mesma discussão, conforme veremos, serve para analisar algumas questões contemporâneas. O liberalismo surgiu nos séculos XVII e XVIII, na Inglaterra e na França, em meio à luta da burguesia contra os sistemas monárquico-aristocratas. Seus princípios básicos são a liberdade, a igualdade de direitos, a propriedade privada, a democracia, a separação do Estado e da Igreja etc. Mas se essas ideias, no começo da Modernidade, podiam ser vistas de forma homogênea, não tardou muito para que aparecessem desavenças. Qual a extensão do Estado? Como se dá a separação dos poderes? É possível ampliar os direitos fundamentais? De que maneira a lei deve ser interpretada? Até que ponto o mercado pode ser regulado? Qual o papel da sociedade civil? Eis algumas questões, cuja dinâmica perpassa o liberalismo, que continuam na ordem do dia.

No campo da educação, como indica Luiz Antônio Cunha, algumas controvérsias já podiam ser identificadas no século XVIII. "Dentre os revolucionários [franceses, nos diz ele], portadores, de algum modo, do pensamento liberal, havia desde um Voltaire, temeroso da educação das massas, por ser perigoso à ordem social, até um Condorcet, defensor da escola aberta a todos, não só gratuita, mas oferecendo subsídios aos alunos pobres" (Cunha, 1986: 258). Mas o grande debate, no que toca ao liberalismo e à educação, se daria um pouco mais tarde, a partir da obra de John Dewey. O filósofo norte-americano, ciente das iniquidades geradas pelo capitalismo, propunha uma visão igualitarista do pensamento liberal, "capaz de produzir indivíduos orientados para a democracia e não para a dominação/subordinação; para a cooperação, em vez da competição; para a igualdade, e não para a desigualdade" (Cunha, 1986: 258-259). Foi esse modelo, a *pedagogia da escola nova*, o que mais inspirou os signatários do Manifesto brasileiro. Como aponta o próprio documento:

> A educação nova que, certamente pragmática, se propõe ao fim de servir não aos interesses de classes, mas aos interesses do indivíduo, e que se funda sobre o princípio da vinculação da escola com o meio social, tem o seu ideal condicionado pela vida social atual, mas profundamente humano, de solidariedade, de serviço social e cooperação. A escola tradicional, instalada para uma concepção burguesa, vinha mantendo o indivíduo na sua autonomia isolada e estéril, resultante da doutrina do individualismo libertário, que teve aliás o seu papel na formação das

CAPÍTULO 4 A UNIVERSIDADE NA AMÉRICA LATINA   121

democracias e sem cujo assalto não se teriam quebrado os quadros rígidos da vida social. A escola socializada, reconstituída sobre a base da atividade e da produção, em que se considera o trabalho como a melhor maneira de estudar a realidade em geral (aquisição ativa da cultura) e a melhor maneira de estudar o trabalho em si mesmo, como fundamento da sociedade humana, se organizou para remontar a corrente e restabelecer, entre os homens, o espírito de disciplina, solidariedade e cooperação, por uma profunda obra social que ultrapassa largamente o quadro estreito dos interesses de classes.[90]

Mas essa tendência do "liberalismo igualitário", que teve em Anísio Teixeira seu principal interlocutor,[91] era contrabalanceada pelo "liberalismo elitista", defendido sobretudo por Fernando de Azevedo, talvez o mais influente dos signatários. Para ele, a principal função escolar era a formação de uma classe média e de uma elite dirigente. Nesse sentido, é interessante notar as semelhanças com o pensamento de Newman: em ambos os casos, tratava-se de dispensar uma cultura geral sólida, na tradição da "educação liberal", para formar as mentes capazes de dirigir o país. Para Fernando de Azevedo, esse elitismo era totalmente compatível com a democracia:

> Antes de tudo, num regime democrático, é francamente acessível e aberta a classe das elites, que se renova e se recruta em todas as camadas sociais. À medida que a educação for estendendo a sua influência, despertadora de vocações, vai penetrando até as *camadas mais obscuras*, para aí, entre os próprios operários, descobrir "o grande homem, o cidadão útil", que o Estado tem o dever de atrair, submetendo a uma prova constante as ideias e os homens, para os elevar e selecionar, segundo o seu valor e a sua incapacidade (*apud* Cunha, 1986: 256-279).

Apesar das nuances, podemos perceber duas tendências: enquanto o "liberalismo elitista", mais preocupado com o indivíduo, sobrevaloriza o espírito de competitividade, o "liberalismo igualitarista", para evitar o excesso de individualismo, busca alguns critérios de solidariedade. O Manifesto, apesar de outras variáveis, foi uma conciliação dessas duas tendências,

---

[90] O Manifesto dos Pioneiros da Educação Nova, disponível em: <www.pedagogiaemfoco. pro.br/heb07a.htm>.

[91] Ao ir estudar em Nova Iorque, no final dos anos 1920, Anísio Teixeira acompanhou as aulas de John Dewey, sendo bastante influenciado pelo filósofo e pedagogo norte-americano. Mais tarde, Anísio traduziria algumas obras de Dewey para o português.

que também integravam o debate referente ao ensino superior. Como nos mostra Luiz Antônio Cunha, "ao lado da função atribuída à universidade de formar a elite dirigente, dinâmica e aberta, aparece a de criar e difundir ideais políticos, tomando partido na construção da democracia" (Cunha, 1986: 275).

Essa pluralidade ideológica, na verdade, já podia ser vista um ano antes da publicação do Manifesto, quando foi instituído o Estatuto das Universidades.[92] Este definia que o ensino superior obedeceria, "de preferência, ao sistema universitário", podendo ainda ser ministrado por "institutos isolados". Ele definia como fins do ensino universitário "elevar o nível da cultura geral, estimular a investigação científica em quaisquer domínios; habilitar ao exercício de atividades que requerem preparo técnico e científico superior; concorrer, enfim, pela educação do indivíduo e da coletividade (...) para a grandeza da Nação e para o aperfeiçoamento da Humanidade".[93] Para além das controvérsias entre "igualitaristas" e "elitistas", então, podemos observar que as grandes influências são o "modelo humboldtiano", o "modelo newmaniano" e o "modelo utilitário".

Promulgado durante o Governo Provisório, o decreto foi a primeira tentativa do Estado de superar a simples justaposição de faculdades que imperava no ensino superior brasileiro. A partir daí foram sendo criadas algumas universidades, sendo que as experiências mais inovadoras, de inspiração liberal, viriam da esfera dos Estados-membros:[94] a Universidade de São Paulo (fundada em 1934, com a participação de jovens professores-pesquisadores franceses, como Claude Lévi-Strauss, Fernand Braudel e Roger Bastide) e a Universidade do Distrito Federal (idealizada por Anísio Teixeira, pouco tempo depois, reunindo grandes nomes da cultura brasileira, como Gilberto Freyre, Mário de Andrade, Vila Lobos, Cândido Portinari, Sérgio Buarque de Holanda, dentre outros).

Mas se o Governo Provisório (1930-1934) e o Governo Constitucional (1934-1937), naqueles primeiros anos das universidades brasileiras, ainda podiam conviver com uma relativa autonomia destas, a situação logo iria se agravar. Com o advento do Estado Novo (1937), o governo federal instrumentalizou de vez as universidades brasileiras, que foram se aproximando

---

[92] Decreto nº 19.851 de 11 de abril de 1931.
[93] Art. 1º do decreto.
[94] Enquanto as universidades federais eram instrumentalizadas pelo governo.

CAPÍTULO 4 A UNIVERSIDADE NA AMÉRICA LATINA   123

cada vez mais do "modelo napoleônico" (ou seja, "universidades de Estado")
e distanciando-se de Humboldt, de Newman e de Córdoba. Exemplo desse
autoritarismo e da perda de autonomia foi o que aconteceu com a Universidade do Distrito Federal. Vargas nomeou um reitor interventor (Alceu
Amoroso Lima), alinhado com a direita católica, visando desmontar o expe-
rimento inovador da instituição. Anísio Teixeira, seu idealizador, foi perseguido, sob a acusação de ser socialista, e acabou tendo que se refugiar no
interior da Bahia.

Nesse contexto autoritário, o mais importante movimento de resistência
viria da parte dos estudantes. Ainda em 1928, referindo-se a Córdoba, um
Manifesto estudantil fluminense falava da "brilhante página que a juventude
argentina escreveu, inspirada nos mais altos e generosos sonhos de liberdade e justiça social (...) [reivindicando] o advento da universidade
moderna, laboratório de valores morais e mentais, em comunicação direta
com o povo (...)".[95] Dez anos depois, em 1938, a União Nacional dos Estudantes (UNE) daria sequência à luta contra o autoritarismo e à busca da
autonomia universitária. Além disso, num contexto político internacional
conturbado, em que Getúlio vacilava entre os Estados Unidos e Alemanha,
as atividades dos estudantes foram importantes no combate ideológico ao
fascismo e no apoio que o Brasil acabaria dando aos Aliados.

Terminada a Guerra, teve início a Segunda República no Brasil. Com a
redemocratização do país, antigas lutas no campo da educação foram sendo
retomadas. A principal delas continuava sendo a defesa da escola pública,
sendo que um novo Manifesto, recuperando os ideais da Escola Nova, foi
lançado por diversos intelectuais em 1959. Ao mesmo tempo, o Congresso
Nacional debatia a Lei de Diretrizes e Bases da Educação Nacional, projeto
cuja dinâmica englobava todos os níveis educacionais, do pré-primário ao
superior. No que toca a este último, com o advento do primeiro período
desenvolvimentista, houve uma modernização das universidades e dos institutos de pesquisa, além da criação de novas instituições, como o Instituto
Tecnológico de Aeronáutica (ITA), o Conselho Nacional de Desenvolvimento Científico e Tecnológico (CNPq), o Centro Brasileiro de Pesquisas
Físicas (CBPF) e a Universidade de Brasília (UnB) etc.

Apesar disso, a República Populista (1945-1964) não conseguiu formar
um ensino superior consistente. Para Luiz Antônio Cunha, as universidades

---

[95] Cf. Manifesto dos estudantes do Rio de Janeiro de 1928, *in* Portantiero, 1978: 227-228.

daquele período eram críticas em dois sentidos. Em primeiro lugar, elas viviam uma situação crítica, não somente em suas estruturas, mas sobretudo no que toca à legitimidade da sua organização e das suas atividades socio-pedagógicas, cuja dinâmica ainda se dava de forma arbitrária. Em segundo lugar, as universidades foram críticas de si próprias e da sociedade como um todo. Num período onde os excessos do capitalismo já se faziam presentes, muitos professores e estudantes começaram a denunciar as formas de alie-nação produzidas pela economia de mercado, exigindo que a universidade fosse uma instituição que lutasse contra esse processo (Cunha, 1983: 258--259). "Os dois sentidos da *universidade crítica*, conclui Luiz Antônio Cunha, estavam articulados e se reforçavam mutuamente", sendo que a ditadura militar, após o golpe de 1964, procurou evitar esse duplo caráter critico, "pela expulsão dos professores, pela triagem político-ideológica dos novos docentes e pela contenção do movimento estudantil, passando a reprimi--lo à medida que se organizava" (Cunha, 1986: 260).

O Brasil, enfim, conhecia sua "hora da espada".

§4. Da lei de 1968 aos anos 2000: mutações da universidade no Brasil

> Das lutas de rua no Rio / em 68, que nos resta / mais posi-tivo, mais queimante / do que as fotos acusadoras, / tão vivas hoje como então, / a lembrar como a exorcizar?
>
> Carlos Drummond de Andrade, Diante das fotos de Evandro Teixeira, in *Poesia e Prosa*, p. 1062.

Abaixo a ditadura. O povo no poder. Eis os dizeres da famosa faixa, numa das fotos de Evandro Teixeira, a que se refere o poema de Drummond. Era a "Passeata dos cem mil", organizada pelo movimento estudantil, que tomava conta do Rio de Janeiro. A luta contra os militares, naquele "ano que não terminou", chegava ao seu ponto máximo, dando ensejo ao Ato Institucional N° 5: aumento na censura, proibição de manifestar, intervenção nos sindi-catos... Tinham início os "anos de chumbo".

Nesse mesmo ano, 1968, os militares instituíram uma nova lei para o ensino superior. Desde o começo da ditadura, o Ministério da Educação já vinha assinando uma série de acordos de assistência técnica e cooperação financeira com a Agência Interamericana de Desenvolvimento dos Estados Unidos, que se tornaram famosos com o nome de MEC-USAID. Neles, havia

CAPÍTULO 4 A UNIVERSIDADE NA AMÉRICA LATINA   125

uma concepção da educação como pressuposto do desenvolvimento econômico, fortemente inserida na perspectiva capitalista. Esses acordos acabaram tendo uma grande influência na lei de 1968, apesar da intenção desta, como nos mostra Simon Schwartzman, ter sido criar uma universidade de pesquisa, voltada para a elite intelectual do país, nos moldes do "modelo humboldtiano" (Schwartzman, 1996, capítulo 1).[96] A partir da lei de 1968, com o advento do segundo desenvolvimentismo, houve uma nova onda de modernização das universidades brasileiras, que desenvolveram verdadeiros sistemas de pós-graduação. Mas se a referência dos legisladores passava por Berlim, o resultado foi muito mais uma mistura da leitura redutora de Humboldt,[97] com o "modelo utilitário" e o "modelo napoleônico". Afinal, como poderia perguntar Marilena Chauí, onde estava a liberdade? A filósofa paulista definiu como *funcional* essa universidade que, além de ter a pesquisa instrumentalizada pelo Estado,[98] foi voltada para a formação rápida de profissionais requisitados como mão de obra altamente qualificada para o mercado de trabalho (Chauí, 2001: 189).

Outra consequência da lei de 1968 foi o aumento considerável das instituições de ensino superior privadas.[99] Estas foram responsáveis pelo acolhimento da grande quantidade de estudantes, advindos do fenômeno da massificação, que começava a ocorrer no ensino superior brasileiro.[100] Além disso, tinha início o sucateamento das universidades públicas brasileiras: primeiro, em decorrência da crise financeira mundial que atingiu o Estado brasileiro a partir de 1975; depois, em decorrência da ideia de que a universidade pública era irreformável e que deveria se adequar à lógica do mercado. Mesmo com o fim da ditadura militar, então, o velho sonho do movimento estudantil (autonomia financeira, aumento de vagas públicas, pensamento crítico etc.) foi ficando para trás. Marilena Chauí define esse

---

[96] A referência, na verdade, era Flexner, que fazia uma releitura de Humboldt. Cf. supra Capítulo 3, seção 3. II.

[97] Cf. *supra* Capítulo 2, 2.II, §6.

[98] Ao ponto de o MEC ficar subordinado ao Ministério do Planejamento.

[99] Até 1969, a maior parte das vagas em escolas superiores eram públicas e gratuitas, tendência que se inverteu desde então (Pilleti, 1991: 119).

[100] Simon Schwartzman lamenta que o legislador brasileiro tenha ignorado o fenômeno da massificação. Segundo ele, ao invés de uma "universidade de elite", nos moldes europeu, como defendia Flexner, a fonte para o ensino superior brasileiro deveria ter sido a "multiversidade" de Kerr (Schwartzman, 1996, capítulo 1).

período, a partir dos anos 1980, como o da universidade de *resultados*: além do caráter profissionalizante do ensino superior (advindo do período precedente e, agora, massificado na esfera privada), observa-se um aumento das parcerias entre as universidades públicas e as empresas privadas, que passaram a financiar diversas pesquisas universitárias (Chauí, 2001: 189-190).

A partir dos anos 1990, todos os processos se intensificaram. Como nos mostra Boaventura de Sousa Santos, com a consolidação do neoliberalismo, enquanto os discursos e as políticas de descapitalização da universidade pública, com a pressão de organismos internacionais, tais como o Banco Mundial, tornaram-se uma constante, o mercado do ensino superior ampliou-se ainda mais, levando ao paroxismo a lógica profissionalizante, em detrimento de um programa político-pedagógico nacional mais amplo para o ensino superior (Santos, 2004: 12-26). Segundo Marilena Chauí, esse período, dos anos 1990, inaugurou a fase *operacional* das universidades, que passaram a ser pressionadas para serem regidas por contratos de gestão, avaliados por índices de produtividade, além de serem estruturadas por estratégias e programas de eficácia organizacional, caracterizadas pela instabilidade dos meios e dos objetivos (Chauí, 2001: 190). A conclusão de Marilena Chauí é a seguinte: o que era para ser uma universidade clássica, voltada para o conhecimento, passou a ser voltada para o mercado de trabalho (*funcional*), depois para as empresas (*resultados*), para finalmente ficar voltada para si mesma (*operacional*). Ou seja, retomando a tese de Michel Freitag, ela nos mostra que da "ideia de uma instituição social" (autônoma, aspirando à universalidade) passamos para uma "organização social" (centrada na lógica do capital) (Chauí, 2001: 187-189).

Apesar desse diagnóstico, até os anos 1990, estar longe de ser exaustivo, ele ilustra uma das principais dinâmicas do debate contemporâneo: afinal, a *universidade operacional*, a que se referia Marilena Chauí, está muito próxima da *universidade de Modo 2*. A partir dos anos 2000, pelo menos no Brasil, teve início uma nova dinâmica: ainda que de forma conturbada, o governo Lula, em especial por ter freado o processo de descapitalização das universidades públicas, contrabalanceou a tendência generalizada que havia a favor dos simpatizantes de Gibbons.[101] O problema é que, mesmo com algumas

---

[101] Em especial por meio do Programa de Apoio a Planos de Reestruturação e Expansão das Universidades Federais (Reuni).

mudanças, a reforma estrutural da universidade brasileira acabou não acontecendo. Um amplo debate foi organizado, enquanto o ministro Tarso Genro esteve à frente do Ministério da Educação, mas mesmo com a criação de um projeto de lei detalhado, cuja elaboração durou mais de dois anos, este não foi aprovado, sendo abandonado na sequência. Será que ainda há espaço para uma reforma inovadora?

§5. A proposta da Universidade Nova: nem Harvard nem Bolonha

> Salão Nobre da Reitoria, lotado, muito calor, o Coral da UFBA [Universidade Federal da Bahia], com 50 vozes. Em recital, a ópera *Carmina Burana*, de Carl Orff. Interpretação poderosa, arrebatadora. A força do coro entusiasmado contagiava a plateia. De pé, cansamos de aplaudir. Saímos cantarolando a ária *Oh, Fortuna!* que abre e fecha a peça. Aí, pela primeira vez, senti baixar o espírito universitário.
>
> Naomar de Almeida Filho, *Universidade Nova*, p. 29

O entusiasmo de Naomar de Almeida Filho é contagiante. É interessante notar como a ópera de Carl Orff, inspirada numa série de poemas medievais, influenciaria aquele estudante de Medicina, futuro epidemiologista e reitor da Universidade da Bahia. Os pergaminhos de *Carmina Burana*, como nos mostra Jacques Le Goff, são textos goliardos. Será que o porta-voz da Universidade Nova reencarnava o espírito daqueles errantes, rodeados por mestres como Abelardo, à época do nascimento das universidades?

A ideia da Universidade Nova surgiu na Bahia em 2007. Trata-se de uma proposta de reforma universitária, cuja inspiração passa por alguns ideais do Manifesto dos Pioneiros da Educação Nova, em especial o legado de Anísio Teixeira. Seu principal objetivo, já presente nos livros do grande educador baiano, é tentar adaptar os currículos das universidades brasileiras, visando inserir uma formação geral, interdisciplinar, antes da profissionalização ou da especialização dos alunos. Além de evitar uma escolha precoce da carreira, permitindo que os alunos transitem por diversas áreas, esse modelo curricular vem se tornando cada vez mais necessário, sobretudo após o advento da "sociedade do conhecimento", marcada pela desregulamentação, pela flexibilidade, pela imprevisibilidade etc. Buscando então

HISTÓRIA DA UNIVERSIDADE

adaptar-se a essa nova realidade, superando a "cultura do bacharel" que ainda está presente no Brasil, a Universidade Nova visa

> um alargamento da amplitude da base dos estudos superiores, permitindo uma ampliação de conhecimentos e competências cognitivas; uma flexibilização curricular através do aumento de componentes optativos que proporcionarão aos estudantes a escolha de seus próprios percursos de aprendizagem; uma introdução de dispositivos curriculares que promovam a integração entre conteúdos disciplinares; e o adiamento das escolhas profissionais precoces que têm como consequência prejuízos individuais e institucionais.[102]

Na prática, o que a Universidade Nova propõe é a implementação de um Bacharelado Interdisciplinar (BI), com duração de três anos, onde haveria módulos obrigatórios e módulos optativos, visando à formação dos alunos em grandes áreas do conhecimento: Artes, Humanidades, Ciências, Tecnologias, Saúde. Com esse diploma, os egressos poderiam enfrentar o mundo do trabalho, em suas respectivas áreas, ou prosseguir os estudos, tendo as seguintes opções, variando de dois a cinco ou mais anos: profissionalização (Direito, Medicina, Engenharia etc.); licenciatura (para ensinar nos níveis básicos de educação); e programas de pós-graduação (mestrados e doutorados).

O que a Universidade Nova tem em vista é harmonizar a arquitetura curricular brasileira com o modelo curricular norte-americano (pioneiro, nesse sentido, por meio dos *colleges*) e com o modelo curricular que vem sendo adotado pelo Processo de Bolonha.[103] Em ambos os casos, com pequenas diferenças, há um primeiro diploma correspondente a um ciclo de estudos mais ou menos livres, com as especializações posteriores. Mas a Universidade Nova pretende ir além: como afirma Naomar de Almeida Filho, não se

---

[102] Cf. UFBA, "UFBA Universidade Nova: plano de expansão e reestruturação da arquitetura curricular na Universidade Federal da Bahia", disponível em: <www.fis.ufba.br/dfes/PDI/Texto%20Universidade%20Nova.htm>. Outros textos relativos à proposta podem ser encontrados em: <www.universidadenova.ufba.br>.

[103] O Processo de Bolonha foi instituído para se criar um espaço comum europeu de ensino superior, com três ciclos de estudos: a licenciatura (com duração de três anos e créditos interdisciplinares); o mestrado (com duração de um a dois anos, funcionando acima de tudo como uma especialização profissional); e o doutorado (com duração de três anos, voltado para a pesquisa).

trata nem de "Harvard nem de Bolonha" (Santos e Almeida Filho, 2009: 23). Uma explicação "simples" para essa diferença é a seguinte:

> Por um lado, a pré-graduação da universidade norte-americana é mais longa que o BI, tem uma natureza excessivamente individualista e inclui desde programas com estrutura curricular totalmente aberta até cursos pré-profissionais (...). Por outro lado, o Bachelor do primeiro ciclo do Processo de Bolonha resulta profissionalizante e especializado (...), o que é contraditório com a essência interdisciplinar do nosso BI.[104]

Almeida Filho resgata assim alguns aspectos da "educação liberal", no sentido de se alargar a "cultura geral" do Bacharelado, buscando, de um lado, evitar o atomismo intelectual e, de outro, encarar o conhecimento de forma mais holística:

> Formaremos – nos diz ele – mais engenheiras e engenheiros expostos à poesia, mais médicas e médicos com uma compreensão ecológica e política, mais artistas com passagem pela filosofia, mais administradores e administradoras com formação histórica, mais biólogas e biólogos com estudos clássicos, mais professores de todas as áreas do saber com uma formação interdisciplinar (Santos e Almeida Filho, 2009: 236-237).

Mas a diferença com relação a Harvard e Bolonha não para por aí. Há um componente crítico na proposta da Universidade Nova que a distingue das demais. Como afirma Almeida Filho, "precisamos construir no Brasil um tipo diferente e renovado de instituição acadêmica, capaz de atuar como instrumento de integração social e política entre países, culturas e povos, em contraposição aos efeitos perversos do globalitarismo" (Santos e Almeida Filho, 2009: 172). Esse componente crítico, na verdade, ainda aparece de forma incipiente nos textos que apresentam a Universidade Nova. Prova disso, como afirma o próprio Almeida Filho, foi que muitos a acusaram de submissão à "ALCA-demia" (Santos e Almeida Filho, 2009: 237), ou seja, recuperando nossa tipologia, trata-se de uma crítica dos "autonomistas", acusando a Universidade Nova de sucumbir ao Modo 2. Um grande equívoco, que Almeida Filho busca logo esclarecer, mas cuja existência não pode ser ignorada. De que forma então deixar mais claras as idiossincrasias do "modelo baiano"?

---

[104] "Anísio Teixeira e a Universidade Nova", disponível em <www.universidadenova.ufba.br>.

130   HISTÓRIA DA UNIVERSIDADE

Em 2009, Naomar de Almeida Filho e Boaventura de Sousa Santos publicaram juntos um livro. Na verdade, trata-se de dois textos separados, um de cada autor, mas cuja reunião na mesma obra indicava a necessidade de se construir um diálogo entre ambos sobre o futuro da universidade no Brasil e na Europa. É desse *work in progress*, com a devida modéstia, que pretende fazer parte a "universidade participativa". Para tanto, dando sequência à nossa genealogia, nos parece fundamental analisar o significado histórico do conceito de "extensão". Nem Naomar de Almeida Filho nem Boaventura de Sousa Santos o afirmam, mas não estaria na "extensão", fenômeno que ganhou uma outra leitura depois do Movimento de Córdoba, a diferença com relação a Harvard e Bolonha?

§6. Extensão universitária: a base do "modelo participativo"?

> Um dia a extensão será apenas um método, aplicado tanto ao ensino quanto à pesquisa. No momento atual ainda deve ser vista como função.
>
> Cristovam Buarque, *A aventura da universidade*, p. 137.

Definir "extensão" não é tarefa fácil. Trata-se de um conceito em movimento. Há um consenso, no entanto, de que o termo surgiu na Inglaterra, durante a Revolução Industrial, quando as universidades se viram obrigadas a responder às demandas sociais, diversificando suas atividades. Criou-se, então, uma *extended university*, ou seja, um alargamento da universidade em direção à sociedade, por meio de pequenos cursos profissionalizantes ou de formação contínua, que se diferenciavam substancialmente da formação das elites, característica dos modelos emergentes ("napoleônico", "humboldtiano" e "newmaniano") daquela época.

Outra fonte para a concretização da "extensão" foi a criação das *Land-grant Universities*, às quais fizemos referência no capítulo precedente. Como nos mostra Maria das Graças Tavares, ao conceder terras para a criação de centros de educação superior, sobretudo no que toca à agricultura, o governo norte-americano, em primeiro lugar, "vinculou a prestação de serviços para as comunidades" e, logo depois, com a *Extension Law*, implantou "programas permanentes de apoio aos agricultores, registrando-se o deslocamento de especialistas às regiões a serem atendidas, o que intensificou o relacionamento entre universidade e comunidades rurais" (Medeiros Tavares, 1996: 28).

CAPÍTULO 4 A UNIVERSIDADE NA AMÉRICA LATINA 131

Porém, apesar das origens anglo-saxônicas, o local onde o termo "extensão" ganharia ao mesmo tempo um impulso e uma outra leitura seria na América Latina. O Movimento de Córdoba, como não poderia deixar de ser, foi o pontapé inicial: naquela confusão ideológica da Reforma, a que fazia referência Gabriel del Mazzo, o termo "extensão" podia estar ligado à assistência social, às universidades populares, às preocupações com os interesses do país etc. Apesar da dificuldade de se definir o conceito naquele curto período da Reforma, algo nos parece claro: é a partir da descoberta de Deodoro Roca – "reforma universitária é o mesmo que reforma social" – que aparece uma nova dimensão da "extensão". Essa interpretação, no entanto, acabaria abafada pelas ditaduras, voltando à cena somente no período democrático. Um trabalho de pesquisa interessante – à maneira de Marc Bloch (*Os reis taumaturgos*) ou Carlo Ginzbourg (*História noturna*) – seria fazer uma reconstrução cronológica e uma investigação morfológica para saber como o conceito de "extensão" foi sofrendo mutações e como essa sua interpretação mais ampla, ilustrada na frase de Roca, conseguiu sobreviver às ditaduras militares. Nesse último sentido, seriam os congressos estudantis clandestinos, as iniciativas marginalizadas das universidades populares, os intelectuais exilados, os professores que exerciam alguma forma de resistência, os porões das ditaduras latino-americanas, dentre outros, as fontes das transferências históricas?

Uma coisa é certa, foi somente com abertura política, a partir dos anos 1970, que essa visão mais consistente da extensão abandonaria o período de latência, reconquistando seu caminho natural. De que forma se deu a batalha? Será que ela continua? Vejamos o itinerário das metamorfoses da extensão dentro do contexto brasileiro.

Apesar de as primeiras iniciativas extensionistas terem ocorrido no começo do século XX, por meio das Universidades Populares (sobretudo na Universidade Livre de São Paulo, em 1920), a primeira vez que o termo "extensão" surgiu na legislação brasileira foi em 1931, no já referido Estatuto das Universidades. Diz seu art. 43: "A extensão universitária será efetivada por meio de cursos e conferências de caráter educacional ou utilitário, uns e outros organizados pelos diversos institutos da Universidade (...)".[105] Aqui

---

[105] Diz, ainda, no seu parágrafo primeiro: "Os cursos e conferências, de que trata este artigo, destinam-se principalmente à difusão de conhecimentos úteis, ajuda individual ou coletiva, à solução de problemas sociais ou à propagação de ideias e princípios que salvaguardem os altos interesses nacionais".

podemos perceber que o conceito ainda era visto de forma redutora, na sequência da tradição inglesa. Como afirma Ana Luiza Sousa, o decreto de 31 inaugura um longo período em que "a extensão vai ser tratada essencialmente como a prestação de serviços às comunidades carentes (...), [ou seja], uma face assumidamente assistencialista (...), [que] será utilizada, pelo Estado, como instrumento para seu projeto político desenvolvimentista, sob a propagação da necessidade de integrar o território nacional" (Sousa, 2000: 76).

Nesse contexto, a grande iniciativa extensionista foi o projeto Rondon, articulado no seio do Ministério do Interior, que previa um serviço de voluntariado por parte dos estudantes, além da inserção das universidades numa vasta perspectiva de integração nacional (cf. Brasil, 1974). O projeto contribuiu, sem dúvida, para a institucionalização da extensão brasileira, que se tornaria obrigatória em todas as instituições de ensino superior, além de ter fomentado um espírito da cidadania no seio de suas atividades. A falta de autonomia das universidades, porém, somada à relação unilateral ("direcionista", "assistencialista", "educativista") dos projetos com a sociedade, iriam distanciar a extensão da sua perspectiva mais ampla, cuja idealização havia sido inaugurada em Córdoba.

Nesse meio tempo, algumas iniciativas inovadoras, ainda que na maior parte das vezes marginalizadas, contribuíram para enriquecer o conceito de extensão. Nos anos 1960, por exemplo, os Seminários Nacionais de Reforma Universitária, promovidos pelos movimentos estudantis, reivindicavam temas como "responsabilidade social", "democratização da universidade", "popularização" etc. Outra iniciativa a salientar foi o *Serviço de Extensão Cultural* da Universidade Federal de Pernambuco, cuja principal referência foi a alfabetização de adultos, utilizando-se do Método Paulo Freire. O *Centro Popular de Cultura* e a *UNE-Volante*, também, ao buscar uma nova relação entre a intelectualidade e a cultura popular, além de uma mobilização para uma conscientização política, sobretudo por meio do teatro, recuperaram diversos ideais do Movimento de Córdoba.

Mas foi somente com a consolidação da abertura política, nos anos 1980, que a ideia de extensão ganharia um impulso. Um dos principais atores, nesse sentido, foi o Fórum de Pró-Reitores de Extensão das Universidades Públicas Brasileiras, criado em 1987, com o objetivo de "começar a discutir uma nova concepção e uma nova dimensão da Extensão" (*apud* Sousa, 2000: 98). Como nos mostra Ana Luiza Sousa, uma das principais preocupações

CAPÍTULO 4 A UNIVERSIDADE NA AMÉRICA LATINA   133

do Fórum era formular uma definição de extensão que fosse compatível com uma visão mais ampla desse termo, o que não vinha sendo feito nem pela legislação nem pelas atividades extensionistas das universidades brasileiras. A extensão foi então definida pelo Fórum como "o processo educativo, cultural e científico que articula o Ensino e a Pesquisa de forma indissociável e viabiliza a relação transformadora entre a universidade e a sociedade (Fórum de Pró-Reitores das Universidades Públicas Brasileiras, 2000/2001: 5).

Essa definição, não há dúvidas, é bastante genérica, o que em princípio pode dificultar a sua compreensão, mas ela é representativa da ambição do termo, que busca vincular universidade e sociedade, assim como sonhava Deodoro Roca. Nos diversos encontros que se sucederam, apesar de o Fórum até hoje guardar a mesma definição, buscou-se aprimorar a compreensão da extensão, bem como encontrar formas de institucionalizá-la e de avaliá-la no seio das universidades. Uma das maiores preocupações era desvincular a imagem da extensão dos projetos meramente assistencialistas. Buscava-se, pelo contrário, articular essas práticas com programas pedagógicos, variando conforme cada realidade social, de forma que houvesse uma participação ativa das comunidades, ou seja, a instauração de um processo dialógico, onde as universidades não apenas levassem o conhecimento, mas também compreendessem as particularidades locais, dando procedimento a uma busca conjunta de soluções duráveis. Nesse sentido, já dizia o Fórum em 1987:

> A Extensão é uma via de mão dupla, com trânsito assegurado à comunidade acadêmica, que encontrará, na sociedade, a oportunidade de elaboração da praxis de um conhecimento acadêmico. No retorno à Universidade, docentes e discentes trarão um aprendizado que, submetido à reflexão teórica, será acrescido àquele conhecimento. Esse fluxo, que estabelece a troca de saberes sistematizados, acadêmico e popular, terá como consequências a produção do conhecimento resultante do confronto com a realidade brasileira e regional, a democratização do conhecimento acadêmico e a participação efetiva da comunidade na atuação da Universidade (Fórum de Pró-Reitores das Universidades Públicas Brasileiras, 2000/2001: 5).

Outra preocupação, presente nos sucessivos encontros do Fórum, tem sido saber se as atividades de prestação de serviços (através de cursos, seminários, consultorias...) podem ser consideradas como extensão. Durante o Fórum de 1994, essas atividades foram aceitas, apesar de diversas ressalvas, sobretudo no que toca ao excesso de sua instrumentalização para arrecadar recursos para as universidades.[106] Independentemente dessa discussão, acreditamos que se deve diferenciar esses "cursos (ou serviços) extensionistas" da própria "extensão". Enquanto os primeiros se enquadram na *extended university* (no seu sentido original), a segunda tem uma perspectiva muita mais ampla, cujas raízes identificamos com o Movimento de Córdoba e que o Fórum vem buscando ressaltar.

Nesse segundo sentido, ao enfatizar a relação da universidade com a sociedade, a extensão tem um papel importante na definição da autonomia da instituição. Afinal, como dizia Arnoldo Siperman, referindo-se a Córdoba, "a autonomia não é um meio para se chegar a um fim; não nos interessa em si mesma: o que interessa é plasmar uma universidade democrática (...), com sentido do nacional (...), e para lograr isso às vezes resulta útil a autonomia, outras vezes não (...)" (*apud* Tunnermann, 1978: 94). Ou seja, a extensão é esse vínculo com o social, a partir do qual a autonomia tem que ser construída. Como dizia Cristovam Buarque, não se trata propriamente de uma função universitária, e sim de uma metodologia. Ou, nas palavras de José Fagundes: "(...) o sentido da extensão, enquanto função da Universidade, reside no seu não sentido. Quando tiver contribuído (...) para as transformações estruturais da sociedade e para a socialização da Universidade, a extensão tornar-se-á desnecessária, terá cumprido a sua função como não função da Universidade. (...) a plenitude da extensão coincide com o seu ocaso" (*apud* Sousa, 2000: 131).

Feitas essas observações, podemos compreender o artigo 207 da Constituição brasileira. Ele afirma que "as universidades (...) obedecerão ao princípio de indissociabilidade entre ensino, pesquisa e extensão". É interessante notar como Simon Schwartzman, por exemplo, vem criticando esse artigo, falando que ele é anacrônico, referindo-se sobretudo ao fato de que as grandes universidades do mundo se especializam em pesquisas, sem se preocupar com essa relação entre ensino e extensão.[107] O que Schwartzman está nos dizendo

---

[106] O que vem gerando, como nos mostra Ana Luiza Sousa, uma racionalidade empresarial no seio das universidades. Estas, muitas vezes, devido à falta de verba do Estado, vêm recorrendo a essas atividades para suprir as necessidades do orçamento. A autora chama a atenção para a preocupação do Fórum a respeito dos efeitos perversos dessa relação, sobretudo no que toca à perda de autonomia das universidades, a crescente desvinculação da responsabilidade dos Estados de financiar e a associação da extensão com atividades somente para aqueles que possam pagar por elas (Sousa, 2000: 105-106).
[107] Cf. Entrevista de Simon Schwartzman *in* Kassab, 2007: 6.

é o seguinte. Imaginemos uma universidade com grande *know how* na área de biotecnologia. Essa universidade, na sua visão, deveria concentrar seus recursos nessa pesquisa, de preferência fazendo parcerias com empresas, buscando registrar patentes, desenvolver produtos etc. A fase de ensino, nesse caso, já estaria praticamente ultrapassada. Se houvesse alguma relação com a sociedade, ela se daria nos resultados que a pesquisa traz. Concluindo, nada de "indissociabilidade entre ensino, pesquisa e extensão".

Schwartzman, como é notório, é um adepto do Modo 2,[108] sendo esse exemplo da biotecnologia um bom caminho para que as diferenças entre nossos tipos ideais comecem a ficar claras. O que o conceito de extensão deveria nos fazer perguntar – e Schwartzman parece ignorar – é o seguinte: qual a relevância social dessa pesquisa? Será que o dinheiro não seria melhor aproveitado em outra área? Caso a pesquisa envolva os transgênicos, será que a sociedade estaria de acordo?

Voltando aos nossos tipos ideais, a posição "autonomista" diria o seguinte. Cabe aos acadêmicos, aos pesquisadores e aos conselhos de *experts* decidirem sobre o assunto; somente eles têm condições de decidir. Já a posição do Modo 2 vai pedir um alargamento das pessoas envolvidas nas decisões (os investidores, por exemplo) e terá os olhos voltados sobretudo para os resultados. A posição "participativa" também vai pedir um alargamento das pessoas envolvidas nas decisões (organizações da sociedade civil, por exemplo), mas terá os olhos voltados para que as decisões se deem de forma legítima. Os detalhes dessas diferenças veremos no próximo capítulo. Mas adiantemos que a posição "participativa" é a que melhor capta essa "indissociabilidade entre ensino, pesquisa e extensão". No caso da biotecnologia, tanto o ensino como a pesquisa não podem ser feitos sem conhecer a sua relevância social. A busca da relevância social é ao mesmo tempo um ensino que vai influenciar a pesquisa e uma pesquisa que vai influenciar o ensino. A extensão faz com que nada seja separado.

No prefácio do livro de Naomar de Almeida Filho, Renato Janine Ribeiro apresenta uma metáfora interessante: no universo da academia, a pesquisa é vista como príncipe e a extensão é vista como sapo (Almeida Filho, 2007: 16). Será que chegou a hora desta última ganhar o seu beijo para um passe de mágica?

---

[108] Schwartzman participou da publicação do livro *The New Production of Knowledge*, organizado por Michael Gibbons, no qual foram lançadas as bases do Modo 2.

CAPÍTULO 5 O DEBATE CONTEMPORÂNEO

O século XXI aparece com várias transformações. Se os principais modelos universitários (*Humboldt, Newman, Multiversidade, Córdoba*) respondiam a realidades específicas, conforme o contexto de cada época, novos desafios despontam no horizonte, exigindo uma releitura da "ideia de universidade".

Dentre os que analisam os efeitos dessas mudanças, Edgar Morin talvez seja um dos que mais vêm se destacando. Sem entrar nos detalhes institucionais da universidade, Morin a visualiza como um todo, na sua relação com a existência humana, traçando as linhas gerais daquilo é preciso fazer para um contexto de harmonia no nosso futuro.[109]

Fazendo apelo à noção de "complexidade", Morin nos alerta para duas constatações: a compreeensão de que todos os conhecimentos estão ligados e a compreensão da incerteza. Seu método, o "pensamento complexo", é uma reconstrução do todo (distinguindo e religando as partes), por meio de um diálogo (ao mesmo tempo antagonista, concorrente e complementário) entre a ordem, a desordem e a organização.

É assim, nos diz ele, que a "complexidade" vai ao encontro da origem latina (*complexus*) do termo, ou seja, "aquilo que é tecido em conjunto" (Morin, 1996). Seria esse o "*télos* participativo"?

Eis a principal questão que veremos neste capítulo, através de uma abordagem sob os pontos de vista econômico, epistemológico e social.

5.I. A questão econômica: quais os riscos do *marketplace*?

A análise da relação entre universidade e economia é essencial. Ela envolve diversos fatores. Quem deve financiar a instituição? De que forma a economia, sobretudo depois da revolução tecnológica, vem influenciando a universidade? Como deve ser a formação dos profissionais, tendo em vista o mercado de trabalho? De que maneira a educação universitária pode influenciar as relações sociais que envolvem alguma atividade econômica? Seria a contextualização das universidades com o mercado um risco ou uma oportunidade para as universidades?

---

[109] Para as reflexões de Morin a respeito da universidade, cf. Morin e Pena-Veja, 2003. Para uma visão geral sobre a educação, que leva em conta o papel da universidade, cf. Morin, 2000.

138 HISTÓRIA DA UNIVERSIDADE

Toda essa dinâmica traz respostas contraditórias junto àqueles que pensam a universidade contemporânea. E, para compreender as diferenças, é preciso ficar atento aos detalhes da história. Qual seria a relação da economia, sobretudo a partir da Modernidade, com as instituições de ensino superior?

§1. Breve genealogia do liberalismo econômico

A história do capitalismo moderno, conforme a classificação inicialmente apresentada por Rudolf Hilferding, pode ser dividida em três partes. A primeira, *capitalismo liberal*, cobre os séculos XVIII e XIX. A segunda, *capitalismo organizado*, começa no final do século XIX e atinge seu desenvolvimento máximo no período entre as duas guerras e nas duas primeiras décadas do pós-guerra. A terceira, *capitalismo desorganizado*, começa no final do dos anos 1960 e continua até hoje (*apud* Santos, 2001: 139-164).

O *capitalismo liberal* foi uma das grandes conquistas da Modernidade. Se o feudalismo representava uma sociedade estratificada, assente nos interesses hereditários da nobreza, o advento da burguesia, com a liberdade de comércio e a propriedade privada, fez com que uma nova classe social se emancipasse. Assim, ingleses, franceses e norte-americanos, por meio de suas *revoluções*, foram consolidando o arcabouço institucional do capitalismo moderno, fazendo deste um "princípio civilizador". Do *laissez-faire* fisiocrata ao *utilitarismo* de Bentham, passando pelo *doux commerce* de Montesquieu e pela *divisão do trabalho* de Adam Smith, uma verdadeira onda liberal-eonômica tomou conta do mundo ocidental, acreditando que a prosperidade do capitalismo responderia a grande parte das questões sociais.

Mas os problemas não tardaram a surgir. O advento da Revolução Industrial, muito pelo contrário, trouxe uma estratificação social ainda pior que a anterior. Aquilo que os romances de Dickens já denunciavam logo faria parte das reivindicações dos movimentos socialistas ao redor da Europa: como do lema "liberdade, igualdade e fraternidade" só o primeiro termo parecia respeitado, uma série de revoluções passou a atacar a ideologia liberal.

O segundo período – o *capitalismo organizado* – surgiu justamente em decorrência dessas manifestações. No Ocidente, após os libelos socialistas – inspirados em Babeuf, Saint-Simon, Fourier, Marx, Proudhon... –, nasceria um novo modelo de regulação social, cujas características passavam pela "gestão econômica", com o keynesianismo, e pela "gestão política", com o Estado do bem-estar social. Começava, assim, a institucionalização dos con-

CAPÍTULO 5 O DEBATE CONTEMPORÂNEO   139

flitos de interesse – gerados pelo capitalismo –, que teve no chamado "modelo fordista" sua maior expressão.

Nos países do Primeiro Mundo, o *capitalismo organizado* viveu sua *belle èpoque* no período que vai do fim da Segunda Guerra até o primeiro choque do petróleo em 1973 (o chamado período dos "trinta gloriosos"),[110] sendo caracterizado por um Estado nacional forte ("intervencionista"), um acentuado crescimento econômico industrial (com o "pleno emprego"), um aumento demográfico considerável (com o *baby boom*") e a consolidação da terceira geração dos direitos humanos (os "direitos sociais", na tipologia de T. H. Marshall) (Marshall, 1950).

Mas uma nova fase estava prestes a surgir. O advento do *capitalismo desorganizado*, a partir dos anos 1970, deu-se por uma série de fatores: a crise do Estado do bem-estar social, o advento das empresas transnacionais, a falta de capacidade dos Estados para regular suas políticas sócio-econômicas, o surgimento da ideologia neoliberal etc. Como a compreensão dessa nova fase, na qual nos encontramos, é extremamente importante para analisar as transformações da universidade contemporânea, gostaríamos de lhe dedicar um parágrafo especial.

§2. O advento do neoliberalismo

> Os empregados, os sindicatos e os governos ainda estariam jogando "damas", enquanto as companhias internacionais jogam "xadrez".
>
> Ulrich Beck, *O que é Globalização?*, p. 123.

Quando Phil Knight decidiu transferir a linha de produção da sua empresa para a Ásia, ainda em meados dos anos 1970, muitos acharam uma ideia arriscada. O proprietário da Nike, no entanto, parecia um visionário: o capitalismo estava prestes a mudar.

A história da famosa marca esportiva ilustra bem essa nova fase. Ao partir para a Ásia, em busca de mão de obra mais barata e menos impostos, a Nike *inaugurava*, de uma lado, o chamado *dumping* fiscal entre os países e, de outro, a desregulamentação dos direitos sociais. Assim, o poder do Estado

[110] Sobretudo na França.

e dos trabalhadores diminuía de maneira proporcional ao fortalecimento do mercado: o capitalismo, antes *equilibrado*, entrava na sua fase *desorganizada*.

Ulrich Beck nos chama a atenção para algumas consequências dessa mudança. Em primeiro lugar, no antigo jogo do "capital" contra o "trabalho", nos diz ele, as relações entre poder e contrapoder eram pensadas em termos da dialética do senhor e do escravo. Dessa forma, o contrapoder do *escravo* (trabalhador) vinha do fato de ele poder privar o *senhor* (empregador) do seu trabalho. Mas, enquanto o ponto nevrálgico dessa relação era a greve que os trabalhadores podiam fazer, com o surgimento da possibilidade de deslocalização das empresas, o desequilíbrio da relação foi se tornando cada vez maior. Beck cita o caso da Volkswagen, na Alemanha. Após ameaçar deslocar a produção do seu novo Mini-Van para a Eslováquia, a empresa acabou tendo o acordo dos sindicatos para reduzir o salário e aumentar a jornada de trabalho dos seus empregados alemães (Beck, 2003: 33-34).

Outra consequência dessa mudança, nos diz Beck, é a guerra fiscal entre os governos, que faz com que as corporações transnacionais paguem cada vez menos impostos. Ele mostra como, na Alemanha, enquanto o lucro das empresas cresceu 90% desde 1979, e os salários apenas 6%, a arrecadação proporcional de impostos nos salários duplicou, enquanto nas empresas caiu pela metade (Beck, 1999: 20). A existência desses verdadeiros "currais" (*Kuhandel*), como diz Beck, é extremamente contraditória. Afinal, como as empresas transnacionais escapam dos impostos, quem os acaba assumindo são as pequenas empresas, ou seja, "são justamente os *perdedores* da globalização que deverão pagar tudo (o Estado social e o funcionamento democrático), enquanto os *vencedores* seguem em busca de lucros astronômicos e se esquivam da responsabilidade para com a democracia do futuro" (Beck, 1999: 21-22).

É essa situação de desequilíbrio (ou instabilidade), tanto nas relações de trabalho como na capacidade reguladora do Estado, que justificam o termo *capitalismo desorganizado*. E o aumento de poder do mercado foi ainda maior. Ao mesmo tempo que as megaempresas transnacionais foram se formando, uma onda de minimização do Estado (no plano interno) e de abertura para o livre-comércio (no plano externo), tomou conta do discurso internacional. Aparecia o famoso "Consenso de Washington", dando início à ideologia neoliberal.

O termo *desorganizado*, então, pode ser enganador. Como afirma Boaventura de Sousa Santos, "fazer crer que no período atual o capitalismo não está organizado (...) está longe de ser verdade (...), pode afirmar-se precisamente o contrário, que o capitalismo está hoje mais organizado do que nunca" (Santos, 2001: 153). De fato, apesar da instabilidade (com relação à fase anterior), a "nova era" do capitalismo tem sua prescrição própria. Para Beck, ela pode ser resumida da seguinte forma: mostrar que os ganhos instantâneos feitos a partir do capital móvel na escala internacional representam um ganho para todos, ou seja, o que é bom para o capital é bom para todos; todo mundo se enriquece e os pobres terminam, eles próprios, por aproveitar (Beck, 2003: 32).

O neoliberalismo, na verdade, envolve uma série de fatores e nuances, dependendo do contexto em que é analisado. Não cabe aqui verificar os pormenores dessa ideologia, mas, ao mostrar sua trajetória na história da universidade, teremos uma percepção geral do que ela representa.

§3. O modelo norte-americano das grandes universidades privadas como propulsor do neoliberalismo: a "cultura da filantropia" em questão

Para compreender a relação do neoliberalismo com o ensino superior (tanto no plano nacional como internacional) é preciso voltar um pouco no tempo, sobretudo nos Estados Unidos, aprofundando a análise em torno das grandes universidades privadas do país. O sucesso dessas instituições – e a sua relação com o *big business* e os grandes centros de poder – é um excelente caminho para esclarecer a nossa época.

Vimos como que a decisão do Supremo Tribunal dos Estados Unidos, ao trazer segurança jurídica para as "*charitable corporations*", no caso do Dartmouth College, consolidou o modelo de instituição beneficente privada, que inspiraria quase todas as grandes universidades norte-americanas. A "cultura da filantropia" dava seus primeiros passos na América. Com ela, mais tarde, viria toda uma ideologia.

Benjamin Franklin, conforme vimos, foi um dos precursores. Além da fundação do Philadelphia College, o "santo patrono da filantropia americana" foi responsável por diversos outros projetos cívicos, que iam da fundação de hospitais à organização de grupos de bombeiros voluntários. Na sua promoção da filantropia, Franklin inspirava-se na tradição greco--romana, diferente da tradição judaico-cristã: enquanto a primeira era voltada para o bem da comunidade, com dons que atendiam ao interesse coletivo, a segunda tinha uma preocupação direta com as pessoas necessitadas, sobretudo no que toca à pobreza.

> Eu defendo a ideia de fazer bem aos pobres – dizia Franklin –, mas difiro sobre os meios a serem empregados. Eu acho que o melhor meio de se prestar um serviço aos pobres não é deixa-los confortáveis na pobreza, mas ajudá-los a sair dela (*apud* Masseys-Bertoneche, 2006: 28).

Franklin, como é notório, foi um dos *Founding Fathers* dos Estados Unidos, além do principal arquétipo do *self-made man*: de origem pobre, ele se tornaria um empresário bem-sucedido, cientista com descobertas importantes, autor de renome, político ocupando alguns dos principais cargos do país. Mas se a história ainda mantém Franklin no pedestal do *American dream* – por ter estimulado a crença na ética do trabalho, o espírito público, o desenvolvimento da sociedade civil... –, o mesmo talvez não possa ser dito com relação a seus *sucessores*, até mesmo no que toca à "cultura da filantropia".

De fato, o *self-made man* do século seguinte – concomitante com a Revolução Industrial e a ascensão do capitalismo – ganharia uma outra conotação, de que a expressão *"robber barons"*[111] é autoexplicativa. Quem foram esses "barões salteadores"? E qual a relação deles com as universidades do país?

Howard Zinn, no seu clássico *A People's History of the United States*, nos traz o perfil de alguns deles. Rockefeller, Carnegie e J. P. Morgan são os mais famosos dessa pequena lista de industriais e banqueiros que conquistaram a América. A forma como os *"robber barons"* fizeram fortuna, nos mostra Zinn, não tinha muito segredo: construção de monopólios, controle dos preços, conluio com as autoridades, jornadas de trabalho de 12 horas, repressões violentas das manifestações, influência nas decisões do Supremo Tribunal etc. (Zinn, 2002: 299). Os casos da Standard Oil e da US Steel Corporation são os mais notórios, mas as redes de poder dos "barões do capitalismo" era muito mais complexa: enquanto Morgan, por exemplo, tinha assento em 48 conselhos de administração das maiores empresas norte-americanas, Rockefeller se contentava com 37 (Zinn, 2002: 299). E se o governo, completa

---

[111] O termo, nos Estados Unidos, se refere aos grandes industriais e banqueiros, do século XIX, e ganhou popularidade depois do livro de Matthew Josephson: *The Robber Barons*.

CAPÍTULO 5 O DEBATE CONTEMPORÂNEO   143

Zinn, mandava para a forca um grupo de manifestantes – no famoso caso de Haymarket, que deu origem ao primeiro de maio[112] –, um banqueiro de Nova Iorque, num discurso após a aprovação de mais uma lei favorecendo os monopólios, ilustrava muito bem o sentimento da confraria: "Eu os saúdo, senhores do Supremo Tribunal dos Estados Unidos – guardiães do dólar, defensores da propriedade privada, inimigos dos espoliadores, salvação da República" (*apud* Zinn, 2002: 302).

A reputação dos "*robber barons*", porém, não podia ficar abalada. Será que o caminho para salvá-la passava pela filantropia? Ora, não há dúvidas de que toda generalização é falaciosa, havendo diversas exceções, mas a maneira como esse instrumento foi usado, durante a *Gilded Age* americana, não pode ficar acima de qualquer suspeita. Assim, da posição extremista de Paul Lafarge – "roubar no grande e restituir no pequeno, eis a filantropia" (*apud* Guilhot, 2006: 20) –, à famosa tese do historiador Peter Hall – "uma alternativa privada ao socialismo" (Hall, 1992) –, a filantropia vem sendo analisada com um olhar crítico, sobretudo no que toca à sua relação com o capitalismo e com os grandes centros de poder. E, tendo em vista que a principal forma de exercer essa "cultura do dom" foi por meio da criação ou ampliação das universidades, o impacto da relação entre a filantropia e o futuro da educação superior e das políticas de pesquisa da principal potência do mundo não pode ser negligenciado.

Essa história remonta ao século XVII, quando Harvard, ao fazer apelo à boa causa dos afortunado protestantes (que deviam sua prosperidade a Deus), organizou seu primeiro *fund raising*, o que mais tarde iria se tornar uma tradição em quase todas as grandes universidades norte-americanas, persistindo até hoje. A cultura da filantropia, no entanto, iria ganhar uma conotação totalmente diferente no começo do século XX. De uma lista extensa,[113] Carnegie e Rockefeller se tornariam, pouco a pouco, os dois

---

[112] Trata-se do massacre ocorrido na praça Haymarket, em Chicago, em 1886, quando a polícia reprimiu uma greve pela jornada de trabalho de oito horas, atirando nos trabalhadores e matando 12 deles.

[113] Huntington, da Central Pacific Railroad, por exemplo, financiou o Hampton Institute e o Tuskegee Institute; Johns Hopkins fundou a primeira "universidade de pesquisa", que leva o seu nome; o mesmo ocorreria depois com Cornelius Vanderbilt, Ezra Cornell, James Duke, Leland Stanford, todos milionários, que fundaram universidades com seus nomes (*apud* Zinn, 2002: 304-305).

maiores financiadores do país: primeiro, com o Rockefeller Institute of Medical Research e a Carnegie Institution of Washington, ambos centros de pesquisa; depois, com o General Education Board (pelos Rockefellers) e a Carnegie Foundation for the Advancement of Teaching, que se tornariam os dois maiores *trusts* de financiamento de universidades e de centros de pesquisa dos Estados Unidos.[114] Negar a contribuição desses dois homens para o progresso científico e pedagógico do país é um absurdo – foram centenas de descobertas, de inovações tecnológicas, de centros acadêmicos, de publicações... –, mas acreditar que algumas dessas transformações não tinham outros interesses por trás pode ser um absurdo ainda maior.

Dorothy Ross, no seu livro *The Origins of American Social Science*, nos mostra o exemplo clássico da manipulação científica que foi promovida pelos "mecenas do capitalismo" (Ross, 1991). Depois da Revolução Industrial, com a ameaça socialista, tanto Carnegie como Rockefeller se engajaram numa vasta contribuição financeira, voltada para as ciências sociais, que tinham, nas palavras de Ross, o objetivo claro de "neutralizar a história mundial" (Ross, 1991: 23-24). Somente Rockefeller, através do Social Science Research Council (SSRC), doou nada menos que 41 milhões de dólares, sendo que a maior parte foi parar na Universidade de Chicago. Ross mostra como esse projeto, apesar de estipular nos seus propósitos uma discussão acadêmica para as ciências sociais, tinha claramente o objetivo de promover as ideias positivistas, sobretudo no que toca à economia neoclássica e à behaviorismo, para onde toda a verba foi destinada. Ou seja, conclui Ross, o que era para ser uma discussão aberta acabou transformando-se num monopólio metodológico, trazendo consigo um cientificismo, cuja principal base era a sua abundância financeira (Ross, 1991: 400-403).[115]

Carole Masseys-Bertoneche, da mesma forma, chama a atenção para a falta de autonomia das universidades, que ficavam à mercê dos seus financiadores, sobretudo Carnegie e Rockefeller.[116] Ela cita a famosa frase de Ernest Hollis – "eram como crianças da mesma família" (Masseys-Bertone-

---

[114] Mais tarde eles unificariam tudo na Rockefeller Foundation e na Carnegie Corporation.
[115]. Essa lógica, aliás, não ficou restrita aos Estados Unidos, espalhando-se também para a Europa. Cf., por exemplo, Mazon, 1985 e Staley, 1995.
[116] Entre 1902 e 1934, nove fundações forneciam 90% das doações feitas diretamente para os *colleges* e universidades. Destas nove, seis eram de Carnegie e Rockefeller (Masseys-Bertoneche, 2006: 114).

che, 2006: 116) – para exemplificar essa relação estreita entre as universidades e os conselhos de administração das fundações financiadoras, que na maioria das vezes tinham membros em comum. Além disso, havia uma clara concentração na distribuição dos recursos. Fazendo uso de um mecanismo conhecido como "*matching gift*" – que acabou virando praxe nas grandes doações –, os financiadores exigiam uma contrapartida financeira das universidades, o que fazia com que as grandes se tornassem ainda maiores, e as pequenas desaparecessem. (Masseys-Bertoneche, 2006: 110-114).

Por fim, Howard Zinn também critica a manipulação ideológica dos "*robber barons*". Além de manipular a opinião pública, de enfraquecer os sindicatos, de corromper os governos, de fortalecer os monopólios, nos diz ele, esses "pais da filantropia" criavam estabelecimentos acadêmicos que não estimulavam em nada o pensamento crítico, ou seja,

> eles formavam os servidores típicos do sistema americano – os professores, os médicos, os juristas, os administradores, os engenheiros, os técnicos, os políticos –, todos aqueles que um dia seriam remunerados para velar pela manutenção do sistema, para serem os defensores leais contra qualquer forma de perturbação (Zinn, 2002: 305).

Mas essa relação entre "ciência", "educação", "filantropia" e "capitalismo" ainda estava dando seus primeiros passos. Se Carnegie e Rockefeller fizeram escola na primeira metade do século XX, depois da Segunda Guerra essa relação iria se tornar ainda mais complicada. No livro *Financiers, philanthropes*, Nicolas Guilhot nos chama a atenção para uma "nova era da filantropia", sobretudo a partir dos anos 1970: da industrialização que permitiu a ascensão dos "*robber barons*", passamos para a "financeirização", cujos atores agora são os *hedge funds*, os especialistas em fusões e aquisições, as empresas transnacionais, os mega-especuladores, a *new economy* (Guilhot, 2006: 11-12).

Nicolas Guillot retrata, com detalhes, essa mudança, mostrando a trajetória de ascensão desses "novos mecenas", e como há uma semelhança entre a batalha ideológica dos filantropos da primeira metade do século XX (em favor do capitalismo, dos monopólios, da redução dos direitos sociais etc., sobretudo nos Estados Unidos) e a nova guerra das ideias em favor do neoliberalismo, agora de escala mundial, implantada pela "cultura da dádiva".

Aliás, não deixa de ser curioso que o principal instrumento dessa luta, os *think tanks*, tenham esse nome. Nascidos no coração da *new right*, esses "tanques de pensamento", muitas vezes ligados às universidades, possuem uma

146 HISTÓRIA DA UNIVERSIDADE

influência e um poder tão grande, que o eminente jornalista do *Guardian*, Steve Waters, não resistiu ao sarcasmo:

> Como mudar o mundo? – perguntava ele. Ora, existem caminhos evidentes, como conquistar o poder, ser terrivelmente rico ou seguir penosamente o processo eleitoral. E depois tem os atalhos, como o terrorismo e os *think tanks* (*apud* Boucher e Royo, 2006: 13).

A razão dessa hostilidade é simples. Os *think tanks* passaram a ser um dos principais "formadores de opinião", com uma propaganda pesada, reivindicando um discurso científico, mas que na maioria das vezes camufla interesses econômicos. O caso do Project for the New American Century (PNAC), criado em 1997, com o apoio dos industriais do armamento, como Lockheed Martin, talvez seja o melhor exemplo. Foi de lá, afinal, que saiu o discurso da "força preventiva" e da "*leadership* global dos Estados Unidos", por meio de diversos relatórios, que pouco a pouco foram modulando a futura "doutrina Bush". Como mostram Stephen Boucher e Martin Royo,

> em menos de dez anos, os conceitos e autores chegaram ao poder. Uma visão do mundo inicialmente percebida como o fruto da imaginação de indivíduos isolados terminou por definir o programa político internacional [dos Estados Unidos] (Boucher e Royo, 2006: 17).

Os exemplos não param por aí. A Heritage Foundation, que sempre teve um dos maiores orçamentos anuais, atualmente 28 milhões de dólares, esteve por trás de toda a panfletagem liberal, tanto de Reagan como da família Bush. Como mostram Royo e Boucher, além de extensos relatórios, a Heritage faz uso de um vasto sistema de marketing (com ligações com rádios, programas de televisão etc.), que chega a consumir quase um quarto de todo o seu capital (Boucher e Royo, 2006: 19).

De fato, a lista dos *think tanks* conservadores é extensa: o Cato Institute (herdeiro ideológico de Milton Friedman), o Hudson Institute e o Center for Security Policy (ligados à indústria do armamento, sobretudo por meio de Richard Perle e Donald Rumsfeld), o National Institute for Public Policy (que defende a utilização do armamento nuclear), o American Enterprise Institute for Public Policy Research (cujo criador, Barrody Sr., é um dos maiores defensores da ideologia neoliberal), etc. O motivo dessa "guinada à direita" é interessante, e está diretamente ligado com as universidades,

CAPÍTULO 5 O DEBATE CONTEMPORÂNEO   147

dentro do contexto da chamada "*cultural war*": com a ascensão do discurso de esquerda nos *campi* americanos, sobretudo no que toca à *affirmative action* (discriminação positiva a favor de minorias e grupos desfavorecidos) a partir dos anos 1960, a "nova direita" teve que reagir, e a explosão dos *think tanks* conservadores foi a sua resposta. Irving Kristol, representante maior dessa ala, começou uma vasta campanha de *lobbying* junto às empresas e aos donos de grandes fortunas, pedindo para que eles parassem de doar dinheiro para as universidades (infestadas pelos representantes da "*new class*"), e passassem a doar para as novas "fundações" (os *think tanks*): "os homens de negócio e as empresas – dizia ele – não têm obrigação de doar dinheiro para as instituições cujas ideias eles desaprovam" (*apud* Masseys-Bertoneche, 2006: 264).

Como era de se esperar, Kristol teve vários seguidores. William Simon (ex-ministro das finanças de Nixon), por exemplo, depois de lançar o seu livro *The Time for Truth* (prefaciado por Hayek), assumiu a John Oil Foundation, cujo objetivo é "apoiar as pessoas e as instituições que trabalham para reforçar o sistema da livre empresa" (Masseys-Bertoneche, 2006: 266). Não é difícil então imaginar quem ganhou a "guerra cultural". Com relação aos *think tanks*, apesar de a esquerda ter reagido (criando algumas instituições), mais de dois terços são conservadores e, além de gastarem três vezes mais, estes quase não se preocupam com questões particulares (como os direitos das mulheres ou dos sem abrigo), ao contrário dos seus opositores (*apud* Boucher e Royo, 2006: 20).

Essa supremacia, não há dúvidas, está diretamente ligada com a ascensão da ideologia neoliberal, cuja agenda foi passando à ordem do dia e que acabou influenciando todas as escalas da vida social. Trata-se, como afirmou Pierre Bourdieu, de uma "violência simbólica", uma enorme manipulação do capital cultural, para legitimar um discurso dominante (Bourdieu, 2001: 8-9).

Com relação à universidade, apesar de algumas nuances, identificamos esse pensamento com as propostas do Modo 2. Tendo em vista a nova "sociedade do conhecimento", esse modelo pede a contextualização de todo o ensino superior, voltado para um "*economically-oriented paradigm*". Mas quais seriam as medidas internas (no plano nacional) e externas (no plano das organizações internacionais), além das consequências dessa ideologia neoliberal para as universidades?

§4. Entre a "descapitalização pública" e a "institucionalização voltada para a economia": o neoliberalismo-universitário na escala nacional

> [Os governos devem] fomentar a maior diferenciação das instituições, incluindo o desenvolvimento de instituições privadas; proporcionar incentivos para que as instituições diversifiquem as fontes de financiamento (...).
>
> Banco Mundial, *La Enseñanza Superior*, p. 28-29.

> A educação deve ser considerada como um serviço prestado ao mundo econômico.
>
> European Round Table, *apud* Christian Laval, *L'école n'est pas une entreprise*, p. 61.

No plano interno, como nos mostra Boaventura de Sousa Santos, a principal reivindicação da proposta neoliberal é a descapitalização pública da universidade, da qual decorre uma segunda proposta, a institucionalização mercadológica do ensino superior (Santos, 2004: 19-24). No primeiro caso, conforme vimos, trata-se da perda de interesse do Estado pela universidade, fenômeno concomitante com a perda de prioridade concedida ao conjunto das políticas sociais (educação, saúde, previdência). Já no segundo caso, trata-se de fazer do ensino superior (em geral) uma atividade preponderantemente voltada para o mercado de trabalho e para a produtividade. Apesar de parecerem desconexas, essas duas propostas estão intimamente ligadas, formando a base do neoliberalismo universitário. De que maneira elas buscam se justificar?

O primeiro passo, para compreender os argumentos dessas propostas, é abordar o fenômeno da massificação. Como nos mostram Mayor e Tanguiane, praticamente no mundo inteiro, a partir da segunda metade do século XX, ocorreu aquilo que ficou conhecido como a "explosão da educação", sobretudo no que toca ao ensino superior (Mayor e Tanguiane, 2000: 13). De fato, entre 1960 e 1997, no conjunto dos países desenvolvidos, a média da taxa de escolarização saltou de 13,7% para 51,6%; já nos países em desenvolvimento, essa taxa passou de 1,8% para 10,3%; na África subsaariana, de 0,1% para 3,9%; e, nos Estados árabes, de 1,9% para 14,9% (Mayor e Tanguiane, 2000: 261-262). Essa tendência, como nos dizem Mayor e Tanguiane, parece irreversível: "Talvez esteja mais próximo do que

CAPÍTULO 5 O DEBATE CONTEMPORÂNEO 149

imaginamos o tempo em que todos passarão por uma forma ou outra de ensino superior/pós-secundário" (Mayor e Tanguiane, 2000: 130).

O advento do fenômeno da massificação é um dos principais argumentos para que os adeptos das propostas neoliberais tentem validar o conjunto das suas ideias (cf. Gibbons, 1998: 18-25). No que toca à descapitalização, por exemplo, além do argumento de que as universidades públicas são irreformáveis (ou seja, de que elas não teriam competência para administrar esse número cada vez maior de alunos), temos o argumento de que o financiamento do Estado é inviável, já que a universidade pública tornou-se demasiado cara com o fenômeno da massificação. De fato, diversos relatórios do Banco Mundial, a partir dos anos 1990, pediam que os governos deixassem de investir no ensino superior; posição extremamente radical, que acabou amenizada pelo próprio Banco Mundial, quando este passou a sugerir um balanceamento entre os investimentos público e privado, mas sem deixar de dar preferência ao segundo.

Já a institucionalização mercadológica do ensino superior foi o argumento que foi sendo colocado em pauta pelo discurso neoliberal visando uma dimensão prática para o fenômeno da massificação. Trata-se, como nos diz Christian Laval, da "nova ordem educativa mundial", tendência que atinge não somente o ensino superior, mas também as escolas, e cuja ideia central é a de que "os estudos devem ser orientados para a aquisição de conhecimento, de competência cuja finalidade principal seja econômica" (Laval, 2003b).[117]

A maneira como essa "virada economicista" vem ocorrendo é complexa, envolvendo uma série de atores. Gerard de Selys, por exemplo, nos chama a atenção para um relatório da European Round Table (ERT), intitulado *Education and Competence in Europe*, direcionado à Comissão Europeia, ainda em 1989. Nesse relatório, a ERT afirmava que "a educação e a formação (...) são consideradas investimentos estratégicos vitais para o sucesso das empresas". Em seguida, ela lamenta que "o ensino e a formação [sejam] sempre

---

[117] Laval associa esse "economicismo" principalmente com a noção de "capital humano", que vem sendo amplamente divulgada. Segundo ele, trata-se da educação "adaptada ao capitalismo global de hoje (...), conforme os princípios de uma sociedade que se identifica cada vez mais ao mercado (...), porque a educação é confundida cada vez mais com um produto privado, com uma mercadoria". Cf., para maiores detalhes, o livro clássico de Laval, 2003a.

considerados pelo governo e pelos decisores como um caso inferior [sendo que] a indústria tem uma influência muito pequena sobre os programas ensinados". Tão pequena, na verdade, que os professores teriam "uma compreensão insuficiente do ambiente econômico, dos negócios e da noção de lucro". A conclusão, assim, é que as indústrias e os estabelecimentos de ensino deveriam trabalhar "juntos no desenvolvimento de programas de ensino" (Selys, 1998).

Valendo-se desse relatório da ERT, exposto por Selys, Christian de Montlibert busca sublinhar a influência que esse *think tank* teve junto à Comissão Europeia, mostrando como esta acabou adotando – muitas vezes até mesmo copiando – diversas sugestões, não apenas daquele primeiro relatório, mas de vários outros que o sucederam. Montlibert mostra como diversos temas, como a "educação a distância", o "mundo dos negócios como conceitualizador do conteúdo ensinado", a "produção de programas informáticos educativos", a "formação contínua para o mercado", a "flexibilidade das disciplinas", a "ineficiência das universidades" etc. foram preenchendo os relatórios, tanto da ERT como da Comissão Europeia (Montlibert, 2004: 22-24). O mesmo se daria, nos mostra Montlibert, com os relatórios da OCDE, sobretudo a partir de meados dos anos 1990.[118] Num deles, *Knowledge Management and the Learning Society*, os *experts* da OCDE criticam "os sistemas universitários pouco flexíveis, pouco eficazes, muito lentos a se adaptar às mudanças, quase inertes em matéria de transferência e de colocar em prática os conhecimentos adquiridos" (*apud* Montlibert, 2004: 27). É necessário, dizem eles, "transformar o funcionamento das universidades por meio da criação de equipes de direção, trabalhando para realizar "planos estratégicos" (o *management* por objetivos), desenvolvendo uma 'cultura de empresa'" (*apud* Montlibert, 2004: 27).

O que Montlibert quer nos mostrar, fazendo referência a todos esses relatórios, é como, entre 1985 e 1995, houve uma convergência entre patrões de multinacionais, *experts* de agências internacionais e sociólogos aderindo a uma visão "pós-moderna" do mundo (ele se refere a Gibbons), para transformar o ensino superior, inserindo-o dentro da perspectiva de uma "eco-

---

[118] Como, por exemplo, em *La recherche universitaire en transition* (1998), onde os *experts* da OCDE insistem "sobre a necessidade de uma administração ofensiva da pesquisa no sentido de selar 'contratos' com as empresas e de adaptar suas formações ao mercado da pesquisa-desenvolvimento" (*apud* Montlibert, 2004: 26).

CAPÍTULO 5 O DEBATE CONTEMPORÂNEO   151

nomia do conhecimento", e como que toda essa "retórica neoliberal" acabou se refletindo, sobretudo, no "processo de Bolonha".[119] Montlibert condena essa racionalidade instrumental, que visa, nas palavras de Viviane Reading (comissária europeia), "fazer de cada universidade uma empresa" (*apud* Montlibert, 2004: 14) ou, nas palavras da "Estratégia de Lisboa",[120] fazer da educação e da formação, dentro da perspectiva da "sociedade do conhecimento", os principais fatores do crescimento econômico (*apud* Montlibert, 2004: 36).

Podemos perceber que existe uma sintonia entre a "descapitalização da universidade pública" e a "institucionalização mercadológica do ensino superior". Em ambos os casos, que ilustram a visão da universidade neoliberal, há um aumento da influência do mercado, refletindo-se, sobretudo, nas parcerias com as indústrias (para o caso de financiamento das pesquisas), na transformação das grades curriculares e do conteúdo ensinado (que passa a atender as exigências da "racionalidade econômica") e na governabilidade das universidades (que passam a ter nos seus conselhos de administração os financiadores empresariais, como é o caso de algumas das atuais "reformas modernizadoras" europeias).[121] Como afirma François Houtart, o conjunto dessas medidas é uma tentativa de "reduzir a universidade ao papel de escola técnica ao serviço do mercado" (Houtart, 2004: 7). Nico Hirtt, por seu lado, fazendo referência a todo o sistema educacional (das escolas às universidades), afirma que esse discurso (neoliberal), que visa melhor adaptar o conhecimento às exigências da economia, acaba transformando a instrução em formação, ou seja, o conhecimento cede lugar a competência (Hirtt, 2000: 14-15). Por fim, o sociólogo Benjamin Barber, falando da realidade universitária norte-americana, ou seja, de onde vem essa *corporate culture*, afirma que "lá onde o filosofo pôde um dia falar que toda vida

---

[119] Além de se refletir nas chamadas "reformas modernizadoras", como no caso da lei LRU, na França. No caso do "Processo de Bolonha", uma das principais críticas de Montlibert é o sistema de transferência de créditos (ECTS) que, segundo ele, irá acabar com as formações sólidas, fazendo do ensino superior apenas a aquisição de competências particulares para que os alunos se lancem no mercado de trabalho (cf. Montlibert, 2004: 66-69).

[120] Também conhecida como Agenda de Lisboa. Trata-se do plano de desenvolvimento estratégico da União Europeia, aprovado pelo Conselho Europeu, em Lisboa, em 2000.

[121] O caso da lei LRU, na França, é um bom exemplo, já que a reforma visa justamente aumentar o poder dos financiadores privados nos conselhos de administração das universidades.

HISTÓRIA DA UNIVERSIDADE

não é senão a preparação para a morte, [a pedagogia] estima hoje que toda a vida é uma preparação para os negócios" (*apud* Cusset, 2003: 51).

§5. A transnacionalização do ensino superior

> Até recentemente, a educação esteve, em grande medida, ausente do debate sobre a globalização, porque se pensava que era um serviço não comercial.
>
> Relatório conjunto da OCDE, Banco Mundial e Governo dos Estados Unidos, *apud* Marco Antônio Dias, A OMC e a educação superior para o mercado, p. 53.

Se, no plano interno, a ideologia neoliberal prega uma "descapitalização da universidade pública" e uma "institucionalização voltada para a economia", no plano externo, a medida compatível com essas ideias é a "transnacionalização do ensino superior". Trata-se, como nos mostra Marco Antônio Dias, de uma tentativa de enquadrar o ensino superior como um serviço comercial regulamentado pela Organização Mundial do Comércio (OMC). No entanto, adverte Marco Antônio Dias, algumas questões preliminares devem ficar claras:

> *O que se discute não é a existência de instituições de direito privado que atuam no campo da educação.* (...) *Também não está em discussão o desenvolvimento da educação através ou além das fronteiras.* (...) Tampouco, debate-se, aqui e agora, o direito que, utilizando a autonomia que a lei lhes concede em vários países, as universidades prestem serviços e mesmo, em certas circunstâncias, vendam, para reinvestimento em ações de pesquisa e formação, resultados de suas pesquisas. (...) O *que se discute aqui, nesse momento, é uma questão de princípio, ou seja, a transformação do ensino em comércio* (...), [resultando] na eliminação do poder do Estado de – em nome da sociedade e com a sociedade – estabelecer os princípios básicos nos quais deve fundamentar-se a formação de seus cidadãos e cuidar da manutenção do ensino superior pertinente e de qualidade (Dias, 2003: 49-50).

Conforme já assinalamos, Marco Antônio Dias foi diretor da Divisão de Ensino Superior da Unesco, responsável pela organização da primeira Conferência Mundial sobre Ensino Superior, realizada em Paris, em 1998. Ele mostra que

> enquanto mais de 180 países e representantes da comunidade internacional se preparavam para definir [nessa conferência] *a educação como um serviço público*

(artigo 14 da declaração CMES), indicando que essa devia basear suas orientações a longo prazo em objetivos e necessidades sociais (artigo 60 da mesma Declaração), outros grupos bastante ativos trabalhavam para que fossem adotados, dentro da OMC, princípios totalmente opostos (Dias, 2003: 52).[122]

Ou seja, fica clara a falta de legitimidade dessa proposta, que não foi debatida, de forma aberta, com ninguém: nem com os governos, nem com a sociedade, nem com os representantes das instituições de ensino superior.

Para Boaventura de Sousa Santos, os interesses dessa transnacionalização são exclusivamente financeiros. Ele nos chama a atenção para relatórios de analistas de empresas de serviços financeiros, como a Merril Lynch, que

> consideram que o setor da educação tem hoje características semelhantes às que a saúde tinha nos anos 1970: um mercado gigantesco, muito fragmentado, pouco produtivo, de baixo nível tecnológico, mas com grande procura de tecnologia, com grande défice de gestão profissional e uma taxa de capitalização muito baixa (Santos, 2004: 27).

Nesse mesmo sentido, alerta Marco Antônio Dias, "existem países, em particular os Estados Unidos, o Reino Unido, a Austrália e a Nova Zelândia, onde a educação superior é um item fundamental, hoje, na pauta de seus produtos de exportação (Dias, 2003: 52).

Além dessa articulação, sobretudo no seio dos países de língua inglesa, há uma forte pressão, por parte do Banco Mundial e do FMI, para que os países periféricos concordem com os termos desse acordo de transnacionalização do ensino superior junto à OMC. Boaventura de Sousa Santos chama a atenção para essas formas de pressão, geralmente vinculadas aos pacotes

---

[122] Ele também chama a atenção para o fato de que os reitores de universidades públicas ibero-americanas, numa *Cumbre* realizada em Porto Alegre, em 2002, adotaram uma declaração dirigida aos governos e à sociedade de seus países para manifestar sua oposição a essa proposta. Assim, na "Carta de Porto Alegre", consta que "os reitores e acadêmicos ibero-americanos, lembrando os compromissos assumidos pelos governos e pela comunidade acadêmica internacional em outubro de 1998 na Conferência Mundial do Ensino Superior de Paris, no sentido de considerar a educação superior como um bem público, alertam a comunidade universitária e a sociedade em geral sobre as consequências nefastas dessas políticas, e requerem aos governos de seus respectivos países que não subscrevam acordos nessa matéria no contexto do Acordo Geral sobre o Comércio de Serviços (GATS) da OMC" (*apud* Dias, 2003: 45).

de ajuda estrutural, salientando que quatro países – Congo, Lesoto, Jamaica e Serra Leoa – já assumiram compromissos incondicionais (Santos, 2004: 35). No que toca à Europa, o mesmo autor nos mostra que a União Europeia também assumiu compromissos, apesar de algumas ressalvas. Mas a estratégia da União Europeia, como nos diz Santos, é apenas protelatória: ela é "baseada na ideia de que as universidades europeias não estão por agora preparadas para competir em boas condições (ou seja, em condições lucrativas) no mercado transnacional da educação superior" (Santos, 2004: 36). É aqui que entendemos, então, o sentido político neoliberal da Declaração de Bolonha. Afinal, como afirma Santos, um dos seus principais objetivos é preparar o espaço universitário europeu para que ele possa se lançar em formas mais avançadas de transnacionalização, o que vem gerando uma série de críticas das associações de universidades e das associações de docentes. (Santos, 2004: 36-37.

§6. As armadilhas para a universidade: um novo *marketplace*?

Foi Derek Bok, como já referimos, no seu livro *Universities in the Marketplace*, um dos principais autores a lançar o alerta a respeito dos perigos do excesso de racionalidade econômica no ensino superior. A lógica da "comercialização, dizia ele, está mudando a natureza das instituições acadêmicas de uma forma de que iremos nos arrepender" (Bok, 2003: x).

Quais são esses perigos? O primeiro deles, como já nos alertava Bok num livro da década de 1980, é o risco das matérias ou pesquisas que trazem pouca rentabilidade econômica desaparecerem (Bok, 1988). Com a racionalidade mercantilista – de resultados, de eficiência, de *outputs*, de financiamento privado... –, pode haver uma concentração de recursos nos tópicos com grande rentabilidade e um esquecimento daqueles que não forem tão atrativos. Essa preocupação, de fato, vem sendo expressa em diversos outros países. O sociólogo camaronês Jean-Marc Éla, por exemplo, alerta não apenas para o desaparecimento das disciplinas que não são economicamente viáveis, como para a extinção de qualquer pensamento crítico e da ideia de responsabilidade social nas universidades do continente africano (Ela, 2004: 95-100). Michel Freitag, por seu turno, condena a pesquisa utilitária, que vem substituindo a ciência crítica e reflexiva das Luzes:

> A pesquisa deixa de ser o meio epistemológico do conhecimento de uma realidade autônoma, ela se torna o modo operatório essencial do funcionamento

(...) da vida social, e esse modo de funcionamento é imediatamente o modo de dissolução de todas as referências, culturais e políticas, ideológicas e jurídicas, que permitem à ação humana se orientar significativamente num mundo comum (...). A pesquisa não é mais associada à paciente edificação de um ideal humano (Freitag, 1995: 50-51).

Outro ponto importante, segundo Bok, é a desvalorização do ensino (Bok, 2003:160). Vimos como os diversos modelos de "educação liberal", sobretudo o de Newman, conferiam uma atenção especial ao ensino, seja para desenvolver o raciocínio (a "formação intelectual do individuo") seja para desenvolver o espírito público (a "formação do *gentleman*"). Essa função da universidade, no entanto, vem perdendo espaço, transformando-se em mera preparação para o mercado. No Brasil, Marilena Chauí é uma das que alertam para os riscos dessa transformação:

> A docência é pensada ou para habilitação rápida para graduados, que precisam entrar rapidamente no mercado de trabalho, do qual serão expulsos em poucos anos, pois se tornam, em pouco tempo, jovens obsoletos e descartáveis; ou então como correia de transmissão entre pesquisadores e treino para novos pesquisadores. Transmissão e adestramento. Desapareceu, portanto, a marca essencial da educação: a formação (Chauí, 2001: 191).

Já Bok critica o fato de o ensino não contar quase nada na classificação dos rankings internacionais das universidades (Bok, 2003: 160-161) e sugere a criação de fundos para valorizar essa função.

Mais um ponto, para o qual Christian Laval nos chama a atenção, é a tendência para a desigualdade entre os estabelecimentos. Nesse contexto de concorrência acirrada entre as universidades, de financiamento privado, de parcerias com as indústrias, "há uma polarização social crescente com, em certos casos, um *apartheid* [entre estabelecimentos] de ricos e de pobres" (Laval, 2003b).[123] De fato, essa divisão fica clara nos Estados Unidos, país que vem levando essa "lógica do mercado" ao extremo. Christopher Newfield nos mostra como, além da enorme diferença – de qualidade, de oportunidades, de visibilidade – entre as universidades de elite e os demais esta-

---

[123] O autor refere-se sobretudo às escolas (citado os casos da Inglaterra e Holanda, "onde os estabelecimentos se distinguem cada vez mais etnicamente"), mas também amplia seus argumentos às universidades. Cf., para uma análise mais detalhada, Laval, 2003a.

belecimentos do ensino superior, o caminho para se chegar às primeiras, na maioria das vezes, passa pela condição financeira dos alunos: como se não bastassem os preços elevados, que acabam inibindo os mais desfavorecidos, cerca de 20% dos estudantes admitidos nas grandes universidades norte-americanas recorrem aos serviços de um *personal coach*, que pode custar até 30.000 dólares (Newfield, 2007).

Mas o grande problema desse excesso de racionalidade econômica talvez esteja na pesquisa. Naomi Klein, no seu famoso *No Logo*, cita diversos exemplos de como a parceria indústria-universidade vem criando situações constrangedoras em algumas instituições. O caso da Dra. Betty Dong, pesquisadora da Universidade da Califórnia em São Francisco (UCSF), é um dos mais interessantes. Ela recebeu uma proposta da companhia farmacêutica Boots (que hoje se chama Knoll), para testar um medicamento para a tireoide, que fora patenteado pela empresa, comparando-o com um medicamento genérico. O objetivo da empresa era mostrar que, apesar de mais caro, o seu medicamento era mais eficaz, sendo que o aval de uma universidade respeitada seria uma excelente forma de promover essa descoberta. Os estudos, no entanto, concluíram que os medicamentos eram bio-equivalentes, ou seja, apresentavam resultados praticamente iguais. Quando a Dra. Dong quis publicar os resultados no *Journal of the American Medical Association*, porém, acabou sendo impedida, devido a uma cláusula contratual que dava à Boots direito de veto nas publicações. Somente dois anos depois, através de um furo, o caso foi parar no *Wall Street Journal* (Klein, 2001: 134-135).

Outro caso, ainda mais grave, aconteceu na Universidade de Toronto, com a Dra. Nancy Olivieri. Especialista numa doença de sangue chamada thalassaemia, ela estava desenvolvendo uma pesquisa para um gigante farmacêutico (a Apotex), junto com o Hospital for Sick Children, quando descobriu que um medicamento da empresa (o Deferiprone) estava fazendo às crianças. Impedida de mostrar os resultados – havia uma cláusula que permitia à empresa destruí-los num prazo curto –, ela narrou, de toda forma, o episódio para o *The New England Journal of Medicine*, mas acabou perdendo seu posto de pesquisadora superior na universidade (*apud* Klein, 2001: 135). Nancy Olivieri, desde então, vem se destacando na luta para promover a liberdade acadêmica e diminuir o poder controlador das empresas farmacêuticas (cf. Olivieri, 2003).

Outros dados preocupantes: Eliot Marshal cita uma avaliação, publicada no *The Journal of the American Medical Association*, em que 20% dos 2.167 cientistas acadêmicos que foram entrevistados admitem que atrasam publicações, por mais de seis meses, devido a interesses comerciais dos financiadores (Marshal, 1997: 525); Sheldon Krimsky também cita um artigo publicado no *The Journal of the American Medical Association*, mostrando que "os estudos patrocinados por empresas têm probabilidade significativamente maior do que estudos não patrocinados por elas de chegar a conclusões favoráveis ao patrocinador" (Krimsky, 2003).

Esse cenário é extremamente preocupante. Dominique Pestre alerta para aquilo que alguns juristas americanos estão chamando de movimento de *enclosure*, ou seja, a maneira como a ciência vem sendo privatizada, deixando de ser um bem público, passando a atender a novos atores econômicos (Pestre, 2001: 99-100). Exemplo disso pode ser constatado num recente relatório da OXFAM, ao qual Ricardo Abramovay faz alusão, mostrando dados estarrecedores sobre a produção e o consumo de medicamentos:

> Apenas 15% dos habitantes do globo consomem nada menos que 90% dos remédios que o setor coloca no mercado. As indústrias concentram suas pesquisas em produtos que não correspondem às enfermidades mais frequentes. Dos 163 novos produtos lançados entre 1999 e 2004, apenas 3 se referiam a doenças prevalecentes em países pobres. O setor concentra-se excessivamente na busca por proteção dos direitos de propriedade intelectual em detrimento do acesso dos mais pobres ao que necessitam (Abramovay, 2008).

A universidade, então, que poderia ser um fator de equilíbrio, na busca por uma "ciência do bem comum", vem sofrendo cada vez mais pressões para se associar ao capital privado, entrando nessa lógica mercantilista. Como diz Bok, não existe nenhum conluio por parte do mudo do *business* para acabar com a ciência pública ou a "universidade de interesse comum", mas acreditar que essa relação entre capital privado ou doações não muda as instituições de ensino superior é sinal de uma grande inocência (Bok, 2003: 6-7).

De que maneira então fugir dessas "armadilhas"? Se pensarmos nos nossos tipos ideais, tanto o "modelo participativo" como o "modelo autonomista" têm as suas respostas para essa questão. No entanto, apesar de concordarem que o conjunto dessas críticas podem ser atribuídas ao Modo 2, eles preveem caminhos contraditórios para sair dessa situação. Antes de analisar quais as soluções que eles apresentam, é preciso compreender as razões que os separam. Será a epistemologia o melhor atalho para isso?

5.II. A questão epistemológica: qual critério de legitimidade?

Vimos que na batalha entre as "duas culturas", no começo da Modernidade, as Ciências acabaram prevalecendo sobre as Humanidades. O corolário dessa "vitória", no que toca às universidades, foi a valorização de uma "instituição de pesquisa" (de inspiração humboldtiana) em detrimento de uma "instituição de cultura geral" (de inspiração newmaniana). Na passagem do século XIX para o século XX, esse cientificismo conheceu seu momento maior, estabelecendo o mito da ciência como instituição totalmente à parte, definida exclusivamente pelos seus valores cognitivos, responsável pela descoberta das leis naturais e sociais que governariam o mundo. Quais foram os principais atores dessa "confiança epistemológica"? De que forma ela acabou corrompida? Quais as consequências para a universidade contemporânea?

§1. O advento do positivismo: uma nova "religião científica"?

> O amor por princípio e a ordem por base; o progresso por fim.
>
> Auguste Comte, fórmula clássica do positivismo,
> gravada no tumba de Auguste Comte,
> no cemitério Père-Lachaise.

A passagem que inspirou o slogan da bandeira brasileira representa toda a confiança epistemológica de uma época. "Ordem e progresso", afinal, é sinônimo de algo estável, controlado, que segue um caminho fixo, na direção de um patamar superior. Essa era a visão de Comte, cuja crença num estágio científico da humanidade deu origem ao chamado "pensamento positivista".

O termo, na verdade, já vinha sendo utilizado por outros pensadores. Na enciclopédia de Diderot, por exemplo, "positivo" denominava um fato; e, para Saint-Simon, a "ciência positiva" era a ciência moderna, desde Bacon, também fundada nos fatos (Grange e Le Rou, 2003: 834). Mas foi Comte, um pouco mais tarde, no seu famoso *Curso de filosofia positiva*, que popularizou o termo, dando origem a toda uma corrente de pensamento.

Para Comte, o espírito humano passa por três estados sucessivos que constituem as três etapas da espécie humana: em primeiro lugar, o estado *teológico* ou "fictício", que corresponde à Idade Média e ao *Ancien Régime*, "as relações sociais são analisadas como o resultado sobrenatural do direito divino; em seguida, o estado *metafísico* ou "abstrato", que corresponde ao século das Luzes, onde suposições ilusórias, como o contrato social, ou princípios vagos, como liberdade e igualdade, formavam os pilares da ordem social; e, finalmente, o estado *positivo* ou "científico",

> o espírito humano, reconhecendo a impossibilidade de obter noções absolutas, renuncia a procurar a origem e o destino do universo, a conhecer as causas íntimas dos fenômenos, para preocupar-se unicamente em descobrir, graças ao uso bem combinado do raciocínio e da observação, suas leis efetivas, a saber, suas relações invariáveis de sucessão e similitude (Comte, 1978: 4).

Comte segue, assim, uma linha que vem sobretudo do empirismo, mas busca dar um salto ainda maior. Na sua convicção, a finalidade da ciência não é apenas verificar os fatos, mas produzir teorias gerais sob as quais fosse possível descrever todos os fenômenos. Existe, então, um espaço reservado ao racionalismo, que serve para descobrir as relações constantes e necessárias entre os fenômenos. Dessa forma, muito além do uso regulador da razão kantiana, Comte acreditava na existência de leis *invariáveis* na sociedade, que deveriam ser descobertas e seguidas, fazendo da sociologia, neologismo criado por ele, a mais importante de todas as ciências.

O positivismo levou às últimas consequências o método científico. Ao transpor este último para o universo das ciências sociais, Comte ampliou ainda mais o otimismo que reinava na sua época. Depois da síntese newtoniana, chegava a hora de criar uma "física social", capaz de organizar a sociedade rumo à "marcha progressiva do espírito humano" (Comte, 1978: 3).

Mais tarde, Comte falaria mesmo de um "positivismo religioso" (ou uma religião sem Deus), sob o sacerdotismo do seu método, que traria a paz e a harmonia perfeita para o século XX. Seria uma revolução do conhecimento? Ou uma heresia da ciência?

§2. A herança positivista: uma consolidação da "ciência pura" nas universidades?

O positivismo teve vida longa. Até mesmo "igrejas", inspiradas nas ideias Comte, acabaram sendo inauguradas. Esse novo evangelho, cujas origens remontam ao início da Modernidade, levava ao extremo a cientificação do pensamento e do estudo humano, visando a obtenção de resultados claros, objetivos e completamente corretos.

A influência de Comte foi enorme. Da sociologia de Durkheim ("os fatos sociais devem ser tratados como coisas") à história de Coulanges ("os fatos históricos falam por si mesmos"), passando por Kelsen (com sua "teoria pura do direito"), uma onda positivista apareceu no século XX, trazendo não apenas um novo método para as ciências sociais, mas também reforçando a neutralidade científica – a separação sujeito-objeto – no universo das ciências naturais.

Essa consolidação trouxe mudanças importantes. Para Dominique Pestre, foi a partir de então que houve uma "essencialização" da ciência, elevada como "categoria geral", dentro da perspectiva de um novo discurso normativo e ontológico, que fez da "ciência pura" e eterna a matriz de todas as coisas (Pestre, 2001: 58-59). Ou seja, era a solidificação da Ciência (com "C"): uma entidade autônoma, centrada na "busca-do-saber-por-ele-mesmo", o famoso Modo 1, relatado por Gibbons e seus companheiros.

A concretização desse ideal, no que toca às universidades, também foi extremamente importante. Vimos como o "modelo humboldtiano" já reivindicava uma autonomia da ciência – a célebre máxima "solidão e liberdade" –, designando a universidade como o *locus* privilegiado para a realização da busca do conhecimento. Pois o advento do positivismo, ao trazer o método científico para o universo das ciências sociais, reforçou ainda mais essa tese. A autonomia agora se dava em diversos outros ramos, ampliando cada vez mais o leque da "ciência pura", buscando fazer das universidades um centro hegemônico da produção do saber. Pestre fala mesmo de uma tentativa de *hold up* intelectual, operada pelos acadêmicos, cuja retórica buscava um confinamento do conhecimento no seio das universidades (Pestre, 2001: 59). Assim, o lema "a ciência descobre, a indústria aplica, a opinião segue" foi sendo consolidado, ganhando também sua versão nas ciências sociais, sobretudo com o Direito e a Economia.

Para terminar, houve uma divisão precisa do conhecimento científico, incentivada também pelo positivismo, que acabou constituindo as cátedras fixas e autônomas das universidades. Essa categorização disciplinar foi importante para o progresso expressivo que aconteceria no século XX: houve uma especialização cada vez maior dos domínios científicos, que proporcionaram resultados até então jamais imaginados. Com isso, a confiança epistemológica só ia crescendo, sendo que o neopositivismo seria a tentativa do seu passo maior.

§3. O Círculo de Viena: um paroxismo na filosofia da ciência?

Metafísicos são músicos sem talento.

Rudolf Carnap, "The Elimination of Metaphysics
Through Logical Analysis of Language", p. 81.

Em 1929, os ecos positivistas conheceriam sua tonalidade mais alta. *A Concepção científica do mundo*, texto assinado por Carnap, Hahn e Neurath, também conhecido como O Manifesto do Círculo de Viena, anunciava uma nova postura filosófica-metodológica, na qual a matemática, a lógica e a ciência empírica esgotariam o domínio do conhecimento possível.

Na sequência de Comte, os "senhores de Viena" lutavam contra o pensamento metafísico, sem buscar causas misteriosas para explicar os fenômenos. Tratava-se de continuar a descrever e justificar as descobertas científicas, analisando seus princípios, perguntando muito mais "como o mundo é assim?" do que "por que o mundo é assim?"

Os neopositivistas, porém, se distinguiam de seus antecessores. Enquanto em Comte a experiência sensível era determinada pelas teorias de que dispomos (para compreendê-la), sem qualquer prioridade, para o Círculo de Viena a sensação era o único fundamento para o conhecimento. Ou seja, trata-se de um "empirismo puro". As sensações, nesse caso, são indubitáveis, devendo ser a única base para se criar as teorias científicas.

A esse *empirismo radical*, no entanto, os neopositivistas acrescentaram o pensamento lógico-matemático. O que eles buscavam era uma forma protocolar de linguagem para se registrar as sensações empíricas (ou proposições científicas), visando, em seguida, compreender as relações entre as proposições para se obter uma teoria completa da realidade. "Precisamos de símbolos para pensar", dizia a fórmula ideografista de Frege, uma das principais referências do Círculo.

Outra contribuição do neopositivismo, válida para todas as investigações intelectuais, foi o chamado "princípio da verificabilidade". Este postulava o seguinte: "para ter sentido, a proposição, além de ser logicamente coerente, deve ser suscetível à verificação empírica, não necessariamente provada, mas, pelo menos, passível de exame" (Rohmann, 2000: 316). Assim, a proposição "existe um Deus" não é nem verdadeira nem falsa, ela simplesmente não tem qualquer significação. Afinal, o sentido de um enunciado – como dizia a fórmula de Carnap – é o método da sua verificação.

O neopositivismo teve grande influência. Da filosofia analítica ao behaviorismo, passando pela sociologia funcionalista e a teoria da linguagem, ele representou "o clímax do movimento de reconstrução racional da ciência a partir de uma reflexão filosófica que se pretende tão científica quanto a ciência cuja normatividade quer fixar" (Santos, 1989: 22). Como diz Boaventura de Sousa Santos, trata-se da

> *dogmatização da ciência*, isto é, de uma concepção de ciência que vê nesta o aparelho privilegiado da representação do mundo, sem outros fundamentos que não as proposições básicas sobre a coincidência entre a linguagem unívoca da ciência e a experiência ou observação imediata, sem outros limites que não os que resultam do estágio do desenvolvimento dos instrumentos experimentais ou lógico-dedutivos (Santos, 1989: 22-23).

O neopositivismo também teve vida longa nas universidades. Mas em breve ele seria atacado.

§4. Merton e a "estrutura normativa da ciência"

O último grande herdeiro dessa confiança epistemológica foi Robert Merton, considerado o "pai da sociologia da ciência". Se Comte foi o primeiro a defender o estudo da organização e do funcionamento da sociedade e das leis fundamentais que regem as relações humanas e as instituições, Merton foi o primeiro a dar uma atenção particular ao trabalho concreto dos pesquisadores, à estruturação das comunidades científicas e às normas que guiam o conjunto da ciência.

No seu trabalho inaugural, *Science, Technology and Religion in Seventeenth-Century England*, Merton investigou a emergência da ciência e da técnica na Inglaterra do século XVII, bem como suas consequências para a sociedade. De inspiração weberiana, sua tese defendia a ideia de que a institucionalização da ciência inglesa foi o fator preponderante para o salto do crescimento científico do país na época. Tendo a Royal Society como exemplo, Merton constatou que a ciência era governada por normas e valores dotados de uma especificidade e que, para a ciência se desenvolver, suas normas e valores deveriam ser apoiadas pelo conjunto da sociedade, além de atuar de forma ordenada, dentro de uma comunidade própria (Busino, 1998: 9-10).

Na visão de Merton, então, a ciência tem um *ethos* específico, e, para que ela ganhe impulsio, é necessário transformá-la num "subsistema autônomo no seio da sociedade" (Dubois, 1999: 8). Esse é o principal argumento de

Science and Technology in a Democratic Order, artigo publicado em 1942, considerado como precursor da sociologia da ciência (Dubois, 1999: p. 8). Nele, Merton identifica um conjunto de quatros normas ideais que, na sua visão, deveriam guiar a prática dos cientistas e assegurar à comunidade a sua autonomia. São elas: o *universalismo*, que está ligado aos critérios impessoais preestabelecidos, ou seja, injunções metodológicas tendo em vista as considerações que podem ser retidas na formulação de um julgamento. "A aceitação ou rejeição das proposições científicas – dizia Merton – não podem ficar subordinadas à apreciação de atributos pessoais ou sociais dos enunciadores" (*apud* Shin e Ragouet, 2005: 22). Em seguida, o *comunalismo*, que afirma ser a ciência uma atividade pública visando a produção coletiva de bens públicos, e que, em virtude disso, o exame das proposições emitidas pelos cientistas devem ser de livre circulação no seio da comunidade, não somente para a verificação, mas para um esforço coletivo de aprimoramento (Busino, 1998: 11-12). O *desinteresse*, que serve para contrabalancear as motivações extracientíficas (aplicação das descobertas, rentabilidade...) dos pesquisadores. Não se trata de qualidades morais dos cientistas (como o altruísmo), mas a efetivação de um sistema de controle recompensando os resultados científicos válidos. E, por fim, o *ceticismo organizado*, que afirma que os resultados científicos devem ser submetidos a um exame crítico antes de serem aceitos e que podem sempre ser revistos, sem qualquer forma de discriminação. Trata-se da institucionalização desse critério, da efetivação de formas diligentes para a sua aplicação.

Para Merton, "o respeito dessas quatro normas ideais garante a racionalidade, a cumulatividade e o caráter não conflituoso do saber científico" (Busino, 1998: 10-11). Trata-se, sem dúvida, de uma "república dos sábios", que serviu de base para a organização da comunidade científica a partir da segunda metade do século XX, exercendo enorme influência na atuação das universidades.

Mas será que essa "estrutura normativa" iria durar?

§5. Uma reviravolta na epistemologia?

> Abaixo as máscaras, senhores filósofos! Vocês nos falam de pureza, vocês nos bestificam com palavras como aquelas de desinteresse, de dever moral! Ora, vocês não veem que a ciência é uma invenção diabólica que encobre ações bem

164   HISTÓRIA DA UNIVERSIDADE

> diferentes! O conhecimento científico, contrariamente ao que vocês sustentam, é uma concentração de impulsos, de medos, de vontade de apropriação. Vocês a descrevem como pura e independente, quando ela sempre é dependente, interessada, não tanto a ela mesma, mas a tudo o que satisfaz os instintos e as instituições que a escravizam.
>
> Nietzsche, *apud* Michel Callon, Pierre Lascoumes, Yannick Barthe, *Agir dans un monde incertain*, p. 146.

Nietzsche foi precursor. Mesmo que, para muitos, sua linguagem iconoclasta não passasse de "arte e poesia", ele anunciou uma nova etapa, desmistificando a confiança epistemológica que reinava. Se Bacon e Descartes inauguraram a Modernidade, no século XVII, a gramática nietzschiana foi o prelúdio da sua posterioridade. Vejamos como Wittgenstein, Popper, Kuhn e Feyerabend, um pouco mais tarde, contribuíram para essa dinâmica.

Os neopositivistas estavam entusiasmados. "Sobre aquilo de que não se pode falar, deve-se calar". A famosa frase, que encerra o *Tractatus Logico-Philosophicus*, fora adotada por eles para refutar a metafísica. Na época, o jovem Wittgenstein, idolatrado por Russell, aparecia como um novo gênio da filosofia, capaz de refundar os fundamentos da lógica e da matemática. Os representantes do Círculo se valeram então do autor do *Tractatus* para expor seu Manifesto: só poderia "falar-se" dos "enunciados protocolares", relacionados aos elementos sensíveis empiricamente controláveis, ligados em seguida pelo raciocínio lógico-matemático.

Mas para Wittgenstein aquilo era absurdo. Primeiro, ele acusou Russell (que fizera o prefácio do *Tractatus*) de não ter compreendido sua obra, depois acusou os "senhores de Viena" de fazer dela um mau uso. De fato, como mostra Dominique Lecourt, o livro jamais adere ao "atomismo lógico" dos neopositivistas.[124] Wittgenstein, mais tarde, até admitiria uma falta de clareza, mas "a ideia de uma teoria do conhecimento não é apenas ausente no *Tractatus*; ela se encontra, implicitamente (...) recusada" (Lecourt, 2001: 46). Ou seja, "o programa do Manifesto (...) aparece como uma aberração e, quando seus autores se reclamam dele [do *Tractatus*], como uma impostura e uma traição" (Lecourt, 2001: 46).

---

[124] Afinal, naquilo de que não se pode falar, Wittgenstein incluía a mística, mas também a ética e a relação entre a lógica e o mundo (Lecourt, 2001: 46).

Para Wittgenstein, muito pelo contrário, a lógica não é suficiente para descrever a realidade. Quando usamos palavras (ou a matemática) para descrever algo, criamos, na verdade, uma imagem do que queremos descrever. Mas essa imagem, tal como uma fotografia ou uma pintura, é uma tradução imperfeita e incompleta do que queremos explicar. "O mundo é a totalidade dos fatos – dizia Wittgenstein –, não das coisas" (Wittgenstein, 2008: 135), ou seja, "eu compreendo a frase na medida em que eu faço uso" (Lecourt, 2001: 48). Compreender, então, não é uma conduta particular, mas é operar com a frase" (Lecourt, 2001: 48). O que nos conduz à "significação dos enunciados pelos seus métodos de verificação [do neopositivismo] para uma definição pelo uso" (Lecourt, 2001: 49). A ciência, a lógica, a matemática, assim, nada mais são do que alguns, dentre vários outros possíveis, "jogos de linguagem".

Wittgenstein foi o *primeiro* golpe. Não apenas no Círculo, mas em todos aqueles que pretendiam fazer do conhecimento científico algo universal, completo, seguro, verdadeiro. O segundo ataque, particularmente com relação ao neopositivismo, foi a "teoria da falsificabilidade" de Karl Popper. Afinal, esse jovem vienense frequentara a "sala de estar" do Círculo, mas sem jamais aderir ao seu pensamento. Apesar da influência de Carnap, e de acreditar na unidade do método científico, Popper não admitia que a cientificidade de uma teoria pudesse ser estabelecida pelo exame da *significação* de seus enunciados. Não se tratava, assim, de "verificação" de uma hipótese:

> As proposições universais, como a lei da gravidade, por exemplo, *nunca podem* ser definitivamente verificadas. Provas cumulativas e resultados experimentais repetidos meramente aumentam a *probabilidade* de que a proposição esteja certa. Aceitamos a teoria da gravidade, não porque é possível provar que a maçã jamais cairá para cima, mas porque isso não aconteceu até agora (Rohmann, 2000: 422).

Ao invés da "verificabilidade", então, Popper vai falar da "falsificabilidade" (ou "refutabilidade"): "somente se puder, em princípio, ser *desmentida* a teoria poderá ser considerada cientificamente significativa, e são as tentativas sem êxito de refutá-la que lhe dão ainda mais validade" (Rohmann, 2000: 422). Como afirma Dominique Lecourt, "a lógica da descoberta científica, assim vista, dá uma imagem da ciência cujo dinamismo contrasta com o formalismo daquela elaborada por Carnap [e o Círculo de Viena]" (Lecourt, 2001: 73).

166 HISTÓRIA DA UNIVERSIDADE

É verdade que ainda estamos distantes da *revolução científica* que viria logo em seguida. No entanto, face à conjuntura epistemológica da época, Popper representou uma grande ruptura. Como diz sua frase mais famosa, contrariando o otimismo de muitos dos seus pares, "embora haja uma vasta diferença entre nós no que diz respeito aos fragmentos que conhecemos, somos todos iguais no infinito da nossa ignorância" (Popper 1972: 57).

O próximo passo talvez tenha sido o mais importante para revolucionar o estudo sobre nossos quadros cognitivos, marcando definitivamente a filosofia e a sociologia da ciência. Como disseram Latour e Callon: "enfim, Thomas Kuhn chegou" (*apud* Dubois, 1999: 38). Qual foi a novidade?

Kuhn certamente não foi nem o primeiro a refutar o conceito tradicional de conhecimento científico como puramente objetivo, nem o primeiro a mobilizar a história da ciência para mostrar os fatores sociais que compunham o universo cognitivo. No entanto, seu conceito de "paradigma" acabou se tornando de tal forma emblemático, que hoje ele é considerado como o fundador de ambas essas perspectivas (epistemológica e histórica) na reflexão sobre a ciência.

O que é um "paradigma"? Para Kuhn, trata-se de um conjunto de leis, de teorias, de aplicações e de dispositivos experimentais, reunidos por um grupo de pesquisadores, que faz nascer tradições particulares no universo da ciência (Kuhn, 1983: 30). Esta é dividida em "ciência normal" (quando há um consenso de paradigma) e "ciência revolucionaria" (quando há contradições internas, gerando diferentes paradigmas). O exemplo clássico de Kuhn é o esquema ptolomaico do universo, que prevaleceu durante séculos, até ser refutado por observações astronômicas e pela teoria heliocêntrica copernicana do sistema solar.

Partindo dessa tensão entre tradição e inovação, a grande novidade de Kuhn foi ter chamado a atenção para outros fatores – não apenas os cognitivos – que compunham os paradigmas. Na verdade, Kuhn não subestima os fatores objetivos (não se trata de relativismo), mas ele chama a atenção para o processo de socialização dos cientistas, ou seja, como os fatores culturais, econômicos, psicológicos e biográficos também interferem na definição do paradigma, cuja validade depende de consensos (Cf. Busino, 1998: 24-25).

Essa abordagem "realista" de Kuhn vai marcar uma ruptura tanto na filosofia como na sociologia da ciência. A "falsificabilidade" de Popper, por exemplo, assim como a "estrutura normativa" de Merton, não levavam em

CAPÍTULO 5 O DEBATE CONTEMPORÂNEO 167

conta essa perspectiva psicológica e sociológica da comunidade científica, sobretudo em tempo de "ciência revolucionária". Para Kuhn, em tempos de "ciência normal", quando as regras são compartilhadas, sem maiores controvérsias, até podemos falar de uma "institucionalização" ou de um "conjunto de conhecimento e práticas de pesquisa"; mas à medida que as divergências vão surgindo, tornando os paradigmas incomensuráveis, os cientistas podem querer trocar de um "modelo" para outro, sendo essa decisão uma "conversão religiosa" ou "troca gestáltica", já que, além de argumentos lógicos, ela envolve todos aqueles outros fatores (Chalmers, 1993: 133).

Kuhn abriu a porta para uma série de outros autores, que iriam desmistificar os mitos da "ciência pura" e da "estrutura normativa", advindos da Modernidade. Dentre estes, talvez Paul Feyerabend tenha sido o mais radical. Afinal, o "dadaísta da epistemologia", como o definiu Dominique Lecourt, foi aquele que atacou todas as metodologias, todas as formas, todas as regras: "*anything goes*", ou seja, "vale tudo", dizia sua célebre máxima, que inaugurou um "anarquismo científico" (Lecourt, 2001: 78).

Partindo de uma análise de Copérnico e Galileu, Feyerabend mostra como a transgressão sempre foi uma condição *sine qua non* de qualquer progresso na ciência. Ele denuncia, assim, aquilo que ele define como "ilusão metodológica", ou seja, um conjunto de normas estabelecidas pelos cientistas, visando mascarar, de um lado, uma falsa segurança epistemológica, e, de outro, uma relação de autoridade: "o reino do "método" é o poder dos *experts*; o poder dos *experts* é a opressão dos indivíduos; a morte da liberdade" (*apud* Lecourt, 2001: 79).

Como mostra Alan Chalmers, da mesma forma que Stuart Mill defendeu a liberdade do ser humano no seu famoso ensaio *On Liberty*, Feyerabend buscava a liberdade científica, tanto com relação ao Estado como às comunidades de sábios. No que toca ao primeiro, diz ele, "enquanto um americano pode escolher a religião que deseja, não lhe é permitido exigir que seus filhos aprendam mágica em vez de ciência na escola. Existe uma separação entre Estado e religião, mas não há uma separação entre o Estado e a ciência" (*apud* Chalmers, 1993: 185). Já no que refere às comunidades de sábios, Feyerabend critica a ciência moderna, que parece ter "*estabelecido* [definitivamente sua superioridade com relação] *à magia*, [ou seja], 'reconstruções racionais' *tomam como dado* 'a sabedoria científica básica', elas não *demonstram* que ela é melhor que a 'sabedoria básica' dos bruxos e das feiticeiras" (*apud* Chalmers, 1993: 176).

Feyerabend, na verdade, inspira-se no pensamento de Wittgenstein, mostrando como as metodologias (observações, razão, fatos, experiências, evidências...), apesar da significação histórica válida, são ligadas a "jogos de linguagem" e a "formas de vida dominante", que muitas vezes podem acabar esterilizando o pensamento científico. Dessa forma, como diz Chalmers, "a metodologia dos programas de pesquisa fornece *padrões* que ajudam o cientista a avaliar a situação histórica em que ele toma suas decisões; [mas] não contém regras que lhe indicam o que fazer" (Chalmers, 1993: 175). Nas palavras do próprio Feyerabend:

> O conhecimento assim compreendido não é uma série de teorias consistentes que convergem em direção a um ponto de vista ideal; não é uma aproximação gradual em direção à verdade. Ao contrário, é um oceano de alternativas mutuamente incompatíveis (e talvez incomensuráveis). Cada teoria, tomada isoladamente, cada conto de fadas, cada mito faz parte do conjunto, forçando os demais a uma maior articulação, todos contribuem através desse processo de competição para o desenvolvimento de nossa consciência (Feyerabend, 1975: 30).

§6. A nova realidade empírica

Se a ciência vinha sofrendo diversas transformações no plano da filosofia e da sociologia, estas foram concomitantes com as mudanças propriamente empíricas que também passaram a questionar os princípios da Modernidade, sobretudo a partir da segunda metade do século XX.

A confiança na programação (no plano social) e na previsão (em matéria científica), que se apoiava na crença de relações simples de causa e efeito, além da hipótese de linearidade, foi cedendo à constatação de uma complexidade crescente, cujas relações, muitas vezes imprevisíveis, passavam pela não linearidade.

As ciências naturais, mais uma vez, foram precursoras. Quando Einstein expôs a Teoria da Relatividade, mostrando que a simultaneidade dos movimentos distantes não pode ser verificada (pode apenas ser definida), não apenas o tempo e espaço absolutos de Newton deixaram de existir, como se criou um precedente de instabilidade epistemológica, que não pararia de crescer. Heisenberg, um pouco mais tarde, sintetizaria o novo estado de espírito:

> Todas as minhas tentativa para adaptar os fundamentos teóricos da física a esse [novo tipo de] conhecimento fracassaram completamente. Era como se o chão tivesse sido retirado de baixo de meus pés, e não tivesse em qualquer outro lugar uma base sólida sobre a qual pudesse construir algo (*apud* Capra, 1982: 72).

A frase ilustra muito bem o "rito de passagem": nada do "homem senhor da natureza" de Bacon, das "certezas de Descartes" ou da "síntese newtoniana". Muito pelo contrário, havia uma onda de ceticismo pairando no ar. No plano da micro-física, ao qual Heisenberg se referia, as surpresas seriam ainda maiores. Após comprovarem que o átomo não era sólido, os cientistas viram que as partículas subatômicas não possuíam propriedades intrínsecas, se apresentando ora como partícula ora como onda, dependendo do dispositivo experimental utilizado no processo. Essa descoberta, que Bohr definiria como "princípio da complementaridade", colocava em xeque a divisão sujeito/objeto, tão cara à Modernidade. Ela viria inclusive a inspirar os pressupostos filosóficos de Wittgenstein, conforme vimos no parágrafo anterior. Assim, a linguagem não extrai seu significado da estrutura, mas do contexto; o olho que vê o mundo não vê a si próprio no espelho, ele vê o reflexo do sujeito se dissolvendo na realidade; "o mundo e a vida são um só" (Wittgenstein, 2008: 245).

Mas as mudanças não param por aí. Na verdade, a ruptura seria tão grande que até mesmo Einstein, pouco tempo depois do seu *annus mirabilis*, passaria por um conservador. A comprovação das "conexões não locais" (ou "variáveis ocultas") mostraria que existia uma "ação fantasma a distância", fazendo com que as partículas subatômicas, mesmo separadas por distâncias quilométricas, rompessem com a velocidade da luz, conservando uma ligação entre si. Essa constatação, feita pelo "teorema de Bell", mostraria uma visão holística do mundo, desfazendo definitivamente a perspectiva fragmentada, que tivera início na Modernidade.

No plano da química, também, a "teoria das estruturas dissipativas", de Ilya Prigogine, marcaria uma ruptura com a visão mecanicista do mundo, abrindo uma vasta perspectiva epistemológica para as teorias da "auto-organização". Prigogine concentrou suas análises no fenômeno da convecção de calor, conhecido como "instabilidade de Bernard". Este mostrava como o aquecimento de uma fina camada de líquido podia resultar em estruturas estranhamente ordenadas. As células do sistema líquido, após tornarem-se instáveis (ou desordenadas), com o aquecimento, faziam emergir um extraordinário padrão ordenado hexagonal, como um "favo de mel". A detalhada análise que Prigogine fez dessas "células de Bernard" mostrou que, à medida que o sistema se afasta do equilíbrio (isto é, a partir de um estado com temperatura uniforme ao longo de todo o líquido), ele atinge um ponto crítico de instabilidade, do qual emerge um padrão hexagonal ordenado (cf.

Capra, 1982: 80-81). Essa "ordem através das flutuações" inspirou toda uma gama de pesquisadores – da "autopoiese biológica" de Maturana e Varela à "teoria do laser" de Haken, passando pela "hipótese Gaia" de Lovelock –, para os quais a complexidade da ciência nega o determinismo. Como disse Prigogine na sua *Carta para as gerações futuras*, existe "uma criatividade em todos os níveis da natureza. O futuro não é dado" (Prigogine, 2000).

Boaventura de Sousa Santos, nesse mesmo sentido, lembra que os pressupostos abertos pelas "teorias da auto-organização" recuperam "conceitos aristotélicos tais como os conceitos de potencialidade e virtualidade, que a revolução científica do século XVI parecia ter atirado definitivamente para o lixo da história" (Santos, 2001: 71). Nesse novo paradigma científico, nos diz ele, "em vez da eternidade, temos a história; em vez do determinismo, a imprevisibilidade; em vez do mecanicismo, a interpretação, a espontaneidade e a auto-organização; em vez da reversibilidade, irreversibilidade e a evolução; em vez da ordem, a desordem, em vez da necessidade, a criatividade e o acidente" (Santos, 2001: 70-71).

Por fim, no plano das ciências sociais, as transformações também não demorariam a chegar. A "teoria pura do direito" de Kelsen e o fenômeno do legalismo, inspirado nas codificações, viram seus dias contados, abrindo toda "uma nova cultura do Direito", baseada na ideia do "Pluralismo Jurídico" (Wolkmer, 2001). A Sociologia, que nasceu acreditando numa "física social" (Comte), na identificação dos "fatos como coisas" (Durkheim) e no "processo de racionalização" (Weber), viu suas pretensões se transformarem, de um lado, com a valorização da subjetividade, com as teorias da "ação social" (Touraine) ou da "ação comunicativa" (Habermas), de outro, com uma complexidade crescente que, mesmo no seio da herança positivista, trazia diversas correntes (ou interpretações), sem que houvesse qualquer perspectiva de consenso entre elas.

No que toca à Psicologia, essas indefinições parecem ainda maiores: da disputa entre behavioristas e construtivistas, às diversas vertentes da psicanálise, passando pela Gestalt, pela psicologia transpessoal, pelo psicodrama etc., as variações e as contradições são tão acentuadas, que o convencimento sobre a validade das hipóteses passa muito mais por elementos retóricos – ou de experiências pessoais – do que por um critério científico universal. Essa indecisão, na verdade, tornou-se uma regra em quase todos os campos: seja na Economia, na Ciência da Educação, na Ciência Política, na Linguística etc., deu-se uma enorme concorrência epistemológica, gerada pelo próprio sucesso das disciplinas. E esse paradoxo – quanto mais elas se desenvolviam mais dúvidas elas apresentavam –, tal como nas ciências naturais, seguia na contramão da confiança e da previsibilidade da Modernidade.

A ciência aparece então cheia de dúvidas. Além desse fenômeno da "atomização dos campos", que gerou diversas correntes contraditórias, abriu-se todo um contexto interdisciplinar, ampliando ainda mais a complexidade. Como nos mostra Wallerstein, se a ciência se imaginava ordenada, com seus quadros cognitivos fixos, observamos um transbordar das fronteiras, cada vez maior, que não somente coloca em xeque a tripartição clássica (ciências naturais, sociais e humanidades), feita a partir das "duas culturas", como abre um desafio sem precedentes para a ciência e a epistemologia do século XXI (Wallerstein, 2001: 45-49).

Mas quais foram as consequências dessa nova realidade epistemológica?

§7. A *Agora* como novo critério epistemológico: a confiabilidade do Modo 2

Vimos que Gibbons, ao falar da passagem do Modo 1 para o Modo 2, nos forneceu um dos melhores quadros analíticos para compreender as mudanças na produção do conhecimento, a partir da segunda metade do século XX. Agora, para aprofundar a argumentação epistemológica do Modo 2, é preciso fazer alusão ao importante artigo de Alvin Weinberg, "Criteria for Scientific Choice", publicado em 1962.

Nesse texto, Weinberg referia-se sobretudo a dois critérios para as escolhas científicas: o primeiro, o "critério científico", era relativo às opções, devendo responder à seguinte questão: "por que buscar essa ciência particular?"; o segundo, o "critério institucional", relativo às pessoas ou grupos que iriam desenvolver a pesquisa, devia responder a seguinte questão: "qual a qualidade com que se faz a ciência?" (Weinberg, 2000: 253-258). Weinberg buscava estabelecer critérios claros – e equilibrados – para as escolhas. Segundo ele, o segundo critério ("interior") era o mais fácil e mais difundido, bastando verificar se determinando "campo estava pronto para exploração" ou se "os cientistas nesse campo eram realmente competentes" (Weinberg, 2000: 258). Já o primeiro critério ("exterior"), era mais difícil (e, assim, menos observado), pois deveria equacionar, ao mesmo tempo, "méritos tecnológicos", "méritos científicos" e "méritos sociais" (Weinberg, 2000: 259-260). A grande inovação de Weinberg foi tentar inverter (ou, pelo menos, equilibrar) o peso dos critérios, criando um padrão objetivo.

Para ele, as escolhas (leia-se, principalmente, o dinheiro público que era aplicado) deveriam levar em conta a relação da ciência como um todo, no sentido de saber o que tal escolha iria implicar nos outros campos. Por exemplo, enquanto a biologia molecular, que envolve diversas áreas (genética, citologia, microbiologia...), além de ter grande apelo social (curar câncer, viroses, problemas de nascença...), teria um enorme peso no critério, outras áreas – Weinberg não cita exemplos –, que não tivessem tantas ramificações, não ganhariam tanta atenção (Weinberg, 2000: 260).

Para Gibbons e seus companheiros, o trabalho de Weinberg foi extremamente importante para colocar a questão da escolha em evidência. No entanto, apesar de ter "equilibrado a balança", Gibbons afirma que Weinberg ainda privilegia um quadro fechado da ciência, sofrendo a influência da sociologia mertoniana. O "critério de escolha" que Gibbons nos propõe, muito pelo contrário, contextualiza ao máximo o universo da ciência, fazendo com que os "fatores exteriores" sejam realmente privilegiados. Esse argumento tem como base um núcleo epistemológico vazio – ou "sobrepovoado e heterogêneo", nas palavras de Gibbons –, o qual, além de ser cada vez mais difícil distinguir o grau da boa ciência (critérios "interiores"), os outros fatores (políticos, sociais, econômicos, ambientais...), ou seja, "exteriores", passam a ser cada vez mais influentes, tornando as decisões ainda mais complexas (cf. Nowotny *et al.*, 2003: 213-256).

Gibbons recupera então o conceito da *Agora* – o antigo local de deliberação dos gregos –, para sugerir que a ciência deve ser objeto de um novo "contrato social", visando obter uma série de consensos. Na *Agora*, porém, estão presente não apenas os *experts* ("interiores"), mas também todo um grupo de *profanos* ("exteriores"), que têm interesse nas decisões. As fronteiras entre o público e o privado tornam-se cada vez mais sutis, num universo onde as questões científicas, muito mais que questões epistemológicas, tornam-se questões de sociedade (Nowotny *et al.*, 2003: 257-272).

Para Gibbons, essa contextualização é a principal característica do Modo 2. Conforme vimos, é a partir dela que o conhecimento vai se tornando cada vez mais *transdisciplinar* e *reflexivo*, fazendo do consenso o critério da sua pertinência. Quanto mais contextualizado o conhecimento, ou seja, quanto mais pessoas (ou saberes) estiverem envolvidas, mais confiável ele vai se tornando: "a confiabilidade [torna-se, assim,] o fundamento epistemológico da ciência" (Nowotny *et al.*, 2003: 215).

No que toca à universidade, seu futuro está condicionado a essa contextualização. Para Gibbons, ela deve abrir cada vez mais suas portas para a *Agora*, sob risco de se tornar uma instituição obsoleta, distanciando-se dos novos centros de produção do conhecimento (Nowotny *et al.*, 2003: 117-120). Essa "*extended university*" (Gibbons, 1998: 72), então, deve fazer cada vez mais parcerias com as empresas, com os órgãos públicos, com organizações da sociedade civil, visando produzir uma série de consensos. O antigo lema "*publish or perish*" se transforma em "*partnership or perish*" (Gibbons, 1998: 62), porque numa sociedade de Modo 2, conclui Gibbons, "a exploração de sinergias se torna ao mesmo tempo uma oportunidade e uma necessidade para a universidade" (Nowotny *et al.*, 2003: 199).

§8. A crítica "autonomista": uma independência do campo?

> (...) os animais se dividem em: a) pertencentes ao Imperador, b) embalsamados, c) amestrados, d) leitões, e) sereias, f) fabulosos, g) cães soltos, h) incluídos nesta classificação, i) que se agitam feito loucos, j) inumeráveis, k) desenhados com um finíssimo pincel de pelo de camelo, l) etcétera, m) que acabaram de quebrar o jarrão, n) que de longe parecem moscas.
>
> Jorge Luis Borges, O idioma analítico de John Wilkins,
> p. 94.

Christian de Montlibert faz alusão à famosa classificação da enciclopédia chinesa (exposta por Borges), para atacar o relativismo a que a ciência e a universidade vêm sendo expostas (Montlibert, 2004: 68). O que a posição "autonomista" critica – sendo Gibbons a principal vítima – é a pulverização dos campos (científico e universitário) e suas consequentes submissões aos interesses econômicos, o que acaba gerando uma série de riscos para a sociedade como um todo. (cf. Montlibert, 2004: 27-32; Shin e Ragouet, 2005: 135-143).

A crítica, então, passa por duas fases: econômica e epistemológica. No que toca à primeira, vimos suas principais características no capítulo anterior: será que ainda restam dúvidas de que o "*economically-oriented paradigm*" acaba corrompendo a legitimidade das escolhas? No que cabe à crítica epistemológica, os "autonomistas" irão atacar o conceito de *Agora*, sobretudo a contextualização da ciência e da universidade, ou seja, a supervalorização feita por Gibbons dos fatores "externos" a que se referia Weinberg. O que os "autonomistas" dizem?

Para compreender essa crítica, relembremos a noção bourdieusiana de campo. Para Bourdieu, o campo é um "microcosmo relativamente autônomo", que funciona como intermediário do "antagonismo geralmente considerado como irredutível (...), entre as interpretações que podemos definir como internalistas ou internas e as interpretações que podemos chamar de externalistas ou externas" (Bourdieu, 1997: 12-13). O exemplo clássico de Bourdieu está na interpretação dos textos (filosóficos, jurídicos, literários etc.). De um lado, temos aqueles que dizem que basta ler para compreendê-los, ou seja, que o texto em si é o alfa e o ômega, que não há nada mais a conhecer. De outro, temos aqueles que defendem uma interpretação do texto que esteja vinculada ao mundo social e econômico, ou seja, aos interesses, às condições, ao contexto, não somente da época em que foram escritos, mas daquela em estão sendo interpretados. Foi para reduzir então essas diferenças que Bourdieu criou a noção de campo:

> Eu digo que para compreender uma produção cultural (...), não é suficiente se referir ao conteúdo textual, mas também não é suficiente se referir ao contexto social. (...) Minha hipótese consiste em supor que entre esses dois polos bastante distantes (...) existe um universo intermediário, que eu chamo de *campo* (...), ou seja, o universo no qual são inseridos os agentes e as instituições que produzem, reproduzem ou divulgam [a produção cultural]. Esse universo é um mundo social como os outros, mas que obedece a leis mais ou menos específicas (Bourdieu, 1997: 14).

Bourdieu define diversos campos (literário, jurídico, artístico etc.), dentre os quais destacamos o "campo científico". E é postulando a independência deste que os "autonomistas" pretendem solucionar as questões epistemológicas, organizacionais, preferenciais, etc., do universo científico. Não se trata, segundo eles, de voltar ao modelo da "ciência pura", mas de estabelecer aquilo que Terry Shinn e Pascale Ragouet definem como uma "sociologia transversalista da atividade científica", ou seja, uma maneira de fazer com que esse campo, ao estabelecer mecanismos de regulação próprios, seja ao mesmo tempo autônomo e interdependente, criando uma relação com outros microcosmos sociais (campos econômico, político, etc.), mas sem fazer com que, nessa relação transversal, as disci-

CAPÍTULO 5 O DEBATE CONTEMPORÂNEO 175

plinas internas do campo científico percam sua independência e suas fronteiras, o que evita que sua capacidade de decisão desapareça (Shinn e Ragouet, 2005:145).

Se retomarmos os critérios de Weinberg, podemos perceber que, enquanto Gibbons, numa linha que foi marcada por Kuhn, vai levar ao extremo os fatores "exteriores", os "autonomistas", apesar de tentarem chegar num meio-termo, não deixam de ficar mais próximos dos fatores "interiores", o que marca uma herança mertoniana. Essa posição fica ainda mais evidente quando analisamos a relação dos "autonomistas" com a universidade. Afinal, na visão deles, a universidade é o *locus* privilegiado para se fazer uma síntese racional, como diz Michel Freitag (Freitag, 1995: 29), ou seja, o lugar para exercer não apenas essa independência do campo científico (no que toca à pesquisa), mas também a independência do *campo cultural* (no que cabe à educação, aos valores humanos, à racionalidade, etc.). Não se trata, como no caso de Gibbons, de querer contextualizar a universidade, inserindo-a na *Ágora*. Para os "autonomistas", o caráter institucional da universidade, essencial para a esfera pública, encontra-se no privilégio da sua independência, que possibilita a busca de um "projeto de sociedade", de um "projeto educativo", dos "valores "humanísticos", dos "valores universais" (Freitag, 1995: 59). As diferenças são enormes: enquanto Gibbons fala do "declínio da autoridade cognitiva" (Nowotny *et al.*, 2003: 236), o que justifica um consenso maior, os "autonomistas" têm uma visão epistemológica mais otimista, fazendo da universidade o campo privilegiado para se tomar determinadas decisões;[125] enquanto Gibbons pede uma pesquisa universitária voltada para as parcerias, para a produtividade, para o pragmatismo, para o "*problem solving*", os "autonomistas" dizem que ela deve ser "animada por esse esforço de síntese compreensiva que corresponde à ideia clássica da teoria, tanto nas ciências naturais como nas ciências humanas" (Freitag, 1995: 65), além da "paciente edificação de um ideal humano" (Freitag, 1995: 52).

Uma pergunta salta aos olhos: no meio dessa discórdia, onde fica a "participação"? Para respondê-la, é preciso analisar alguns aspectos político-sociais. Veremos que o "modelo participativo", apesar de mais próximo da

---

[125] Cf. Montlibert, 2004: 118-121. Nesse mesmo sentido, Michel Freitag lamenta a "perda da capacidade de síntese cognitiva, de orientação normativa e de harmonização expressiva através das quais uma coletividade de fato pode se situar, positivamente ou idealmente, na perspectiva de realização de valores civilizatórios (...)" (Freitag, 1995: 49).

HISTÓRIA DA UNIVERSIDADE

epistemologia de Gibbons, propõe uma outra alternativa, que não sucumbe aos riscos levantados por Freitag.

III. A questão político-social: uma escolha de todos?

> Eu me dei conta que, face à realidade, minha história era tão anódina quanto um cartão-postal de férias.
>
> John Le Carré, posfácio da edição francesa de *The Constant Gardner*, p. 518.

No seu famoso romance, John Le Carré denuncia algumas das grandes empresas farmacêuticas, cujos interesses econômicos as conduzem a manipular exames e a esconder os efeitos colaterais de remédios. Le Carré mostra como esses remédios são testados de forma ilegal em algumas regiões da África, num conluio que envolve cientistas, empresários, políticos e organizações internacionais, na busca de lucros extraordinários, colocando em risco a vida de muitas pessoas. O livro de Le Carré é revelador de como nossos campos, para recuperar a noção bourdieusiana, estão contaminados, e de como essa lógica perversa, levada ao extremo em diversos setores, pode ter consequências devastadoras.

Será que nossas instituições sociais estão preparadas para enfrentar esses desafios? De que forma a reformulação da política, nesse começo do século XXI, pode nos trazer algumas luzes? Nesse caso, teria a universidade um papel decisivo?

§1. A "sociedade do risco": uma nova modernização?

No seu prefácio à edição francesa de *A sociedade do risco*, Bruno Latour nos chama a atenção para a inovação da obra de Beck: não se trata, nos diz ele, apenas da ameaça das novas tecnologias ou do progresso da indústria; em Beck, temos que entender a noção de risco num sentido muito mais amplo, ligado a toda a condição social. Como afirma o próprio Beck:

> Diferentemente de todas as épocas que a precederam, a sociedade do risco se caracteriza antes de tudo por uma *falta*: a impossibilidade de associar as situações de ameaça a outras causas *externas*. Ao contrário de todas as culturas e todas as fases de evolução anterior, a sociedade é hoje *confrontada a ela mesma* (Beck, 2001: 8).

A obra de Beck representa um marco na "sociologia do risco". Publicada em meados dos anos 1980, poucos meses depois do acidente de Chernobyl, ela traz uma análise detalhada das transformações desta noção: afinal, se antigamente o "risco" era uma questão *pessoal*, circunscrita no tempo e no espaço – como no caso de Colombo, nos diz Beck –, hoje, grande parte da perspectiva de progresso científico e das novas descobertas implicam a própria existência da humanidade (Beck, 2001: 39).

Beck apresenta um quadro analítico baseado na transição da primeira modernidade, "industrial", para a segunda, que ele denomina de "modernidade reflexiva". Enquanto a principal questão da primeira era a "repartição da riqueza", ou seja, "como a riqueza socialmente produzida pode ser repartida de maneira socialmente desigual e "legítima" ao mesmo tempo?" (Beck, 2001: 36); na segunda, com um aumento da perspectiva de risco, a "lógica de repartição de riquezas" vai cedendo espaço à "lógica de repartição de riscos" (Beck, 2001: 337), fazendo com que a principal pergunta passe a ser: "como os riscos e as ameaças que são sistematicamente produzidos (...) podem ser suprimidos, diminuídos, dramatizados, canalizados (...), de forma que eles não iperturbem o processo de modernização avançada, nem ultrapassem o limite do que é 'tolerável' (de um ponto de vista ecológico, medical, psicológico, social)?" (Beck, 2001: 36).

Para Beck, a "racionalidade econômica liberal" continua sendo uma das principais ameaças. Se na "primeira modernidade" ela engendrava o slogan "eu tenho fome", na "modernidade reflexiva", o slogan torna-se "eu tenho medo" (Beck, 2001: 90). Ou seja, "na produção do risco, o capitalismo desenvolvido absorveu a força de destruição da guerra" (Beck, 2001: 101). Beck, na verdade, critica a noção de progresso: enquanto a retórica "progresso técnico é igual a progresso social" continuar sendo mundialmente aceita, denuncia ele, o *"progresso* [seguirá como] *um substituto da votação"* (Beck, 2001: 401). Para Beck, essa lógica é extremamente perigosa: não apenas ela cria situações em que, "no caso da dúvida, deve-se preferir o progresso, o que significa dizer, no caso da dúvida, melhor virar os olhos" (Beck, 2001: 39), como ela acaba por guiar a "racionalidade científica", fazendo da capacidade de gerar o progresso quase que sua exclusiva razão.

Muito pelo contrário, Beck defende mecanismos institucionais que possam *frear* o progresso, pelo menos fazer com que ele se torne mais reflexivo (Beck, 2001: 396). Ele condena o monopólio da ciência para definir a *racionalidade do risco*, argumentando que as novas condições do desenvolvimento nos colocam face a questões do tipo "quem somos nós?" ou "qual o nosso futuro?", questões que excedem, largamente, o campo das ciências. Recuperando a fórmula de Popper – "crítica igual a progresso" –, Beck defende um alargamento institucional para a "definição do risco" ou a "definição do progresso", projeto para o qual as ciências sociais podem contribuir de forma importante (Beck, 2001: 397). "Constatar a existência de riscos, nos diz ele, é realizar uma simbiose ainda desconhecida, sem ter sido explorada, entre ciências naturais e ciências humanas, entre racionalidade da vida cotidiana e racionalidade dos *experts*, entre interesse e realidade" (Beck, 2001: 52).

§2. Um exagero? A "sociedade do conhecimento" e a "sociedade da informação"

O livro de Beck foi extremamente importante. Como aponta Patrick Peretti-Watel, não apenas ele sublinhou o risco das tecnologias emergentes (nuclear, biológica, transgênica...), como denunciou a união "ilegítima" da ciência com os interesses políticos e econômicos (Peretti-Watel, 2001: 17). Além disso, Beck fez uma ponte entre a antiga crítica da Escola de Frankfurt e as novas condições do risco, abrindo uma série de debates, notadamente com Anthony Giddens e Scott Lash (Beck *et al.*, 1994). Não há dúvidas de que essa nova *reflexividade* – advogada por Beck e seus pares – teve uma grande influência no começo dos anos 1990. A realização da ECO-92, consagrando o conceito de "desenvolvimento sustentável", foi sem dúvida o maior exemplo.

O debate, no entanto, estava longe de criar consenso. Perguntas, como "qual o grau da *reflexividade*?", "qual o *locus* prioritário para sua realização?", "qual o nível de regulação dos interesses econômicos?", passaram à ordem do dia, provocando discursos assimétricos. Designações como "*eco-warriors*" ou "neolúdicos" surgiram, de forma pejorativa, denunciando argumentos extremistas, fossem eles exagerando os "fatores de risco" ou a desconfiança com relação aos "interesses econômicos". Michel Gibbons, por exemplo, sobretudo no seu livro com Helga Nowotny e Peter Scott, é um dos que adotam esse discurso, e é a partir dele que gostaríamos de esclarecer o tema.

Gibbons faz uma diferença entre *sociedade do conhecimento* e *sociedade do risco*, propondo superar essa dicotomia, por meio de uma *sociedade de informação*, inserida no contexto do Modo 2 (Nowotny *et al.*, 2003: 26-33). Para Gibbons, a primeira delas, a *sociedade do conhecimento*, está diretamente ligada às mudanças no modo de produção do conhecimento científico, acentuando a importância do progresso, do desenvolvimento técnico, da relação econômica, etc. (Nowotny *et al.*, 2003: 27). Ou seja, trata-se da mesma racionalidade que Beck denunciava, sobretudo no que toca à "cegueira dos interesses do capital" (Beck, 2001: 115). Para Gibbons, a *sociedade do conhecimento* é "esquemática, linear e otimista" (Nowotny *et al.*, 2003: 33), podendo ser identificada com a explosão tecnológica da era pós-industrial (Nowotny *et al.*, 2003: 27).

Já a *sociedade do risco*, nos diz Gibbons, possui uma abordagem sociocultural baseada no ponto de vista dos consumidores e dos cidadãos, que colocam em dúvida a produção do conhecimento científico, afirmando que sua lógica é comercial e não cultural, e que os riscos produzidos por ela são incontroláveis, sobretudo no que toca à ética, às desigualdades sociais e ao meio ambiente (Nowotny *et al.*, 2003: 33). Para Gibbons, a *sociedade do risco* é "discursiva, difusa e sinistra" (Nowotny *et al.*, 2003: 33), podendo ser identificada sobretudo a partir da obra de Beck (Nowotny *et al.*, 2003: 33).

Gibbons critica essas duas vertentes, que ele chama de simplistas, propondo uma "terceira via", que ele denomina de *sociedade da informação* (Nowotny *et al.*, 2003: 26-27). Como era de esperar, esta é associada ao conceito de Modo 2, ao qual já fizemos referência, sobretudo no que toca à "robustez" da produção do conhecimento, ou seja, sua contextualização no seio da *Agora*. Mas é interessante notar que, apesar de criticar tanto a *sociedade do conhecimento* como a *sociedade do risco*, Gibbons não deixa de tomar partido pela primeira – "mais compatível com o Modo 2" (Nowotny *et al.*, 2003: 34) – e de atacar de forma excessiva – ele chama de "histeria coletiva" (Nowotny *et al.*, 2003: 33) – a segunda. Será essa "preferência" reveladora?

Mostramos o quanto a proposta de Gibbons para as universidades (e para o ensino superior em geral) era voltada para um *economically-oriented paradigm*. A crítica desmesurada à *sociedade do risco* ("muito fluida, muito alusiva, muito regressiva") (Nowotny *et al.*, 2003: 37), sobretudo no que toca às denúncias da relação ciência-capital, mostra que esse paradigma econômico deve orientar a ciência como um todo, que a "confiabilidade" à qual ele fazia alusão se torna um pragmatismo em favor da produção. Afinal, se o Modo 2 sugere uma contextualização do conhecimento na *Agora*, por que ridicularizar os discursos críticos que aparecem? Se o núcleo epistemológico é vazio ou sobrecarregado (como ele mesmo diz), por que ignorar os argumentos que pedem mais precaução? Qual a legitimidade dessa decisão?

180 HISTÓRIA DA UNIVERSIDADE

A verdade é que existe uma enorme contradição no discurso de Gibbons. Ele não pode defender um alargamento da esfera pública, pedir mais reflexividade (ou "robustez") das decisões, e depois simplesmente descartar um argumento, em nome de um pragmatismo da ação (Nowotny *et al.*, 2003: 291). Gibbons tenta "esconder", mas esse pragmatismo é a racionalidade econômica, cuja relação com a ciência não parece incomodá-lo: "Nada nos permite pensar – nos diz ele – que a ciência está a ponto de ceder ao imperativo do lucro da economia mundial" (Nowotny *et al.*, 2003: 299). Será?

§3. O caso da energia nuclear: corroborando a "sociedade do risco"?

Gostaríamos de mostrar pelo menos um exemplo, clássico, de como essa relação entre ciência e capital é perigosa, e de como o desenvolvimento tecnológico vem nos conduzindo a uma "sociedade do risco", ao contrário do que pensam Gibbons e seus seguidores.

Apesar de ser um assunto polêmico, envolto numa série de controvérsias, o uso da energia nuclear parece cada vez mais "pacífico", sobretudo nos grandes meios de comunicação. Como nos mostra a Dra. Helen Caldicott, ex-professora da Universidade de Harvard, as palavras "limpa", "segura", "economicamente viável" têm invadido de tal forma a esfera pública que as pessoas acabam absorvendo um discurso, sem levar em conta os argumentos contrários (cf. Caldicott, 2006: vi-xvi). Por que isso acontece?

Já nos anos 1970, no livro *The Menace of Atomic Energy*, Ralph Nader e John Abbotts nos davam as primeiras pistas (Nader e Abbotts, 1977). Eles mostravam como, nos Estados Unidos, a *Atomic Energy Commission* (AEC) vinha promovendo o uso de energia nuclear para fins pacíficos, publicando uma série de relatórios científicos favoráveis. Grupos independentes, no entanto (como o *National Council of Radiation Protection* e a *International Commission on Radiological Protection*), passaram a questionar os estudos da AEC, levantando hipóteses acerca dos riscos relacionados ao uso dessa matriz energética. Com a pressão, a AEC acabou tendo que aprofundar a questão, pedindo uma série de estudos suplementares. Dentre os designados para analisar o assunto estavam John Gofman e Arthur Tamplin, dois dos mais reconhecidos cientistas da área. Passados alguns meses, o relatório deles indicou o seguinte: 1) o problema da radiação era muito mais perigoso do que se imaginava; 2) haveria 20 vezes mais mortes por causa de câncer e leucemia do que o previsto antes; 3) foi subestimado o risco dos danos genéticos. Como era de se esperar, as conclusões de Gofman e Tamplin não agra-

CAPÍTULO 5 O DEBATE CONTEMPORÂNEO   181

daram aos membros da AEC, que tinham outros pareceres favoráveis ao uso da energia nuclear. O que aconteceu? Além de o estudo deles ter sido ignorado, os dois homens perderam a verba para suas pesquisas pessoais e foram desligados do Lawrence Radiation, laboratório do qual faziam parte. Pouco tempo depois, num livro intitulado *Poisoned Power*, Gofman e Tamplin resumiram da seguinte forma a experiência:

> Toda a indústria da energia nuclear foi desenvolvida debaixo de um conjunto de falsas ilusões de segurança e economia. Não apenas uma total falta de apreciação dos perigos de radiação para o homem, mas uma total ausência de sinceridade no que toca aos riscos de acidentes sérios (*apud* Nader e Abbotts, 1977: 70).

A lógica, então, parece simples: enquanto as pesquisas favoráveis vão ganhando apoio financeiro e visibilidade, aquelas que levantam dúvidas vão perdendo suas verbas, tornando-se cada vez mais escassas. Francis Chateauraynaud e Didier Torny, num livro que trouxe uma enorme polêmica, nos chamam a atenção para os riscos dessa relação de causa e efeito, que envolve uma série de interesses (lobbyistas, políticos, empresas, etc.): "quando nos aventuramos no terreno do nuclear, temos a impressão de que o jogo já está feito e que chegamos bem depois da batalha" (Chateauraynaud e Torny, 1999: 197). Assim, Chateauraynaud e Torny alertam que, apesar dos diversos *whistleblowers*,[126] vindos de diferentes comunidades científicas, a questão do risco da energia nuclear continua sendo subestimada, respondendo apenas a interesses econômicos pragmáticos (cf. Chateauraynaud e Torny, 1999, Introdução).

Nos últimos anos, Helen Caldicott talvez tenha sido a pessoa que mais tem se destacado na luta contra a falsa propaganda nuclear. Logo na introdução do seu famoso *Nuclear Power is Not the Answer*, ela faz referência a uma passagem do discurso de George W. Bush, visando desconstruí-lo ao longo do livro: "As 103 centrais nucleares na América – dizia o presidente norte--americano – produzem 20% da eletricidade da nação, sem produzir um grama de poluição ou gases que contribuem para o efeito de estufa" (*apud* Caldicott, 2006: vi).

Caldicott mostra a incoerência dessa afirmação. Segundo ela, além de uma enorme quantidade de energia fóssil ser necessária durante todo o pro-

---

[126] O termo "*whistleblowers*" (em português, "lançador de alerta") é usado na ciência nos casos de denúncia de má conduta.

cesso da cadeia nuclear (mineração, moagem, conversão, enriquecimento, construção, desmantelamento, resfriamento, limpeza, transporte, distribuição, armazenamento...), o simples uso de CFC, durante algumas etapas do procedimento, já produz efeitos que danificam, de maneira drástica, a camada de ozônio. Caldicott cita um estudo de Jan Willem Storm van Leeuwen e Philip Smith ("Nuclear Power – the Energy Balance"), no qual os autores afirmam que "o uso da energia nuclear causa, no final do percurso e nas condições mais favoráveis, aproximadamente o mesmo que um terço de dióxido de carbono ($CO2$) que seria produzido com produção feita com a queima de gás" (Caldicott, 2006: 6).

As críticas de Caldicott não param por aí. Ela também ataca a Nuclear Regulatory Commission (NRC), devido ao grau de radiação que é permitido durante as várias fases da produção da energia nuclear. Caldicott cita, como exemplo, um estudo de Richard Monson e James S. Cleaver ("Low Levels of Ionizing Radiation May Cause Harm"), em que os autores afirmam que um em cada cinco trabalhadores terão tendência a desenvolver câncer, caso o critério do grau de radiação continue sendo o mesmo (Caldicott, 2006: 44-45). Além disso, a longo prazo, afirma Caldicott, os resíduos podem contaminar os rios e a cadeia alimentar, trazendo riscos de câncer, leucemia e doenças genéticas para as gerações futuras.

É importante lembrar também toda a controvérsia em torno do armazenamento do lixo nuclear, cuja radioatividade pode atingir mais 200.000 anos. A pergunta óbvia que nos vem à mente, diz Fritjof Capra, é se podemos prever alguma coisa, numa escala de tempo tão longa, face a um material tão perigoso (Capra, 1982: 238). O recente vazamento em Kashiwazaki-Kariwa (maior central do mundo, no Japão), após um terremoto, é revelador dos riscos a que estamos expostos, face aos fenômenos naturais, que ainda incluem aumento do nível do mar, vendavais, tsunamis etc.

Podemos observar, então, que são diversas as questões – pelo menos dúvidas pertinentes, vindas de pessoas com legitimidade – acerca dos riscos do uso da energia nuclear e como os interesses econômicos parecem sobrepor-se a qualquer perspectiva de debate. O Brasil, recentemente, decidiu retomar seu programa, com a finalização da usina de Angra 3. O Conselho Nacional de Política Energética (CNPE) realizou uma votação com representantes de vários ministérios. O resultado foi 9 votos favor contra 1, sendo o voto contrário o da ministra do Meio Ambiente. As perguntas que devem ser feitas são as seguintes. Diante de um tema tão controverso, que envolve diferentes riscos, até que ponto 10% é relevante? Ao contrário do ocorrido, seria possível fazer com que decisões desse tipo passassem pelo crivo da sociedade? Para tanto, estaria o segredo numa releitura da nossa concepção de política?

§4. O mal-estar da política: uma nova oportunidade?

> Eu vou parar de fazer política quando os políticos pararem de nos fazer rir.
>
> Coluche, *apud* filme *Coluche, l'histoire d'un mec* (2008).

Quando Coluche decidiu se lançar à Presidência da França, em 1981, tudo não passava de uma brincadeira. Inspirando-se na sátira grega, o humorista francês vinha fazendo diversos *sketches*, ridicularizando e denunciando os políticos de sua época. Mas quando Coluche, depois do seu famoso discurso (convocando "aqueles que não contam para os políticos") passou a ter 15% das intenções de voto, correndo o risco de passar ao segundo turno, as coisas passaram a ficar sérias. Após sofrer diversas pressões, sobretudo dos aliados de Mitterrand, Coluche acabou desistindo da candidatura. Seu gesto, porém, ilustrava um mal-estar com a política representativa, algo que vem crescendo em quase todos os países do mundo.

As raízes desse mal-estar são antigas e elas não se restringem aos representantes eleitos pelo sufrágio universal. Trata-se, na verdade, de uma crítica mais profunda, envolvendo toda a estrutura da democracia liberal, ou seja, a forma clássica de organização política que foi se consolidando no Ocidente, depois das chamadas Revoluções Liberais. De forma breve, no que consiste esse modelo?

A base para a compreensão, não há dúvidas, passa pelas teorias do "contrato social", de Hobbes, Locke e Rousseau. A ideia de sair de um "estado da natureza", identificado com a Idade Média, entrando num "estado de direito", identificado com a Modernidade, foi precursora para a consolidação das futuras democracias. O segundo princípio, a separação dos poderes, de Locke e Montesquieu, viria em seguida como um dos artifícios para se evitar as formas totalitárias do "contrato social", como no caso do Leviatã hobbesiano. Assim, as democracias liberais, com suas devidas nuances, foram estabelecendo seus sistemas de *checks and balances*, fazendo do Legislativo, do Executivo e do Judiciário as bases de sua organização social. Como mostra Boaventura de Sousa Santos, esse paradigma político da Modernidade, somado ao advento do capitalismo, foi a consolidação do projeto iluminista: contrário ao *Ancien Régime*, seu objetivo era criar ou racionalizar um sistema de equilíbrio entre regulação social e emancipação social, que, fazendo jus ao lema "liberdade, igualdade e fraternidade", pudesse atender ao interesse geral da Nação (cf. Santos, 2001: 47-54).

As críticas, no entanto, logo começaram a aparecer. Anarquistas, comunistas, socialistas, diversos foram os movimentos que denunciaram o "caráter burguês" das revoluções, alertando para o isoformismo político-econômico, ou seja, a reprodução da lógica do capital nas instituições de poder. Assim, dizia Marx:

> (...) na produção social da sua existência, os homens estabelecem relações determinadas, necessárias, independentes da sua vontade, relações de produção que correspondem a um determinado grau de desenvolvimento das forças produtivas materiais. O conjunto destas relações de produção constitui a estrutura econômica da sociedade, a base concreta sobre a qual se eleva uma superestrutura jurídica e política e à qual correspondem determinadas formas de consciência social (Marx, 1997: 23).

Ou seja, para Marx, a política é condicionada pelas relações econômicas. A organização do Estado, distante dos valores republicanos, atendia aos interesses da classe dominante. "O Estado, a ordem política – dizia ele –, é o elemento subordinado, enquanto a sociedade civil, *o reino das relações econômicas*, é o elemento decisivo" (*apud* Bobbio, 1982: 30-31). Essa crítica foi extremamente importante: não apenas ela abriu espaço para uma mudança nas relações de trabalho – o "capitalismo organizado", conforme vimos –, como ela questionou esse espaço cinzento, a "sociedade civil", que contribuía para a formação dos interesses do Estado. Essa visão de Marx sobre a "sociedade civil" (identificada, sobretudo, com o campo econômico) é bastante peculiar, diferindo muito da nossa compreensão atual. Mas foi a partir dela – principalmente com a nova interpretação de Gramsci, um pouco mais tarde – que seria aberto um longo debate sobre o assunto, debate que está no centro das transformações da organização política contemporânea. Como disse Santos, a definição do que vem a ser a "sociedade civil" é um campo privilegiado da atual batalha política (Santos, 2006: 291).

De forma resumida, podemos observar duas tendências majoritárias: uma na esquerda (com os novos movimentos sociais) e outra na direita (com as teorias da *governance*, associadas ao movimento neoconservador). Em ambos os casos, a "sociedade civil" passou a ser uma solução para o mal-estar da democracia liberal. No que toca à primeira, com o surgimento dos novos movimentos sociais (NMSs), tanto na Europa como na América Latina, apareceram novas formas de ação política, social, econômica, cultural, independente do Estado e do mercado, que foram se multiplicando, sobretudo a partir dos anos 1960. Apesar da variedade de temas, que iam da ecologia à reforma agrária, passando pelos direitos das minorias, os NMSs tinham em comum uma visão crítica do capitalismo e dos modos clássicos de representação política, sem que isso degenerasse numa atitude revolucionária, nos moldes do marxismo-leninismo (Santos, 1995: 258). Muito pelo contrário, os NMSs agregavam coletividades autônomas, que buscavam fazer valer seus pontos de vista, dentro de uma perspectiva de esfera pública alargada. A novidade, como disse Alain Tourraine, um dos seus principais analisadores, é que esses novos atores "não se contentavam em reagir às situações, mas as produziam igualmente" (Touraine, 1984: 69).

Outro fator importante, para o advento dos NMSs, foi a crescente burocratização do Estado, que impedia a equalização de diversas questões sociais. Se Max Weber, no começo do século XX, exaltava essa racionalidade burocrática – a "gaiola de metal" das regras e do controle racional –, esse discurso foi perdendo cada vez mais sua legitimidade. Ainda em 1843, Marx já desconfiava da ideia de que a burocracia poderia ser um instrumento neutro a serviço do universal, mas nada como os labirintos de Kafka, em *O processo*, para criticar o imobilismo do aparelho estatal. Ou seja, as engrenagens da máquina imaginada por Weber (hierarquia, regras, legalidade, racionalidade), ao invés de contribuírem para a eficiência, para o progresso, foram se tornando amarras tão consistentes, muitas vezes contraditórias, que não tardou que a palavra "burocracia" ganhasse um sentido pejorativo, que nela permanece impregnado até hoje.

Esse imobilismo contribuiu então para a emergência dos NMSs, que passaram a atuar lá onde o Estado era incapaz, mas contribuiu também para emergência de uma outra interpretação da "sociedade civil", ligada à eficiência do mercado, por parte do "projeto neoconservador". Essa matriz ideológica, próxima do neoliberalismo, defende uma concepção mínima do Estado, visando sanar aqueles efeitos nefastos da burocratização. Essa racionalidade do mercado, no entanto, não se limita a reger o Estado (como, por exemplo, nas teorias da *governance*),[127] mas ela se aplica também às organizações da "sociedade civil", que aparecem como um "complemento social", em sintonia com a nova ordem econômica.

Ao contrário dos NMSs, essa concepção não assume uma visão crítica do capitalismo, nem da forma representativa da democracia liberal.[128] Sua genealogia passa pela "cultura da filantropia", conforme vimos anteriormente. Não é por acaso que John D. Rockfeller se intitulava um dos criadores do conceito de "terceiro setor":

> Nós, americanos, sempre nos orgulhamos da vitalidade de nosso país. No entanto, frequentemente deixamos de reconhecer uma das principais razões da nossa vitalidade: o fato de que desenvolvemos, no decorrer dos mais de dois séculos de nossa existência, um notável sistema de três setores. Dois setores são instantaneamente reconhecíveis para todos: o mercado e o governo. Mas o terceiro é tão negligenciado e tão pouco compreendido, que fico tentado a chamá-lo de "setor invisível". O terceiro setor é o setor privado sem fins lucrativos (*apud* Montaño, 2003: 53).

Essa definição, porém, esconde algumas divergências. Fica difícil distinguir, ao falar de "setor privado sem fins lucrativos", as diferenças ideológicas que tangem a "sociedade civil". Assim, o "terceiro setor", termo que vem sendo adotado de forma corrente, aparece de forma neutra, fazendo referência aos diversos atores (associações comunitárias, movimentos sociais, ONGs, entidades beneficentes, associações profissionais, igrejas, fundações de empresas etc) que passaram a compor a esfera pública, sobretudo a partir da segunda metade do século XX. Mas é nas relações dos três setores (Estado, mercado, sociedade civil), nas suas interfaces, que vão aparecer as contradições; e é aqui, mais uma vez, que devemos ficar atentos aos riscos dos excessos da proposta neoliberal.

Jean Planche, por exemplo, nos chama a atenção para o fato de as grandes organizações internacionais, como o Banco Mundial, patrocinarem apenas projetos – envolvendo a "sociedade civil" – que estejam em sintonia com a sua linha de pensamento. Seus critérios de escolha, nos diz Planche, são bas-

---

[127] Cf. Osborne e Gaebler, 1994. Os autores pedem uma *Perestroika*, no sentido de que um novo *governo empreendedor*, fazendo uso sobretudo da concorrência, maximize sua produtividade e sua eficiência.

[128] Ou, pelo menos, minimiza essas críticas.

tante subjetivos: o Banco fala de "legitimidade, capacidade, representatividade", mas deixa de fora, por exemplo, todas as iniciativas que envolvam sindicatos, seja quais forem os seus fins (Planche, 2007: 73). Joseph Stiglitz, da mesma forma, coloca em questão os critérios de escolha do Banco Mundial e do FMI, denunciando seu alinhamento com a ideologia do Consenso de Washington. Ele cita um caso simples, mas representativo, de como há um dogma neoliberal direcionando os projetos que envolvem a "sociedade civil". Trata-se de uma iniciativa de uma Organização Não Governamental, em Marrocos, que desenvolveu um programa de criação de galinhas em aldeias de baixa renda. O programa previa que o governo local doasse os pintinhos, com sete dias de vida, o que começou a ser feito, trazendo resultados positivos. Pressionado pelo FMI, no entanto, o governo parou de doar os pintinhos, sob alegação de que já havia condições para que o mercado passasse a fornecê-los. Isso foi feito nos primeiros meses, mas logo depois o mercado passou a recusar a dar garantia sobre a morte dos pintinhos, pedindo um preço adicional, o que acabou inviabilizando a continuidade do projeto (Stiglitz, 2002: 86-87).

O que está em jogo, então, é uma ideologia. Por meio da "sociedade civil", dependendo da forma como ela é promovida, pode-se favorecer diferentes visões do mundo, ambas aspirando a uma nova forma de organização social, capazes de sanar os problemas da antiga. Como afirma Claus Offe, as duas visões da sociedade civil (do projeto neoconservador e dos movimentos sociais) têm em comum a ideia de que não podemos resolver as contradições da sociedade industriais avançadas por meio do estatismo:

> O projeto neoconservador tenta restaurar os fundamentos não políticos, não contingentes, e incontestáveis da sociedade civil (como a propriedade, o mercado, a ética do trabalho, a família, a verdade científica), com o objetivo de conservar uma esfera autoritária restrita ao Estado – e por consequência mais sólida – e instituições políticas menos sobrecarregadas. Em contraste com essa posição, os novos movimentos sociais tentam politizar as instituições da sociedade civil de maneira não restrita pelos canais das instituições políticas, ao mesmo tempo representativas e burocráticas (*apud* Tejada, 1998: 23).

Essa distinção, de fato, é extremamente importante. Ela revela uma clivagem no cenário político contemporâneo, que possibilita a construção de diferentes quadros analíticos. Com relação à universidade, por exemplo, não há dúvidas de que o Modo 2 é mais compatível com uma visão neoconservadora da "sociedade civil". E, se já mostramos, nos capítulos anteriores, alguns dos riscos que essa ideologia representa, começa a ficar claro onde irá se encaixar o "projeto participativo". Qual seria então a ideia de "sociedade civil" em que esse modelo de universidade se apoiaria?

§5. A "sociedade civil" como emancipação: a teoria de Habermas como ponto de partida

Nessa tentativa de reconstruir a democracia liberal, dentro de uma perspectiva da "sociedade civil" mais próxima à dos movimentos sociais, Habermas talvez tenha sido o autor que mais se destacou, ou, pelo menos, aquele que exerceu maior influência no mundo ocidental. Mesmo que sua obra não apresente, como mostraram Arato e Cohen, uma teoria da "sociedade civil", o quadro analítico habermasiano, sobretudo no que toca a suas reflexões a respeito do "mundo da vida", traz as ferramentas necessárias para tanto (Arato e Cohen, 1994: 151-153).

Habermas, como é notório, foi herdeiro da Escola de Frankfurt. Ao contrário dos seus antecessores, porém, ele não se limitou a fazer uma "teoria crítica", de origem neomarxista, construindo também uma nova "teoria da sociedade". O grande mérito de Habermas foi superar, ao mesmo tempo, o pessimismo da Escola, que anunciava a "morte da razão", e o quadro analítico de Marx, que tinha nas relações de trabalho o seu eixo principal. Com a "ação comunicativa", baseada no uso pragmático da linguagem, Habermas acentuou a importância do "discurso público", numa tentativa de reinventar a democracia liberal.

O conteúdo crítico de Habermas, então, dá sequência aos trabalhos de Horkheimer, Adorno e Marcuse. Nesse sentido, destacam-se a crítica do positivismo (o excesso de confiança na ciência e no progresso), a crítica da racionalidade (seja o excesso de intrumentalização da razão ou seu caráter totalizante) e a crítica do capitalismo (seus efeitos perversos na cultura e nas desigualdades sociais), sendo que essas três esferas apresentam diversos pontos de intercessão. Habermas dará ainda uma atenção especial à democracia, também de forma crítica; mas será sobretudo a partir dessa reflexão, distanciando-se das posições "clássicas" da Escola de Frankfurt, que ele irá propor uma nova teoria.

Assim, no seu livro *Mudança estrutural da esfera pública*, Habermas lamenta o empobrecimento da democracia, reduzida cada vez mais às pesquisas de opinião pública. Como nos mostra Stéphane Haber, Habermas não acredita

CAPÍTULO 5 O DEBATE CONTEMPORÂNEO   189

que essa forma de democracia seja capaz de captar a complexidade do contexto social. Há não somente um abandono do "problema de classes", que leva ao conformismo do *status quo*, como uma manipulação permanente, que impede a formação de uma verdadeira opinião pública (Haber, 2001: 26-28). Habermas buscará substituir essa estrutura política, ancorada numa representatividade de laços estreitos com o capitalismo, por uma nova teoria democrática, baseada na concepção de um alargamento da esfera pública. O que Habermas busca fazer é resgatar os sujeitos históricos, não deixando que eles se reduzam a agregados separados emitindo uma opinião. Muito pelo contrário, essa nova esfera pública é "o lugar onde as interpretações e as aspirações em questão se manifestam e ganham consistência aos olhos de cada um, se interpretando, entrando em sinergia ou conflito" (Haber, 2001: 33).

É a partir dessa vontade de democracia radical, nos remetendo um pouco a Rousseau, que Habermas irá desenvolver aquele que talvez seja seu livro mais famoso, *A teoria do agir comunicativo*. Seu quadro analítico, no entanto, parte da questão da racionalidade, no sentido de indagar até que ponto esta pode ter um valor universal. Habermas nega as tentativas da teoria social moderna, como no caso da filosofia da consciência (Descartes, Kant) e da racionalidade cognitivo-instrumental (Weber), nos propondo uma racionalidade comunicativa, baseada na linguagem. Como afirmam Sérgio Rouanet e Bárbara Freitag, referindo-se ao pensamento de Habermas:

> Verdadeira não é uma afirmação que corresponde a um objeto ou a uma relação real, mas uma afirmação considerada válida num processo de argumentação discursiva. A verdade não tem que ver com conteúdos, e sim com procedimentos: aqueles que permitem estabelecer um consenso fundado (*apud* Gustin, 1999: 167).

Essa racionalidade em movimento será a base do pensamento de Habermas. Ela permite que os sujeitos tomem consciência de si mesmos, fazendo sua própria história, aprendendo a viver em comum. Habermas lamenta o fato de que esse processo estivesse se tornando cada vez mais escasso, dando voz a uma racionalidade instrumental crescente e a uma burocratização das relações pessoais. É aqui então que ele propõe a dicotomia "mundo sistêmico" e "mundo da vida". Se o primeiro está ligado a essa reificação da sociedade, sobretudo por meio do positivismo, do fenômeno da juridificação e dos efeitos perversos do capitalismo, o segundo está ligado à interação na sociedade, por meio de processos discursivos,

190 HISTÓRIA DA UNIVERSIDADE

em que os locutores e ouvintes criam contextos sociais de vida através de elementos simbólicos diversificados sob a forma de expressões imediatas (atos de fala ou de ações cooperativas), de sedimentação dessas expressões imediatas (obras de arte, textos, documentos, técnica, tradições, etc.) e sob a forma de elementos mediatos (instituições, estruturas de personalidade, sistemas sociais) (Gustin, 1999: 179).

Para Habermas, a patologia do mundo consiste na colonização do mundo da vida pelo sistema. Ele não nega a interpenetração desses dois mundos, que deveriam se completar, mas lamenta que o "mundo sistêmico" esteja imobilizando a sociedade, impedindo que ela interaja de maneira reflexiva. Habermas propõe então uma "descolonização do mundo da vida", acreditando que, com o aumento das relações interpessoais e intergrupais, por meio da ação comunicativa, haverá maior solidariedade, espontaneidade e cooperação entre os indivíduos. O projeto de Habermas converge assim para a emancipação social, um quase sinônimo de democracia.

Os trabalhos de Habermas teriam enorme repercussão. Eles se tornariam referência obrigatória para aqueles que buscavam uma nova teoria da sociedade, capaz de fugir das amarras tanto do Estado como do mercado, ou seja, uma visão que correspondia à tentativa de reconstruir a democracia liberal dentro de uma perspectiva da "sociedade civil" ao mesmo tempo próxima dos novos movimentos sociais e distante do movimento neoconservador. Dentre os que sofreram essa dupla influência (de Habermas e do contexto em torno da emergência dos NMSs), Boaventura de Sousa Santos foi um dos que mais se destacaram.[129] Ele fala da necessidade de criar "um terceiro setor, situado entre o Estado e o mercado, que organize a produção e a reprodução (a segurança social) de forma socialmente útil através de movimentos sociais e organizações não governamentais (ONG's), em nome de uma nova solidariedade ditada pelos novos riscos contra os quais nem o mercado nem o Estado pós-intervencionista oferecem garantia" (Santos, 2001: 157). Santos alerta, no entanto, que a maneira como esse terceiro setor vem sendo criado reproduz uma lógica de poder:

Assim se explica que a maior parte das recentes propostas para conferir poder à sociedade civil redunde em desarme social e político para a maioria dos cida-

---

[129] Há, contudo, diversas diferenças entre o pensamento de Santos e o pensamento de Habermas. Cf., por exemplo, Santos, 2001: 368-369.

dãos: o poder que aparentemente se retira ao Estado para o dar a sociedade civil continua a ser, de facto, exercido sob a tutela última do Estado, apenas substituindo, na execução directa, a administração pública pela administração privada e, consequentemente, dispensando o controlo democrático a que a administração pública está sujeita. A lógica privada, que é quase sempre a lógica do lucro, combinada com a ausência de controlo democrático, não pode deixar de agravar as desigualdades sociais e políticas (Santos, 2001: 174).

O que Santos irá propor, na tentativa de criar esse espaço emancipatório, é um "Estado como novíssimo movimento social" (cf. Santos, 2006: 363--372). O que ele quer dizer com isso é o seguinte. "Ao contrário da concepção do *Estado-empresário*, que explora os isoformismos entre o mercado e o Estado, esta concepção explora os isoformismos entre a comunidade e o Estado" (Santos, 2006: 363). Ou seja, ao contrário de uma concepção da "sociedade civil" baseada no movimento neoconservador, ele pede uma concepção da "sociedade civil" baseada na lógica dos novos movimentos sociais. O papel do Estado, nesse caso, seria o de um "Estado-articulador" e de um "Estado-experimental", que colocasse em prática as relações entre "sociedade civil", instituições, mercado, movimentos sociais etc., não da forma como vem sendo feito (eminentemente regulatória), mas numa outra perspectiva (eminentemente emancipatória). Seria aqui, por meio do financiamento do Estado, que as universidades poderiam ter um papel importante?

§6. O lugar da universidade na nova organização política

Em *Teoria e prática*, Habermas também se questionava a respeito do papel da universidade face às mudanças sociais que vinham ocorrendo. Para ele, era importante que a universidade guardasse sua autonomia, não ficando subordinada nem aos interesses estratégicos do Estado (que a financiava) nem aos interesses do mercado (que também passava a investir através de parcerias): "Qualquer que seja a maneira como são organizados os contatos entre a Universidade de uma parte, o Estado e a sociedade de outra (...), a Universidade deve obter a possibilidade de conduzir a formação de uma vontade política se interessando às questões importantes do ponto de vista prático" (Habermas, 1975: 389). Assim, se imaginarmos o alargamento da esfera pública proposto por Habermas, a universidade estaria inserida não somente nos processos argumentativos, envolvendo questões em diversos campos, como também na própria execução dos mesmos, tornando-se um verdadeiro ator social. "A universidade só pode defender a sua autonomia – completava Habermas – se ela se constituir numa entidade capaz de agir no nível político" (Habermas, 1975: 389).

Essa afirmação, do começo dos anos 1960, ia sem dúvida contra o arquétipo tradicional da universidade, ainda sob a influência de Humboldt, aproximando-se mais da *multiversity* de Kerr. Mas tanto o contexto europeu como o norte-americano parecia ignorar Córdoba, onde essa "função política da universidade", vinculada com a extensão, já aparecia quatro décadas atrás. Cristovam Buarque, comparando a universidade brasileira com as universidades dos países do Primeiro Mundo, nos traz alguns argumentos que talvez expliquem o porquê dessa peculiaridade latino-americana.

> Nas sociedades desenvolvidas – afirma ele –, onde o sistema social funciona regularmente, a especialização por categoria de conhecimento cria as bases suficientes para a solução dos problemas. O mercado ou o planejamento se encarrega de situar o profissional no sistema local. Nestas condições, a estrutura departamental basta para a formação de especialistas por áreas de conhecimento (Buarque, 1993: 97).

Já no Brasil, segundo Buarque, os problemas sociais exigem que as universidades também os enfrentem diretamente,

> É preciso [assim] criar estruturas de enfrentamento desses problemas reais, que não cabem dentro das preocupações específicas de cada departamento. A universidade deve especializar-se não apenas por categorias do conhecimento, mas também por problemas reais da sociedade: energia, fome, analfabetismo etc. (Buarque, 1993: 97).

Buarque falava de uma realidade dos anos 1980, quando fora reitor da Universidade de Brasília. No entanto, essa "responsabilidade social das universidades", que na América Latina já estava mais do que consolidada por meio da extensão, logo iria se tornar uma constante no cenário mundial. Mayor e Tanguiane, por exemplo, fazendo um balanço da Conferência Mundial da Unesco de 1999, falam do consenso que começava a aparecer entre os participantes, no sentido de se estabelecer uma "visão larga das missões do ensino superior", na qual essa atuação política recebe uma atenção especial (Mayor e Tanguiane, 2000: 28-33). Helena Kantanen, da mesma forma, falando da "missão cívica e responsabilidade social do ensino superior", mostra como a legislação finlandesa adotou uma lei, em 2004, prevendo uma "terceira função" da universidade, ou seja, estabelecendo uma relação entre a universidade e a sociedade (Kantanen, 2005), que nada mais é do que a extensão, no seu sentido amplo, conforme foi desenvolvida na América Latina.

Sendo assim, parece que essa remodelação da esfera pública, que abordamos por meio da "sociedade civil", vem reforçando esse papel extensionista da universidade, não somente no contexto da América Latina, onde já estava consolidado, mas também nos países do Primeiro Mundo. E agora começam a ficar mais claras, pensando nos nossos tipos ideais, as ideias de universidade, conjugadas com ideias de sociedade, que cada uma das propostas determina. Não há dúvidas de que a "universidade participativa" vai ficar muito mais próxima do Modo 2 e distante dos "autonomistas",[130] no que toca a essa contextualização da universidade. Porém, se o Modo 2 vai se identificar com uma visão de "sociedade civil" mais próxima do movimento neoconservador, a "universidade participativa" vai se identificar com a visão mais próxima dos novos movimentos sociais.

As diferenças são enormes. Não somente no que toca à educação, conforme veremos mais adiante, como no que cabe aos critérios de decisão, referentes às ações da universidade. Liberalismo *vs.* democracia? Eis a querela epistemológica, entre o "Modo 2" e a "participação", que agora é preciso deixar claro. Estaria na "política" o critério de legitimidade?

§7. A "ciência e suas redes": uma democratização necessária?

> A ciência é a continuação da política por outros meios.
>
> Bruno Latour, *apud* Michel Callon, Pierre Lascumes e
> Yannick Barthe, *Agir dans un monde incertain*, p. 101.

Quando Bruno Latour partiu para o laboratório de Roger Guillemin, na Califórnia, para fazer um estudo etnográfico das atividades científicas, uma reviravolta estava prestes a ocorrer. Durante dois anos, Latour acompanhou

---

[130] Michel Freitag, por exemplo, pede claramente o não envolvimento da instituição com "instâncias extrauniversitárias", que deveriam ficar a cargo dos ministérios (Freitag, 1995: 65). Ou seja, na sua visão, a universidade não tem esse papel contextualizado na ação política, na responsabilidade social, na obtenção do consenso, ela permanece mais distanciada, guardando sua autonomia, com a pretensão de ser uma espécie de farol da sociedade.

o dia a dia da equipe de Guillemin, especializada em neuroendocrinologia, observando todo o processo de produção científica: das experiências empíricas à formulação de artigos, passando pelas burocracias internas do laboratório, como um antropólogo diante de uma tribo, nada lhe escapava aos olhos.

Pouco tempo depois, quando *Laboratory Life* foi publicado, a polêmica estava lançada. Como o próprio subtítulo da obra indica – *the Social Construction of Scientific Facts* –, Latour, naquilo que já se encontrava de forma latente em Kuhn, fazia da ciência não um conjunto ordenado de regras metodológicas, à maneira de Merton, mas uma verdadeira construção social, muito mais próxima de uma estratégia política, envolvendo interesses diversos. Se Feyerabend, com seu "anarquismo metodológico", já havia levado ao extremo os aspectos filosóficos da ciência, Latour fazia o mesmo, agora, com seus aspectos sociológicos.[131]

Impulsionado pelo fato de Guillemin ter ganhado o Prêmio Nobel de Medicina, logo depois da sua publicação, *Laboratory Life* fez um enorme sucesso, abrindo toda uma linha de pesquisa, da qual Latour seria o carro-chefe. Seus trabalhos subsequentes (como *Science in Action*, *Les Microbes* etc.) e sua parceria com Michel Callon, pouco tempo depois, seriam essenciais para mostrar não somente novas análises empíricas, mas também todo um retrospecto histórico, corroborando ainda mais essa visão estratégica e multifacetada da ciência, que Latour e Callon acabaram definindo como *actor-network theory*. Como nos mostra Giovanni Busino, nessa visão

> um fato científico não é nem um constato, nem um testemunho, é uma construção elaborada e divulgada num certo espaço, aquele do laboratório e das suas redes de irrigação. "As duas propriedades que caracterizam o fato científico – a capacidade de resistir à crítica e a capacidade de interessar ouros atores (colegas, utilizadores) – não lhe pertencem propriamente: elas lhe são atribuídas por redes negociadas e mobilizadas para o construir e para lhe fornecer um espaço de circulação." Desconstruir um fato, assim, é reconstituir o modo de produção do laboratório e colocar em evidência as redes nas quais ele se situa. Um fato científico não é jamais o resultado de uma decisão racional, emanada de um espírito livre e sem parceiros. Produzido por uma ou várias redes sociotécnicas, ele é

---

[131] Além de Feyerabend, Latour e Woolgar também sofreriam uma forte influência de Barry Barnes e David Bloor, cujo "programa forte" apontava os limites da epistemologia, buscando explicar a origens do conhecimento, sobretudo, por meio de fatores sociais (cf. Bloor, 1976).

CAPÍTULO 5 O DEBATE CONTEMPORÂNEO 195

impuro por natureza, composto de elementos heterogêneos e construído de maneira diversa. Colocando junto os fatores científicos e extracientíficos, as ideologias, as intrigas acadêmicas e os elementos macroinstitucionais, a construção do conhecimento científico [aparece como] um processo pelo qual os cientistas dão um sentido à suas observações (Busino, 1998: 46).

Com esses propósitos, os autores da *actor-network theory* seriam, por diversas vezes, acusados de relativistas, sendo um dos principais alvos dos ataques de Alan Sokal, naquele que foi o principal capítulo das "*science wars*".[132] Independentemente dessa polêmica, cuja pertinência filosófica inaugural acabou se transformando numa batalha de egos, os trabalhos de Latour e Callon seriam importantes, em primeiro lugar, para desmistificar de vez o mito da "ciência pura" e, depois, para abrir uma perspectiva totalmente nova no universo da ciência: a sua "democratização".

Para compreender esta última, Callon nos alerta para as três etapas do "processo científico", que ele denomina de "traduções" (cf. Callon *et al.*, 2001: 101-141): em primeiro lugar, há uma "tradução" do macrocosmo ao microcosmo, ou seja, há uma série de ideias que saem do mundo, em geral, para se confinarem nos laboratórios, nos institutos de pesquisa, nas universidades e noutros lugares onde se produz conhecimento científico; em segundo lugar, existe uma "tradução" interna nesses lugares, que consiste na formação das palavras, das inscrições, dos modelo analíticos, quando o mundo é reduzido a enunciados que obedecem a formas de racionalidade; finalmente, a terceira "tradução" consiste no retorno ao mundo, ou seja, esse mesmo conhecimento é lançado, de volta, em forma de ideias, teorias, produtos, tecnologias ou outros objetos, no seio da sociedade. A "democratização da ciência", ou seja, a possibilidade de a sociedade discutir se determinada teoria, estrutura, descoberta é ou não pertinente, parece poder acontecer apenas na terceira "tradução". Mas acontece que a primeira "tra-

---

[132] A "guerra das ciências" foi uma série de batalhas intelectuais nos anos 1980 e 1990 entre os "realistas" e "construtivistas" (ou "positivistas" e "antipositivistas"), que tratava da natureza das teorias científicas. No chamado *Sokal affair*, o físico Alan Sokal publicou um artigo embusteiro, na revista *Social Text*, com o objetivo de denunciar as supostas debilidades das posições antipositivistas. Sokal, em seguida, anunciou o embuste num artigo em *Língua Franca*, para mais tarde publicar um livro, *Impostures intelectuelles*, no qual atacava os filósofos e cientistas sociais "pós-modernos". Para uma das várias respostas de Latour, logo após a publicação do livro, cf. Latour, 1997.

196   HISTÓRIA DA UNIVERSIDADE

dução", que sempre fora tratada de "ciência pura", como mostraram os trabalhos de Latour e seus discípulos, estava repleta de estratégias, de redes, de interesses que iriam influenciar toda a cadeia das "traduções". Callon nos alerta para o seguinte: é na primeira "tradução", ao contrário do que se imagina, que estão presentes diversos aspectos da nossa "escolha de sociedade", ou seja, a "composição do coletivo no qual nós vivemos (...), aquilo que os gregos chamavam de organização da Cidade" (Callon *et al.*, 2001: 102). Quais as consequências dessa constatação?

É importante lembrar, antes de tudo, o contexto em que Callon defende sua tese. Há três fatores importantes – sobre os quais já falamos nos capítulos anteriores – que devem ser levados em conta: o advento de uma "epistemologia enfraquecida", o advento de uma "sociedade do risco" e o advento de um "capitalismo desorganizado". É a partir desse cenário que Callon irá defender uma verdadeira "democratização da ciência", que se dê em todos os níveis das "traduções". Um exemplo, que ele nos fornece, é a série de pesquisas ligadas aos alimentos transgênicos (Callon *et al.*, 2001: 102-103). Diversas investigações, tanto públicas como privadas, são realizadas nesse sentido. A primeira "tradução", assim, é influenciada por toda uma rede de interesses (interesses econômicos, interesses científicos, interesses dos pesquisadores, etc.). Mas será somente mais tarde, na terceira "tradução", que haverá uma discussão, mais ampla, a respeito do uso dessas tecnologias, da sua regulação, da sua aplicabilidade etc. Acontece que essas decisões, a partir da terceira "tradução", já estão extremamente condicionadas pela primeira. Não cabem mais perguntas do tipo "Será que queremos essas pesquisas?", ou "Será que o dinheiro não seria melhor investido em outros projetos?", que deveriam ter sido feitas antes de começar todo o processo. Além disso, o exemplo dos transgênicos coloca em evidência os três fatores a que fizemos referência: o advento da "sociedade do risco" nos alerta para os efeitos perversos dessas tecnologias; a "epistemologia fraca" permite que as teses relativas aos riscos sejam contestadas; e o advento do "capitalismo desorganizado" faz com que os interesses econômicos tenham um enorme peso nas decisões.

Essa lógica, no caso da França, parece bem clara. Como é notório, existe uma série de controvérsias com relação aos alimentos transgênicos.[133] Uma

---

[133] Para uma abrangente seleção de artigos falando não somente dos riscos dos transgênicos, mas também da necessidade de se abrir um debate público a respeito do tema, cf. Prat *et al.*, 2004.

delas, a "transferência horizontal", que foi colocada perante a Agência francesa de segurança sanitária dos alimentos (AFSSA), consiste em saber qual o risco existente de possibilidade de as plantas geneticamente modificadas, ao interagirem com os micro-organismos do solo, modificarem a estrutura genética destes últimos, provocando um efeito em cascata.[134] A primeira reação da AFSSA, como nos mostra Christian Vélot (pesquisador do Instituto de genética e microbiologia do CNRS), foi dizer que não havia estudos comprovando a "transferência horizontal". Imediatamente contestada, uma vez que havia estudos, a AFSSA passaria a afirmar que a probabilidade de "transferência" era muito baixa, que isso não justificava uma interdição. Christian Vélot, no entanto, afirma o seguinte: i) a "transferência" foi comprovada em laboratório, mas o seu potencial, em campo aberto, é muito maior; ii) só conhecemos 5% dos microrganismos envolvidos, ou seja, essa "transferência" pode estar acontecendo sem nos darmos conta; iii) os riscos, nesse caso, não se diluem no tempo, eles só tendem a aumentar (Vélot, 2009). O engajamento de Christian Vélot foi tão incisivo, envolvendo diversas outras questões relativas aos transgênicos,[135] que as consequências não tardaram a chegar: grande parte das suas verbas de pesquisa foram cortadas, o que gerou uma série de "lançadores de alerta".

Voltando então às "redes de interesse", sobre as quais falavam Callon e Latour, o caso dos transgênicos é bastante interessante. Se analisarmos, por exemplo, o recente livro/documentário de Marie-Monique Robin, *Le monde selon Monsanto*, veremos de forma bastante convincente a maneira como as estreitas relações da grande indústria de alimentos com os círculos de poder vêm colocando em xeque as decisões referentes aos transgênicos.[136] É jus-

---

[134] Ou seja, os micro-organismos iriam modificar sua carga genética, passando para outros micro-organismos, que depois poderiam passar para outras plantas, e assim sucessivamente.

[135] Outra questão importante, para a qual Vélot e outros pesquisadores chamam a atenção, é a toxicidade dos pesticidas (que são vendidos junto com as sementes transgênicas), cuja avaliação é feita pelos próprios laboratórios das empresas, sob a alegação de segredo de pesquisa.

[136] Em primeiro lugar, como nos mostra a autora, é preciso saber que 80% dos alimentos transgênicos são produzidos pela Monsanto. Nos Estados Unidos, ela mostra como há um "vai e volta" significativo entre os altos escalões do Estado e os diretores da Monsanto: do Secretário de Defesa Donald Rumsfeld a um juiz do Supremo Tribunal, passando por diversos membros da Food and Drug Administration (FDA). O caso mais significativo talvez seja o de Michael Taylor, advogado da empresa e seu vice-presidente, nos anos 1990, depois membro da FDA e principal responsável pela elaboração da decisão de liberação dos grãos geneticamente

tamente devido aos riscos dessa convergência de interesses que Callon defende uma "democratização da ciência", em todos os níveis das "traduções". Mas do que trata, exatamente, essa "democratização"? Em primeiro lugar, Callon defende a presença dos cidadãos "comuns" durante todo o processo científico, constituindo dessa forma verdadeiros "fóruns híbridos". Segundo ele, nesses espaços abertos deveriam encontrar-se não somente os especialistas de todas as áreas interessadas, permitindo a criação de um espaço interdisciplinar, mas também os "profanos", ou seja, as pessoas comuns, que podem não conhecer nada dos temas em questão, mas que têm interesse, como cidadãos, no conteúdo das decisões (Callon *et al.*, 2001: 168). Há diversos exemplos, contemporâneos, de como esses "fóruns híbridos" criam sinergias, contribuindo para melhorar significativamente o processo científico. Bruno Latour, por exemplo, nos lembra o caso da pesquisa sobre distrofia muscular na França (estudada pelos seus colegas Michel Callon e Vololona Rabeharisoa), quando os pacientes que sofriam dessa doença se uniram e criaram uma associação, a Associação Francesa de Miopatias, consultaram diferentes profissionais e administradores, e acabaram criando uma loteria para arrecadar fundos destinados à pesquisa. Com os fundos assim obtidos, foi montado um projeto comum, em que pacientes e cientistas, diante de diferentes caminhos e numerosas variantes, que vão de diagnósticos contraditórios à participação voluntária dos pacientes nos ensaios clínicos, passaram a desenvolver juntos à pesquisa (Latour, 1995). Richard Sclove, por seu lado, cita diversos casos em que a participação dos cidadãos foi decisiva para desenhar projetos de pesquisa mais próximos das necessidades dos cidadãos e para melhorar os resultados: num deles, os habitantes de Woburn, no Massachusetts, confrontados com diversos casos de leucemia induzida em crianças, que parecia estar ocorrendo devido ao lixo tóxico das empresas vizinhas, perante o ceticismo, a indiferença e o imobilismo das autoridades, tomaram a iniciativa de procurar os cientistas da Escola de

---

modificáveis junto à agência de regulação. Há, também, o depoimento de Dan Glickman, ex-secretário de agricultura dos Estados Unidos, que fala da ação do governo dos Estados Unidos para que o número de testes relativos aos riscos dos transgênicos seja baixo. Há uma enorme pressão, revela ele, para que as pessoas envolvidas no processo não adotem um discurso "anti-ciência", ou seja, os que adotam esse discurso são imediatamente rotulados de neoludditas, ou seja, de opositores do progresso e da ciência, à semelhança dos *luddites*, artesãos que destruíam as máquinas nos primórdios da Revolução Industrial, na Inglaterra (Cf. Robin, 2008).

CAPÍTULO 5 O DEBATE CONTEMPORÂNEO 199

Saúde Pública da Universidade de Harvard, e conduziram, junto com estes, investigações epidemiológicas independentes e com metodologias adequadas, cujos resultados influenciaram a legislação federal sobre os lixos tóxicos (Sclove, 2003: 225-226).

Para Callon, essa forma de se fazer pesquisa (agregando atores e interesses diversos), que ele define como "pesquisa ao ar livre", contribui para a inteligibilidade da ciência, sobretudo na terceira "tradução", além de uma legitimidade da mesma, no primeiro momento. Sua preocupação não é condenar a "pesquisa confinada", mas mostrar como o advento da "pesquisa ao ar livre" só tem a enriquecer o universo científico. Mas a "democratização" não consiste somente nessa abertura do campo ou, para usar um jargão contemporâneo, na consolidação de um "terceiro setor científico". O segundo aspecto da "democratização", para o qual Callon (além de outros) irá nos chamar a atenção, está ligado com as formas de decisão sobre questões técno-científicas, o que irá finalmente diferenciar uma perspectiva "democrática" de uma perspectiva "liberal" da ciência. Afinal, se voltarmos ao quadro analítico de Gibbons, veremos que o seu conceito de *Agora*, sobre o qual falamos anteriormente, não difere muito dos "fóruns híbridos", a que se referia Callon. Essa aparência, no entanto, esconde diferenças significativas. Se já falamos da "minimização dos riscos" e da falta de uma "perspectiva crítica do mercado", que estão presentes em Gibbons, agora é necessário deixar claro uma terceira diferença, ligada ao "paradigma emancipatório", que aparece não somente no universo das decisões científicas, mas em diversos outros campos da ação pública: trata-se da "democracia radical", de cunho deliberativo, muito diferente do "liberalismo".

§8. Uma "virada deliberativa"?

Nos dias 21 e 22 junho de 1998, um grupo de 14 cidadãos comuns foi reunido na Assembleia Nacional da França. O objetivo era que eles dessem sua opinião sobre um assunto que, conforme vimos, jamais foge às polêmicas: a utilização de transgênicos na agricultura e na alimentação. Tratava-se, nesse caso, da liberação de uma variedade de milho geneticamente modificado. O governo Jospin, confrontado com a polêmica que a questão vinha gerando, decidiu instigar o debate público por meio de um procedimento que já vinha sendo utilizado sobretudo na Dinamarca: a "conferência de consenso".

HISTÓRIA DA UNIVERSIDADE

A opinião pública – dizia o comunicado do governo – permanece indecisa e parece insuficientemente informada. Se nossos concidadãos parecem prontos a aceitar a engenharia genética para a produção de medicamentos, eles estão reticentes em aceitá-la para a alimentação. Apesar da grande experiência científica no campo da engenharia genética, os cidadãos recusam que as decisões que comprometem o futuro sejam tomadas sem a expressão e a confrontação de todas as opiniões. Uma "conferência de consenso" será organizada com a Comissão parlamentar de avaliação da escolhas científicas e tecnológicas (*apud* Boy *et al.*, 2000: 780).

Mas o que seria essa "conferência"? Requisitado pela Comissão parlamentar, o Instituto francês de opinião pública selecionou, aleatoriamente, 14 cidadãos franceses, respeitando os critérios que geralmente são utilizados nas amostras representativas das pesquisas de opinião. Formado o grupo, o procedimento, coordenado por um comitê independente, consistia em três etapas: um estágio de formação acerca dos transgênicos, um debate aberto na Assembleia Nacional e uma deliberação do grupo. Quais foram os resultados?

Boy, Kamel e Roqueplo, membros do comitê, nos contam como foi essa "aventura", até então inédita na França (Boy *et al.*, 2000: 779-809). Eles contam que, durante o estágio de formação, realizado durante dois fins de semana, foram convidados diversos especialistas – respeitando as diversidades ideológicas –, para que o grupo de cidadãos, como num verdadeiro curso, ficasse sabendo das principais questões relativas aos transgênicos. Os nomes desses cidadãos foram então finalmente revelados, no começo da segunda etapa, realizada na Assembleia Nacional, durante dois dias de sessões abertas, que contou com ampla presença da imprensa. Nessa ocasião, o grupo pôde fazer perguntas a mais de 30 *experts*, de diversas áreas, para esclarecer todas as suas dúvidas. Finalmente, após mais de dez horas de debate, o grupo se reuniu, a portas fechadas, para redigir um documento deliberativo. Nele se destacavam o pedido de uma moratória na introdução do milho transgênico para o consumo tanto dos seres humanos como dos animais, uma série de precauções extra que deveriam ser tomadas em diversos assuntos que tocam aos transgênicos e à necessidade de uma pesquisa eminentemente pública para escapar dos riscos dos interesses privados.

Ao fazer um balanço geral do evento, Boy, Kamel e Roqueplo não deixam de nos alertar para algumas dificuldades encontradas pelo grupo e pela organização, em geral, mas afirmam que

CAPÍTULO 5 O DEBATE CONTEMPORÂNEO   201

> A experiência nos demonstrou a que ponto os cidadãos, escolhido no meio de outros de uma forma quase aleatória, são suscetíveis de se instituir num verdadeiro sujeito coletivo capaz de capturar intelectualmente e politicamente uma questão eminentemente complexa (...). Os 14 cidadãos reunidos na conferência manifestaram uma seriedade e uma capacidade de análise que impôs o respeito de todos, tanto dos *experts* como dos jornalistas (Boy *et al.*, 2000: 789).

Esse exemplo da "conferência de consenso", ligada aos transgênicos, ilustra muito bem um novo cenário que vem despontando na esfera pública. Trata-se, conforme vimos, de uma sequência do paradigma aberto por Habermas, que pedia uma reformulação das instituições da democracia liberal. Yves Sintomer e Loïc Blondiaux chamaram de "imperativo deliberativo" essa "mudança ideológica [que] acompanha as transformações atuais das práticas de decisão nas democracias contemporâneas, [que] passa pela valorização constante e sistemática de certos temas: a discussão, o debate, a consulta, a parceria, a governabilidade" (Blondiaux e Sintomer, 2002: 17). Mas o caso dos transgênicos é particularmente interessante, pois ele serve de exemplo para mostrar, de forma clara, as diferenças ideológicas que existem dentro desse "imperativo deliberativo", diferenças que definimos como "liberalismo" e "democracia radical". Se as duas concepções, conforme já assinalamos, concordam com a "epistemologia enfraquecida", o mesmo não pode ser dito com relação às suspeitas sobre os "interesses econômicos", nem com relação às precauções da "sociedade do risco": o "liberalismo" minimiza ambos, enquanto a "democracia radical" irá maximizá-los. Mas é no processo deliberativo, em si, que vai aparecer uma terceira diferença, corolário muitas vezes das duas contradições anteriores. Porque lá onde o "liberalismo" se contenta com a *Agora*, falando apenas da presença de diversos atores, a "democracia radical" irá pedir uma maior participação dos cidadãos comuns, para que essa *Agora* não fique contaminada por interesses suspeitos e seja um processo deliberativo realmente democrático. O caso francês dos transgênicos é um exemplo bastante elucidativo. Uma visão "liberal" poderia pedir um local mais dinâmico para as decisões do que a AFSSA, contando até mesmo com a presença de um "terceiro setor científico", mas ela jamais se contentaria que essa decisão fosse majoritariamente influenciada por uma deliberação popular, como no caso da "conferência de consenso", dando uma atenção especial ao *"economically-oriented paradigm"*. A "democracia radical", pelo contrário, devido à instabilidade da questão, que envolve interesses diversos, além do agravante do risco, acredita que a melhor forma de conferir legitimidade ao processo é envolver os cidadãos comuns, buscando formar uma opinião pública esclarecida, sem que isso exclua a participação dos outros atores e instituições no processo deliberativo. Como afirmam Sintomer e Blondiaux, trata-se de buscar "a 'força do melhor argumento' (Habermas) mais do que o poder dos interesses em jogo" (Blondiaux e Sintomer, 2002: 24).

A "conferência de consenso", na verdade, é apenas um exemplo, dentre outros, envolvendo diversos temas, de como as nossas decisões podem passar pelo crivo deliberativo da "democracia radical". Essa tradição, que remonta ao sorteio na Grécia antiga, foi reintroduzida no começo dos anos 1970, quase que simultaneamente com a criação das "células de planificação", na Alemanha, e dos "júri de cidadãos", nos Estados Unidos. No primeiro caso, foi o sociólogo Peter Dienel, então responsável administrativo por políticas urbanas, quem decidiu criar um novo sistema de ação pública, buscando uma maior participação dos cidadãos. Já no segundo caso, foi o cientista político Ned Crosby, influenciado pelos júris da esfera judicial norte-americana, quem buscou ampliar as formas de decisão deliberativas. Ideias muito próximas – o termo "júri de cidadãos" acabaria ganhado maior notoriedade –, elas formariam um procedimento hoje estandardizado, com grandes semelhanças com a "conferência de consenso", que consiste na reunião de um grupo de pessoas sorteado a partir da lista de residentes numa dada área ou região ou da lista eleitoral, respeitando critérios de representatividade, para que o mesmo possa se reunir, debater e deliberar sobre um problema local, ligado a questões urbanísticas, ambientais, sociais e outras, sendo que as recomendações do grupo podem ser apenas consultivas ou imperativas para as autoridades que estabelecem o procedimento (Sintomer, 2010).

Outra iniciativa, que surgiria no final dos anos 1980, foi a "pesquisa deliberativa", criada por James Fishkin, na busca por um substituto às pesquisas de opinião A ideia consistia em reunir uma amostra representativa do eleitorado nacional, fazendo com que essas pessoas pudessem se informar, durante alguns dias, a respeito de determinado tema, para depois serem sondadas de maneira detalhada. Ao contrário então de uma "agregação estatística de opiniões vagas, formadas a maior parte do tempo sem conhecer realmente os argumentos contraditórios em competição", as pesquisas deliberativas permitem saber "o que o público pensaria caso tivesse realmente a oportunidade de analisar as questões debatidas" (*apud* Sintomer, 2010: 135).

Por fim, é necessário fazer alusão ao orçamento participativo. Surgido em Porto Alegre, no final dos anos 1980, essa nova forma de "administração popular" visava garantir a participação dos cidadãos na preparação e na execução do orçamento municipal e, portanto, na distribuição dos recursos e nas definições das prioridades dos investimentos urbanos. Sua metodologia, que pode variar, ocorre normalmente em duas etapas. Na primeira delas, há uma participação direta dos moradores de cada região da cidade, por meio do voto individual, em assembleias regionais e temáticas, onde são definidas as prioridades de cada região e são escolhidos os seus delegados, que os representarão na segunda etapa. Nesta, que passa pela constituição do conselho de delegados, é aprovada a proposta orçamentária do município, com base nos critérios de escolha adotados na etapa anterior, além de um acompanhamento da execução das obras aprovadas e uma discussão dos critérios técnicos para a implementação delas (cf. Santos, 2002; Avritzer, 2002). Para além dessa metodologia inicial, como nos mostra Yves Sintomer, têm-se realizado, recentemente, experiências introduzindo o sorteio no orçamento participativo (cf. o caso de Pont-de-Claix, na França), o que permite ampliar, mais ainda, os horizontes desse instrumento de ação social (Sintomer, 2010).

Todos esses exemplos são ilustrativos de uma nova forma de ação social. Conjugada com a "participação", conforme vimos na seção anterior,[137] essa "guinada deliberativa" representa o advento de todo um paradigma emancipatório. Como podemos perceber, não se trata de uma atitude "revolucionária", no sentido imaginado pela teoria crítica do século XIX, mas de uma remodelação da democracia liberal, onde instituições tradicionais coexistem com elementos inovadores, sem que essa "não ruptura" nos impeça de diferenciar uma concepção crítica (a "democracia radical") de uma

---

[137] Ou seja, por meio do advento de uma concepção da sociedade civil inspirada nos novos movimentos sociais. Um dos principais desafios do paradigma emancipatório emergente é conjugar participação com deliberação, que, apesar de poderem se completar, não são, necessariamente, a mesma coisa. Para a diferença entre participação e deliberação, cf. Blondiaux e Sintomer, 2002: 27-28.

concepção conservadora (o "liberalismo"). Tratando-se de um paradigma emergente, o grande desafio é fazer com que ele se concretize, fincando suas raízes com o tempo.

E, mais uma vez, será que a universidade, como instituição social, pode ser uma das principais responsáveis desse advento?

CAPÍTULO 6 O "MODELO PARTICIPATIVO"

> Era resistente acentuar sua leveza – como se para demonstrar a tamanha brisa que poderia ser gerada pelas asas de uma borboleta.
>
> Scott Fitzgerald, *Winter Dreams*, capítulo IV.

Para terminar, chegou a hora de melhor definir a "universidade participativa". Não se trata de tarefa fácil: diante de um universo tão abrangente (que passa pela ciência, pela educação, pela economia, pela cultura, pela política...), a temática da universidade parece ir se multiplicando, como as asas da borboleta, a que Fitzgerald faz alusão.

Isso não nos impede de traçar suas linhas gerais ou seus princípios básicos, sendo que o diálogo com os modelos históricos – Humboldt, Newman, *Multiversity*, Córdoba – nos oferece um caminho interessante.

6.I. O diálogo com Humboldt: para uma realização "participativa" da *Bildung*

Vimos que, apesar de o "modelo humboldtiano" ter reinserido a universidade no centro do mundo, seu legado logo seria atacado. Não somente a confiança epistemológica, que foi continuada pelo positivismo, sofreria diversos reveses, como a dinâmica do século XX, longe da "liberdade e solidão", faria da universidade uma instituição contextualizada no universo social. De fato, *ninguém* mais acredita na perspectiva de "Sistema", *ninguém* mais acredita na ideia de uma "torre de marfim". Mas será que Humboldt, apesar disso, ainda tem algo a nos dizer?

§1. A releitura "autonomista" do "modelo humboldtiano": qual a relação com a "participação"?

O "modelo humboldtiano", conforme vimos, ganharia com uma releitura. Não há dúvidas de que a posição "autonomista" representa uma herança de Berlim. Noções como *"self-government science"*, "autonomia do campo", "transmissão dos valores universais", "síntese racional", "elite esclarecida" etc. recuperam de forma credível muitos aspectos da "universidade alemã". Mas qual a importância desse tipo ideal para definirmos o "modelo participativo"?

Duas questões se destacam. Em primeiro lugar, o "modelo autonomista", conforme já assinalamos, compartilha a crítica ao Modo 2, junto com o "modelo participativo". Isso parece inquestionável: ambos alertam para os riscos dos excessos da racionalidade econômica, cujo corolário é transformação de uma "instituição social" numa "organização". Mas apesar desse ponto em comum, os "modelos" indicam direções contrárias: enquanto o "autonomismo", fazendo jus à herança humboldtiana, defende uma ideia mais "clássica" da universidade, o "modelo participativo", inspirado numa nova realidade epistemológica e política, vai buscar diversas inovações institucionais. Ou não soaria estranho, para aqueles que defendem o conceito de extensão, essa afirmação de Michel Freitag?

> Todas as pesquisas imediatamente pragmáticas, utilitárias, visando em primeiro lugar (senão exclusivamente) a responder a necessidades de conhecimento ou de informação pontuais, deveriam ser deixadas para as instâncias extra-universitárias (ministérios da saúde, do trabalho, da economia, empresas, centro de pesquisas especializadas trabalhando com contratos de subvenção, etc). Os estudantes, em determinados momentos da sua formação, poderiam sempre fazer estágios ou engajarem-se como pesquisadores, mas a finalidade de tais organismos de pesquisa não é a da universidade. No que toca à universidade, ela se perde e se deixa lentamente destruir ao querer responder a tais 'necessidades' imediatamente traduzíveis em "objetivos" (Freitag, 1995: 65).

Na verdade, essa diferença de posição com relação à universidade, entre "autonomistas" e "participativos", está baseada numa compreensão distinta da organização político-social como um todo. Afinal, enquanto Michel Freitag ainda acredita na estrutura da Modernidade (com suas formas de poder, de racionalidade, de decisão), Boaventura de Sousa Santos defende a reinvenção das estruturas sociais, políticas, econômicas e outras, para fugir dos efeitos perversos do *status quo*. É nesse sentido que ele faz uma comparação entre o novo paradigma sociocultural e a "teoria das estruturas dissipativas", definida por Ilya Prigogine. Nesta,

> A evolução se explica por flutuações de energia que em determinados momentos, nunca inteiramente previsíveis, desencadeiam reações que, por via de mecanismos não lineares, pressionam o sistema para além de um limite máximo de instabilidade e o conduzem a um novo estado macroscópico. Esta transformação irreversível e termodinâmica é o resultado da interacção de pro-

cessos microscópicos segundo uma lógica de auto-organização numa situação de não equilíbrio (Santos, 2001: 70).

Ou seja, ao contrário da estabilidade da Modernidade, Santos defende uma forma de organização social que, apesar de inconstante, vai encontrar sua harmonia numa nova relação, inspirada no paradigma da emancipação social, conforme vimos anteriormente. A universidade entra nesse novo contexto, inserindo-se em todos aqueles campos que Michel Freitag condenava. Muito além desse local de "síntese racional", ela é local privilegiado para articular, junto com diversos outros atores, aquilo que Santos define como "comunidades interpretativas":

> À universidade compete organizar esse compromisso, congregando os cidadãos e os universitários em autênticas comunidades interpretativas que superem as usuais interacções em que os cidadãos são sempre forçados a renunciar à interpretação da realidade social que lhes diz respeito (Santos, 1995: 224).

Mas será que, para além dessa releitura "autonomista", não haveria uma herança humboldtiana para a "universidade participativa"?

§2. A realização da *Bildung*: um legado humboldtiano para o "modelo participativo"?

Vimos como o idealismo alemão, influenciado pelo Romantismo, foi fundamental na fundação da Universidade de Berlim. De fato, pairava um "espírito do mundo", pronto para consolidar-se no seio de um povo, sendo a universidade o local perfeito para que ele pudesse se manifestar: Berlim, dizia Humboldt, seria um lar de civilização nacional.

Mas se a perspectiva de "Sistema", inserida nesse idealismo, nos parece hoje em dia improvável, o segundo aspecto ali imaginado por Humboldt, a realização da *Bildung*, talvez ainda tenha seu espaço. Um caminho interessante, para tratar desse assunto, é através daquele que talvez seja o livro mais famoso de Humboldt: *Os limites da atuação do Estado*.

Escrito logo após a Revolução Francesa, em 1792, o livro só seria publicado em 1850, depois da sua morte. O motivo? O Estado autoritário prussiano que Humboldt atacava com todas as suas forças. Considerado um dos textos mais importantes do liberalismo clássico, o livro, hoje em dia, divide opiniões: afinal, tanto a direita como a esquerda invocam o legado do filósofo alemão. Seria a *Bildung* o caminho para definir a direção?

208   HISTÓRIA DA UNIVERSIDADE

No prefácio da edição francesa do livro (Humboldt, 2004), Alain Laurent e Karen Horn nos dão algumas pistas. A novidade da obra, nos dizem eles, é que no contexto do liberalismo Humboldt foi o primeiro a dar ênfase ao desenvolvimento pessoal do indivíduo. Não que os aspectos políticos e econômicos desapareçam das suas reflexões, mas ao contrário de Locke e Smith, que fazem destes o ponto nevrálgico de suas reflexões, Humboldt vai acentuar "a 'livre individualidade', considerada na aspiração ao acabamento singular e ao aperfeiçoamento interior (...), nos enviando assim à *Bildung*, noção importantíssima, que aparece diversas vezes no texto".[138]

Assim, sua luta contra o Estado se dá para que o indivíduo possa levar às últimas consequências o desenvolvimento da sua personalidade. Aqui, a influência da *Aufklärung* é incontestável: o ser humano, como dizia Kant, saia da menoridade, livrando-se de todas as tutelas, buscando a emancipação (cf. Kant, 1999). Mas enganam-se, nos alertam Laurent e Horn, aqueles que enxergam na obra um liberalismo radical do não Estado, ligado hoje em dia à globalização, ao aumento da concorrência, à luta de cada um por si. O ponto central de Humboldt, dizem eles, não é a filosofia político-econômica, criando uma nova forma de Estado, o que está em jogo é a *Bildung*, como ideal ético e existencial, na sociedade europeia do século XVIII.[139] De que forma? Através da associação, da cooperação voluntária, do esforço em comum dos cidadãos etc. É disso que "tudo depende – afirma Humboldt – e não dos regulamentos do Estado".[140] Dessa forma, o ideal da *Bildung*, englobando a "cultura", a "formação", a "educação", está na livre associação dos indivíduos, no fato de que eles troquem experiências, construindo laços sociais. Não deve ser deturpação o seu pensamento, como afirma Chomsky, convertido numa "ideologia do capitalismo industrial" (Chomsky, 2004: 30).[141]

Pouco tempo depois da publicação de *Os limites da atuação do Estado*, o jovem Humboldt (ele tinha apenas 25 anos) partiria para uma temporada

---

[138] Prefácio de Humboldt, 2004: 8.

[139] Prefácio de Humboldt, 2004: 13-14.

[140] *Apud* Alain Laurent e Karen Horn no prefácio de Humboldt, 2004: 12.

[141] Para Chomsky, *Os limites da atuação do Estado* "é, em sua essência, profundamente, ainda que prematuramente, anticapitalista", tendo influenciado, em virtude do seu propósito de "sociedade na qual os grilhões sociais são substituídos por laços sociais (...), o jovem Marx (...)" (Chomsky, 2004: 30).

em Iena, berço do idealismo alemão. Seria a transformação da sua concepção da *Bildung*? Não há dúvida de que em 1810, na época da fundação da Universidade de Berlim, Humboldt era uma outra pessoa. O projeto do "modelo humboldtiano", depois da influência de Fichte, Schleiermacher e companhia, não poderia escapar do contexto idealista. Para a realização da *Bildung*, então, Humboldt passou a imaginar um local especial, a universidade, onde as liberdades individuais, os conhecimentos, as personalidades, ao se confrontarem, permitiriam a edificação de uma "cultura", de uma "educação" e de uma "formação" completas, que não somente representariam a "consciência coletiva que tomava forma na época",[142] mas que seriam, em seguida, difundidas para o restante do povo, contribuindo para a "educação moral da nação" (Humboldt, 1979: 321).

Ou seja, o que antes era realizado na sociedade, como um todo, passou a ser imaginado, primeiro, na universidade, para depois se difundir. A universidade aparece então como *locus* privilegiado, como uma "instituição diretiva", como uma "elite esclarecida", vocabulário que seria adotado pela posição "autonomista", mesmo que num contexto modificado. Mas seria possível restabelecer o projeto do "jovem Humboldt", dando a mesma importância para a universidade? Seria possível imaginar a realização da *Bildung* na sociedade, junto com a universidade? Seria esse o caminho para guardar o legado humboldtiano da emancipação, como pedia Habermas? (Habermas, 1975: 393).

Nossas respostas são sem dúvida afirmativas. E o caminho para compreendê-las passa pela análise da "educação liberal", dentro da perspectiva "participativa".

6.II. O diálogo com Newman: recuperando a ideia de *Paideia*?

Vimos como Newman marcou um modelo fundacional na discussão em torno da "educação liberal". Sua defesa da ampliação da "capacidade mental" e da "formação do *gentleman*" recuperava a conciliação do "individual" com o "coletivo" que, desde a Grécia, caracterizava a "educação liberal". Hoje em dia, conforme assinalamos, essa tradição é vista pelo menos sob três pontos de vista: a tradição dos "*Great Books*", a "Formação Pessoal" e a "Cultura Geral". Mas como se posiciona, nesse contexto, o "modelo participativo"?

---

[142] Como nos dizia Stephen d' Irsay a respeito de Humboldt, cf. capítulo 2, seção II.

§1. Revistando as teorias da "educação liberal": o Processo de Bolonha como referencial

Antes de adentrar no "modelo participativo", seria interessante recapitular as principais leituras contemporâneas da "educação liberal". Além disso, faremos um diálogo com o Processo de Bolonha, para que o debate fique mais claro.

A primeira corrente a que fizemos alusão, a tradição dos "*Great Books*", tem em Allan Bloom seu principal representante. Conforme vimos, além de elitista, essa tradição baseia-se na defesa dos "cânones ocidentais". A universidade seria uma instituição para a "elite esclarecida" e a "educação liberal", a transmissão dos valores da cultura ocidental. Sendo a mais newmaniana de todas, possuindo algumas similaridades com a posição "autonomista", a tradição de Bloom deve ser combatida pelas seguintes razões: ela ignora o fenômeno da massificação, o multiculturalismo e a complexidade da universidade contemporânea. Numa instituição cada vez mais dinâmica, com um número cada vez maior de alunos, diante de uma racionalidade cada vez mais dividida, não nos parecem viáveis os propósitos "excludentes" e "elitistas" dessa proposta. O Processo de Bolonha, ao buscar um espaço comum europeu do ensino superior, uma mobilidade dos alunos de diversos países e uma dinâmica maior entre as atividades das instituições, vai totalmente contra essa visão bloomiana da "educação liberal".

Mas o nosso principal "adversário" foi a tradição da "Formação Pessoal", associada com o Modo 2. Aqui, a "educação liberal" é vista como a aquisição de competências específicas que permitem o engrandecimento pessoal, preparando o indivíduo para o sucesso profissional. Uma leitura "pessimista" do Processo de Bolonha – cujos propósitos seriam fazer da educação e da formação, dentro da perspectiva da "sociedade do conhecimento", os principais fatores do crescimento econômico – pode identificá-lo com o Modo 2. Nesse sentido, alerta Boaventura de Sousa Santos:

> O Processo de Bolonha deve retirar do seu vocabulário o conceito de capital humano. As universidades formam seres humanos e cidadãos plenos e não capital humano sujeito como qualquer outro capital às flutuações do mercado. Não se pode correr o risco de confundir sociedade civil com mercado. As universidades são centros de saber no sentido mais amplo do termo, o que implica pluralismo científico, interculturalidade e igual importância conferida ao conhecimento que tem valor de mercado e ao que o não tem. A análise custo/benefício no domínio da investigação e desenvolvimento é um instrumento grosseiro que

pode matar a inovação em vez de a promover. Basta consultar a história das tecnologias para se concluir que as inovações com maior valor instrumental foram desenvolvidas sem qualquer atenção à análise custo/benefício. Será fatal para as universidades se a reforma for orientada para neutralizar os mecanismos de resistência contra as imposições unilaterais do mercado, os mesmos que, no passado, foram cruciais para resistir contra as imposições unilaterais da religião e do Estado (Santos, 2010).

Além disso, a proposta da "Formação Pessoal" nos parece redutora, pois ignora a dinâmica "individual" e "coletiva" da "educação liberal". A resposta dos simpatizantes do Modo 2 é que a "coletividade" aparece na prosperidade individual, ou seja, cada indivíduo, maximizando suas competências, contribuirá para o bem geral da sociedade. Associada ao "*economically-oriented paradigm*", no entanto, essa proposta não somente alimenta uma concepção mercantil da universidade, cujos riscos pudemos analisar ao longo deste trabalho, como impede ou, na melhor das hipóteses, não estimula uma realização da *Bildung*.

Por fim, falamos da proposta da "Cultura Geral", fazendo referência às ideias de Alain Renaut. Para ele, a "educação liberal" deve ser vista como uma "visão geral do conhecimento", que seria ministrada nos primeiros anos da universidade, visando recuperar uma "cultura humanística", além de promover uma formação interdisciplinar, que pudesse preparar os alunos para a complexidade do mundo contemporâneo. Com isso, Renaut busca evitar o excesso de profissionalismo (de "Formação Pessoal"), além de trazer uma resposta para a questão da massificação (ao contrário da tradição dos "*Great Books*"). Uma leitura mais "otimista" do Processo de Bolonha poderia identificá-lo com essa tradição da "Cultura Geral", que é sem dúvida a mais próxima do "modelo participativo". Mas existem diferenças! E o *work in progress* da Universidade Nova é sem dúvida o melhor exemplo.

§2. A Universidade Nova: em busca da "participação"

Para começar, é preciso deixar algo claro: a proposta da Universidade Nova incorpora praticamente todos os elementos da proposta da "Cultura Geral". Como nos mostra Naomar de Almeida Filho,

> Na mistura de modelos acadêmicos de nossa educação superior, esse período de formação geral foi perdido. Não mantivemos a formação geral do Liceu, nem conseguimos realizar uma reforma universitária que tenha logrado trazer para

212 HISTÓRIA DA UNIVERSIDADE

dentro da universidade a necessária formação cultural humanística (Santos e Almeida Filho, 2009: 165).

Mas as semelhanças entre Renaut e Almeida Filho terminam por aqui. Indo de encontro à "ideia de extensão",[143] a Universidade Nova vai propor um componente crítico, uma educação cidadã, uma responsabilidade social, uma interação do aluno com o outro, fatores inexistentes tanto em Renaut como no Processo de Bolonha. Como nos mostra o próprio Almeida Filho:

> Aceitando o desafio deste momento, proponho que a universidade renovada deve tornar real a noção habermasiana de "comunidades ideais de diálogo". Tal movimento só poderá ter êxito se for resultante do compartilhamento e do verdadeiro intercâmbio. E como é possível ter um intercâmbio verdadeiro? Por um lado, respeitando as diferenças e diversidades. Equidade não se alcança apagando diferenças, mas aceitando-as. Por outro lado, a verdadeira troca também significa abertura para aprender do outro. Na situação ideal da troca interpessoal justa e equilibrada, o fluxo de aprendizagem tem dois sentidos, é sempre mão dupla, estruturado na vontade sincera de compartilhar dados, informação e conhecimento" (Santos e Almeida Filho, 2009: 174).

> [Acredito que uma] profunda reestruturação das instituições, visando torná-las instrumentos de emancipação de sujeitos e promotoras de equidade, é condição necessária para a construção de um projeto viável de nação (Santos e Almeida Filho, 2009: 108).

> No que concerne à missão social da Universidade Nova, é preciso atuar em dois níveis. De um lado, no plano microinstitucional, buscamos a desconstrução de práticas pedagógicas redutoras, passivas, de baixo impacto e ineficientes, ainda vigentes na educação superior. Com a sua implantação, as práticas pedagógicas universitárias deverão ser renovadas como instrumentos de mobilização e participação dos sujeitos no seu próprio processo emancipatório e de formação profissional, política, cultural e acadêmica (...). (Santos e Almeida Filho, 2009: 225).

Mais uma vez, existe uma diferença entre uma concepção moderna e pós-moderna da realidade. Enquanto Renaut, mais próximo da primeira, acredita nas atuais estruturas sociais, políticas, econômicas, culturais etc., de modo que a "cultura geral" e a "visão geral do conhecimento" deveriam pre-

---

[143] No seu sentido amplo, conforme vimos anteriormente.

CAPÍTULO 6 O "MODELO PARTICIPATIVO"   213

parar o indivíduo para fazer parte dessa realidade, transmitindo os valores humanísticos e alargando a sabedoria, Almeida Filho, mais próximo da segunda, acredita na remodelagem dessas estruturas (ou seja, um conteúdo crítico), de modo que a universidade, por meio de uma educação dialógica-emancipatória-cidadã (é aqui que se encontra o cerne do conteúdo humanístico) e de um conhecimento interdisciplinar (capaz de trazer as ferramentas para as transformações), possa ser um dos principais atores da mudança.

Encontramos exemplos disso em diversos programas de extensão das universidades brasileiras, em especial no Polos de Cidadania.

§3. Polos de Cidadania: uma questão de autonomia

> (...) a necessidade humana fundamental do homem contemporâneo é a *autonomia*, condição básica cujo conceito evoluiu e transformou-se ao longo da história (...)
>
> Miracy Gustin, *Das necessidades humanas aos direitos fundamentais*, p. 31.

Conforme vimos na Introdução, não é fácil definir o Polos. Afirmar que ele é "um programa interinstitucional com sede na Faculdade de Direito da Universidade Federal de Minas Gerais que visa aliar atividades de ensino, pesquisa e extensão, com o objetivo de promover a inclusão e a emancipação de grupos sociais com histórico de exclusão e trajetória de risco", como podemos observar no seu *website*,[144] está corretíssimo, mas essa definição não é capaz de captar a grandeza do Programa. Talvez falar de *autonomia* – como Miracy Gustin, na epígrafe acima – seja o melhor caminho. E se essa "necessidade humana fundamental" aparece em itálico, é porque a *autonomia* não é autossuficiente, ela se dá na relação com outras *autonomias*, ela se dá naquilo que Félix Guattari e Suely Rolnik definem como "grupo sujeito". Afinal, é preciso que este

> capte os elementos da situação, que construa seus próprios tipos de referências práticas e teóricas, sem ficar nessa posição constante de dependência em relação ao poder global, a nível econômico, a nível do saber, a nível técnico,

---

[144] <http://www.polos.ufmg.br/o-polos>.

a nível das segregações, dos tipos de prestígio que são difundidos. A partir do momento em que os grupos adquirem essa liberdade de viver seus processos, eles passam a ter uma capacidade de ler sua própria situação e aquilo que se passa em torno dele. Essa capacidade é que vai lhes dar um mínimo de possibilidade de criação e permitir preservar esse caráter de autonomia tão importante (Guattari e Rolnik, 2000: 46).

É esse "processo de singularização",[145] com toda sua complexidade, que Miracy Gustin almeja. É esse o *leitmotif* de uma "sociedade participativa". De que forma o Polos contribui para isso?

Conforme vimos, o Programa é formado por professores, alunos e profissionais de diversas áreas (Direito, Psicologia, Economia, Teatro, Sociologia, Urbanismo e outras) e atua em parceria com outras instituições de ensino superior, com o poder público, com organizações não governamentais, com os habitantes das comunidades e outras entidades. Sua metodologia é a pesquisa-ação (Thiollent, 2004; Barbier, 2002). Qualitativamente diferenciada, ela se fundamenta no relacionamento permanente entre investigações e atuação social, com entrecruzamento e retroalimentação de seus resultados. Sua característica marcante é o envolvimento ativo da própria comunidade em uma atuação interativa e emancipatória. Dessa forma, a pesquisa passa a ser um elemento de transformação e os integrantes das comunidades sujeitos ativos e não meros destinatários de ações externas. Mas não há melhor maneira de compreender a dinâmica do Polos do que descrevendo alguns de seus projetos. Vejamos o que acontece nos Núcleos de Mediação e Cidadania.

Esse é o principal projeto do Polos. Trata-se de núcleos que são instituídos dentro das comunidades, como no Aglomerado da Serra, zona de comunidades carentes de Belo Horizonte com mais de 40 mil habitantes. Num centro comunitário, espaço geralmente doado por associações comunitárias, organizações não governamentais ou governamentais, trabalham profissionais contratados, estudantes universitários, além dos professores que acompanham de perto as atividades. São duas frentes que atuam em conjunto: a mediação de conflitos e a mediação comunitária. A primeira delas insere-se na chamada Alternative Dispute Resolution (ADR), buscando solucionar conflitos de forma extrajudicial, mas vai sem dúvida além disso, constituindo

---

[145] Expressão de Guattari.

uma metodologia própria.[146] A dinâmica se dá da seguinte forma. Os moradores procuram o núcleo com seus problemas, sendo recebidos por uma dupla interdisciplinar, geralmente das áreas de Direito e Psicologia. Nesse primeiro momento, por meio da escuta, busca-se compreender o relato, que quase sempre tem um forte caráter emocional. Após um diálogo com a pessoa (muitas vezes feito em mais de um dia e às vezes contando com a participação de toda a equipe do Polos), decide-se por dar uma "informação" (que pode por si só encerrar o problema), um "encaminhamento" (para um órgão público, por exemplo) ou proceder à "mediação" (chamando-se as outras partes envolvidas).

No caso desta última, tem início aquilo que Miracy Gustin define como "desconstrução/reconstrução discursiva do caso" (Gustin, 2003). O objetivo principal, como relatam Camila Nicácio e Renata de Oliveira (Nicácio e Oliveira, 2008), é um processo de "empoderamento" das pessoas envolvidas, de modo que as tomadas de decisão se deem de forma autônoma, estimulando a capacidade crítica e argumentativa,[147] com envolvimento não somente das partes, mas também da equipe de mediação, o que configura uma democratização da conduta, com a presença de diversas "vozes". Além disso, o viés interdisciplinar da metodologia permite que o conflito seja abordado sob perspectivas distintas (não somente do ponto de vista jurídico, como de hábito), ampliando a intersubjetividade e a intercompreensão, elementos primordiais para que haja, de um lado, uma reconstrução do problema e, de outro, a obtenção de acordos duradouros. Espera-se, dessa forma, não somente superar o esquema autoritário do tipo "ganhar-perder", mas também incentivar a compreensão mútua entre as partes – o encontro com o "outro" –, capaz de transformar o conflito numa relação simbiótica para uma vida melhor.

Um exemplo dessa metodologia nos é dado num artigo produzido pela equipe de mediação do Polos (Gustin *et al.*, 2005), relatando um caso de pensão alimentícia, tema com maior ocorrência nos aglomerados em que o Programa atua. Em 2005, Maria procurou o Núcleo de Mediação e Cidada-

---

[146] Cf. Gustin, 2003; Nicácio e Oliveira, 2008. Essa metodologia foi adotada pelo Governo de Minas Gerais, em 2006, como política pública de facilitação do acesso à Justiça pela população carente, sendo inaugurados desde então cerca de 16 núcleos no Estado.

[147] Que, como afirma Miracy Gustin, "passa pelo convencimento e não pela persuasão" (Gustin, 2003: 2).

nia do Aglomerado da Serra pretendendo de José pensão alimentícia para o filho que tiveram, depois de um relacionamento de nove anos (sem constituir casamento ou união estável), sendo que este encerrou-se quando Maria descobriu que José casara-se com sua melhor amiga, justamente durante o período de gestação da criança, o que fez com que o diálogo entre os dois fosse interrompido. Após a escuta, cheia de rancor da parte de Maria, a equipe do Polos decidiu pela mediação, sem deixar antes de convocá-la, mais uma vez, para esclarecer alguns pontos. Feito isso, José foi convocado. Seu discurso, no entanto, era o de uma pessoa indiferente à questão: "Ele se portava como alguém que não tinha nada a ver com o caso. Sempre dizendo: 'a filha dela', ao se referir a própria filha" (Gustin *et al.*, 2005). Mesmo assim, depois de problematizadas algumas questões, José concordou que Maria se juntasse a ele num próximo atendimento. O primeiro encontro, como narra a equipe do Polos, "foi pouco proveitoso, girando sempre em torno do valor da pensão. Ela propunha um valor e ele outro, ambos irredutíveis" (Gustin *et al.*, 2005). Foi diagnosticado então que ambos não se disponibilizavam a dialogar de maneira franca. Nos próximos encontros, a equipe buscou estimular a problematização da relação deles, o que inicialmente foi recusado por José – "aqui não é o lugar para falar sobre isso" (Gustin *et al.*, 2005), dizia ele –, mas que depois acabou ocorrendo, quando o casal passou a discutir todas as raízes do problema. Como nos mostra a equipe do Polos:

> Durante os três atendimentos seguintes, era visível o avanço de ambos na desconstrução do conflito. O ex-casal passou a discutir toda a raiz do problema, encontrando o interesse de cada um. Com isso, eles avançaram, conscientemente, para a relação de diálogo e respeito mútuo que teriam que ter. José, que antes era indiferente à filha, se mostrava cada vez mais interessado, demonstrando que já havia ali a figura de um pai, o que não existia antes. Descobriram que era possível manter uma relação de pais. Mesmo sem serem um casal. A criança deixou de ser um problema. Nessa fase do atendimento foi interessante perceber que após os atendimentos o casal ficava em frente ao núcleo para conversar sobre o acordo (Gustin *et al.*, 2005).

Finalmente, após um novo contato com Maria, via telefone, a equipe de mediação foi informada que eles haviam chegado a um acordo, e que esse já estava sendo cumprido. Percebeu-se, assim, que o "NMC favoreceu o espaço para o diálogo, permitindo a desconstrução do conflito e tendo como conclusão a implicação de ambos na resolução daquela querela. Criou-se um espaço definitivo, que já não era mais físico e não dependia de mais ninguém" (Gustin *et al.*, 2005).

Mas, além da Mediação de Conflitos, há também a Mediação Comunitária.[148] Essa frente, formada por uma equipe interdisciplinar (Direito, Sociologia, Psicologia, Comunicação, Serviço Social, Urbanismo, Administração, Arquitetura e outras áreas relevantes), trabalha *in loco*, buscando dialogar com as lideranças comunitárias, com os agentes do poder público e com os moradores em geral. Apesar de a dinâmica das relações entre esses atores, num local com 40 mil habitantes, ser inesgotável, é possível dizer que o principal objetivo da mediação comunitária é a constituição de "capital social". Esse conceito nos parece tão importante, para os propósitos deste livro, que vale a pena tratar dele um pouco. Como afirmou, em 1916, a educadora Lynda Judson Hanifan, precursora da ideia:

> O indivíduo é socialmente vulnerável, caso entregue a si mesmo... Se ele entra em contato com seu vizinho, e estes com outros vizinhos, haverá acumulação de capital social, que pode imediatamente satisfazer suas necessidades sociais, trazendo potencialidade social suficiente para a melhoria substancial de condições de vida de toda a comunidade (*apud* Putnam, 2000: 19).

A partir daí, muita coisa mudou. Nos anos 1950, um grupo de sociólogos canadenses utilizara o conceito "para caracterizar como moradores de subúrbio tinham ampliado o acesso a direitos e bens através da participação em clubes e associações" (Lyon, 2003: 6); e, na década de 1960, a urbanista Jane Jacobs mostrou "que redes informais de sociabilidade em áreas urbanas constituíam capital social, o que reforçava a segurança pública" (Lyon, 2003: 6). Mas foi somente a partir dos anos 1980, com James Coleman (numa abordagem funcional, que identificava o capital social com os "aspectos da estrutura social que os atores podem usar como recurso para alcançar seus objetivos") (Coleman, 1988: 99) e Pierre Bourdieu (numa abordagem sobretudo crítica, que mostrava a reprodução das desigualdades por meio do capital social) (cf. Bourdieu, 1972) e (Bourdieu, 1980), que o termo ganharia destaque, para depois se consagrar definitivamente nos tra-

---

[148] Muitas vezes, questões individuais recorrentes (tratadas na mediação de conflitos) apresentam uma dimensão coletiva (que deve ser tratada pela mediação comunitária).

balhos de Robert Putnam. Como afirma Sophie Ponthieux, o autor de *Bowling Alone* não inventou o capital social, mas existe claramente um "antes" e um "depois" de Putnam (Ponthieux, 2006: 3).

Em primeiro lugar, numa pesquisa comparativa de diferentes regiões da Itália, Putnam decidiu esclarecer a seguinte questão: o que faz com que determinadas regiões tenham instituições democráticas com desempenho melhor do que as outras? Sua resposta, baseada em diversos indicadores nas regiões italianas, foi taxativa: era a "cultura cívica" que tinha o maior poder explicativo. Com isso, Putnam queria dizer o seguinte: os fatores que mais importavam – para o sucesso das regiões do Norte e do Centro em comparação com as do Sul – eram a participação eleitoral, a leitura de jornais, a confiança de uns nos outros, a existência de círculos literários, de corais, de clubes de futebol e outras formas de envolvimento dos cidadãos. Uma descoberta surpreendente, mas cuja genealogia não escapou aos olhos de Putnam: enquanto o espírito cívico já estava presente no Norte desde o século XI (com as guildas, as fraternidades ou as cooperativas), reinava uma anarquia latente no Sul. O conceito de capital social, assim, aparecia para explicar as diferenças: trata-se da capacidade de cooperação dos indivíduos, assente na existência de redes, onde se desenvolvem normas de reciprocidade, que vão se generalizando, influenciando diversos aspectos da vida comunitária (Putnam *et al.*, 1993).

Apesar desta análise, feita em *Making Democracy Work*, ter tido uma grande repercussão no mundo acadêmico, sendo o livro atacado e elogiado com a mesma determinação, nada se compararia com o que estava por vir. Depois da Itália, Putnam passou a esmiuçar a vida dos norte-americanos, em busca de fatos que esclarecessem ainda mais as suas teses. O que ele descobriu? Que os norte-americanos votavam menos, que eles se interessavam menos pela vida política, que a participação religiosa diminuía, que a taxa de sindicalização se reduzia, que havia menos voluntários na Cruz Vermelha, que a Associação de Pais e Professores já não era tão valorizada, etc. (Putnam *et al.*, 1993: 68-70). Para piorar as coisas, as pessoas iam cada vez mais sozinhas ao boliche! *Bowling Alone* também teve uma grande repercussão, mas agora muito além dos círculos acadêmicos. Putnam desconstruía a antiga ideia da "sociedade americana", tão bem exposta por Tocqueville, associando uma série de problemas urbanos, econômicos e sociais – que rondavam o país – à queda do capital social. Do presidente Bill Clinton aos internautas (graças à <bowlingalone.com>), passando pela mídia e pelas organizações internacionais, uma série de pessoas se familiarizavam com aquele léxico, contribuindo para o que Sophie Ponthieux definiu como o *big bang* do capital social (Ponthieux, 2006: 57).

Qual a visão do Polos com relação a tudo isso? Ora, um resumo simples da ideia de Putnam seria o seguinte: a vida é mais fácil quando se tem elevado capital social (Putnam, 1995: 67). Isso poucos discutem, o que talvez seja a razão do sucesso de *Bowling Alone*. Mas o consenso termina aqui. A temática do capital social, na verdade, não difere muito da análise da sociedade civil que fizemos anteriormente. Por trás de conceitos *simples*, esconde-se uma dinâmica complexa. Não há dúvidas de que os trabalhos de Putnam inspiraram o Polos, assim como quase todos os que passaram a lidar com essa temática. Mas não há dúvidas também de que a compreensão do Polos a respeito do capital social difere não somente da de Putnam, mas sobretudo de outras interpretações. Talvez o principal ponto seja a falta de uma perspectiva crítica. Putnam não enxerga – ou pelo menos omite na sua análise – os riscos referentes às relações de poder que envolvem a dinâmica do capital social, ou seja, a maneira como o "associativismo" pode ser um instrumento perverso, não somente numa perspectiva de "luta de classes" – como foi o enfoque de Bourdieu –, mas sobretudo num contexto mais amplo de democracia, conforme definimos ao fazer um paralelo entre a concepção de sociedade civil dos pontos de vista do projeto "neoconservador" e dos "novos movimentos sociais". A visão geral que o Polos tem de capital social está muito mais próxima de Boaventura de Sousa Santos (embora ele *não* utilize o termo) do que de Putnam, sendo que a metodologia e os marcos teóricos do Programa, ao nos remeter a uma perspectiva crítica, inclusiva, não opressora, participativa, argumentativa, mostram as diferenças.[149]

São diversas as formas pelas quais o Polos trabalha o capital social nas comunidades: por meio de rádios comunitárias (onde são divulgados programas próprios, com temáticas culturais, educacionais, mobilizatórias, etc.); por meio da formação de grupos sociais (como as associações de bairro); por meio da criação de redes locais (envolvendo diversos atores); por meio de cursos de capacitação (com temas ligados à mobilização para melhoria sociais), entre outras. O objetivo, como afirma o professor Menelick de Carvalho Netto, é trabalhar os canais de comunicação entre pessoas e associa-

---

[149] O Polos vem desenvolvendo uma metodologia própria para a constituição de capital social nas comunidades carentes em que atua (cf. Gustin, 2005).

ções, na esperança de se criar polos de discussão pública, transformando problemas locais em problemas de cidadania, ou seja, demandas individuais em demandas coletivas. Dessa forma, há uma preocupação em desobstruir canais, viabilizando não somente a reflexão, mas sobretudo a ação por parte dos envolvidos, para que estes possam não somente buscar seus direitos (constitucionais, negligenciados) junto ao poder público, mas também construir alternativas próprias para melhorar suas histórias de vida.[150]

Por fim, é preciso citar outros projetos do Polos, que não somente interagem com a ideia de capital social, como multiplicam os eixos de ação do Programa. Fazemos aqui uma breve alusão à trupe "A Torto e a Direito", grupo de teatro universitário que, inspirado-se no "Teatro do Oprimido", realiza apresentações nas comunidades, colocando em cena temas de interesse local, como a preservação ambiental, a especulação imobiliária, a prostituição infantil e outros (cf. Nicácio, 2008). O projeto "Economia Solidária" trabalha para a constituição de cooperativas populares nas comunidades, visando a emancipação dos trabalhadores envolvidos (cf. Gustin *et al.*, 2008). O projeto "Vale de Cidadania" (continuação dos projetos "Mosaico" e "18 de Maio") trabalha com geração de renda e combate à prostituição infantil no Vale do Jequitinhonha (norte de Minas Gerais). O projeto "Fortalecendo as Escolas na Rede de Proteção à Criança e ao Adolescente na Região Metropolitana de Belo Horizonte" tem como objetivo a capacitação de professores e educadores, além da formação de redes para combater a violência contra crianças e adolescentes.

Como podemos perceber, são diversas iniciativas, envolvendo diversos saberes universitários, que dialogam de forma constante com a sociedade.

§4. A "educação liberal" do Polos: conciliando o *individual* com o coletivo?

As atividades do Polos mostram uma forma inovadora de "educação liberal". Não se trata de uma "Formação Pessoal" (como no caso "utilitarista"), nem de uma "elite esclarecida" (como no caso da tradição dos "*Great Books*"), nem tampouco de uma "Cultura Geral" (como no caso de Renaut). O que o Polos busca, na formação dos alunos, é conciliar o *individual* com o *coletivo*, indo ao encontro da antiga tradição grega (da *Paideia*) e da formação do *gentleman*

---

[150] Entrevista gravada, disponível no arquivo do Polos, na Faculdade de Direito da UFMG. Menelick de Carvalho Netto, junto com Miracy Gustin, foi um dos fundadores do Polos.

CAPÍTULO 6 O "MODELO PARTICIPATIVO" 221

(de Newman). Mas se o elitismo desta última proposta (Newman acreditava apenas na formação de uma casta dirigente), passado mais de um século, encontra dificuldades para legitimar suas razões, a releitura desse ideal da "educação liberal" nos parece presente, de forma bastante elucidativa, nas atividades do Polos, já que há uma clara preocupação em conciliar a formação *individual* dos alunos com um conteúdo *coletivo*. As atividades do Programa, conforme vimos, misturam a aquisição de um conteúdo pessoal acadêmico (jurídico, econômico, sociológico, artístico ou outro) e a sua aplicabilidade, em seguida, tanto de forma reflexiva como prática, numa perspectiva social. O aluno que trabalha na constituição de capital social, por exemplo, adquire um aprendizado individual (em diversos campos do conhecimento), válido para o resto da sua vida profissional, ao mesmo tempo que ele trabalha (como pensador e como ator) na perspectiva de uma sociedade melhor. Além disso, no universo do Polos, percebe-se a capacidade de emancipação dos alunos, no sentido de se tornarem agentes do seu próprio conhecimento, de formarem coletivamente um saber, contexto muito diferente do que os que postulam Renaut, Bloom, Gibbons ou Freitag.

Nesse último sentido, o Polos recupera uma prática dialógica da educação, como defendia Paulo Freire, enxergando na relação com o outro o componente pedagógico (cf. Freire, 2002). Embora por um caminho diferente, John Dewey também colaborou para essa ideia. Sua defesa da "educação progressiva" (aquela feita a partir da reconstrução da experiência ou das relações comunicativas dos indivíduos na sociedade)[151] também enfatizava um aprendizado dialógico. Mas a compreensão geral dessa "educação liberal", promovida pelo Polos e conceituada no nosso "modelo participativo", vai muito além da pedagogia, inserindo-se dentro de toda uma visão de sociedade. O próprio Dewey, uma das grandes fontes da Universidade Nova,[152] ao defender o entrelaçamento da educação e da democracia, levava o aprendizado para uma outra dimensão.[153] Seria essa a essência da participação?

---

[151] Em contraposição com a "educação tradicional", que é receptiva, submissa e obediente (cf. Dewey, 1963).

[152] Na verdade, uma fonte indireta. A fonte, conforme já afirmamos, foi Anísio Teixeira, o qual se inspirou em John Dewey.

[153] Para Dewey, "uma democracia é mais que uma forma de governo: ela é antes de tudo um modo de vida associado, experiências comuns em comunicação", sendo que a educação, para ele, está na base dessa construção (Dewey, 1990: 133).

6.III. O diálogo com a *multiversity*: caminhos semelhantes, direções contrárias?

Vimos como a ideia de *multiversity* marcou a história da universidade. Clark Kerr, no começo dos anos 1960, anunciava uma instituição dinâmica, plural, contextualizada, em que todos os modelos universitários pudessem estar presentes. Sem adorar um único Deus, dizia ele, como o multiverso de William James, aquele modelo de universidade era uma ideia enraizada na lógica da história. Passados quase 50 anos, quais as lições da *multiversity*? Teria ela alguma afinidade com o "modelo participativo"? Ou seria o Modo 2, de Gibbons, seu herdeiro necessário?

§1. Em defesa de Kerr: o "modelo participativo" como *parte* da *multiversity*?

No Capítulo 3, vimos como Kerr foi atacado de todos os lados. Na "guerra do campus", como definiu John Searle, o presidente de Berkeley estava no centro das atenções, e sua *marketversity*, diziam os adversários, tinha sucumbido aos caprichos utilitários. Porém, defendíamos a tese de que o rótulo de "apóstolo do neoliberalismo" não lhe podia ser atribuído: a *multiversity*, pelo menos em teoria, não compartilhava os postulados do neoliberalismo.

A razão dessa nossa defesa de Kerr, como não poderia deixar de ser, é o fato de que existem semelhanças muito grandes entre a *multiversity* e o "modelo participativo". Se analisarmos o caso do Polos, por exemplo, veremos como há um dinamismo, uma contextualização, uma abertura para fora dos muros da universidade, um pluralismo de atividades (ensino, pesquisa, extensão), uma série de parcerias, uma responsabilidade social, uma flexibilidade nas grades curriculares etc. Tudo isso foi defendido por Kerr. É verdade que o Polos trata apenas de determinados temas – cidadania, direitos humanos, emancipação...–, mas a metodologia do Programa, se alargada para um modelo de universidade, poderia contemplar todo o multiverso que se referia Kerr, se ampliando "até o ponto de abraçar o conjunto da sociedade".

Um outro ponto em comum (entre a ideia da *multiversity* e a ideia do "modelo participativo") é a governabilidade da universidade. Kerr defendia a tese da heterogeneidade, ou seja, diversas vozes deveriam ser levadas em conta na administração da instituição: os estudantes, os professores, o poder público, os ex-alunos, os doadores, a imprensa, as comunidades empresarias, rurais, sindicais etc. (Kerr, 1982: 30-36). Para ele, o presidente (ou reitor) da universidade era, acima de tudo, um mediador de "culturas" (Kerr, 1982: 41) e somente os "moderados", capazes de administrar tantos interesses, poderiam ter o controle da multiversidade (Kerr, 1982: 109).

Kerr não entra nos detalhes dessa "governabilidade", mas o quadro analítico que ele propõe nos parece compatível, salvo algumas considerações, com o "modelo participativo". É verdade que Kerr jamais faz referência ao termo "democratização" – que é a espinha dorsal da nossa ideia –, mas o seu apelo à "moderação" ou à "conciliação" não foge muito daquilo que defendemos. Almeida Filho, no mesmo sentido, falava da noção habermasiana de "comunidades ideais de diálogo" (Santos; Almeida Filho, 2009: 237), que também nos remete a esse universo mediador, presente tanto em Kerr como no "modelo participativo".

Mas é sem dúvida Boaventura de Sousa Santos, ao falar da democratização externa e interna da universidade, quem vai nos esclarecer sobre a "governabilidade". No caso da democratização externa, nos diz ele, "o que está em causa é a criação de um vínculo político orgânico entre a universidade e a sociedade que ponha fim ao isolamento da universidade que nos últimos anos se tornou anátema, considerado manifestação de elitismo, de corporativismo, de encerramento na torre de marfim, etc." (Santos 2004: 100). Para Santos, essa democracia externa "é fundamental para tornar transparentes, mensuráveis, reguláveis, e compatíveis as pressões sociais sobre as funções da universidade. E sobretudo para as debater no espaço público da universidade e torná-las objeto de decisões democráticas" (Santos, 2004: 102).

A democracia externa, no entanto, só pode ganhar efetividade e ser compreendida se ela for concomitante com uma democratização interna, ou seja, a democratização da governabilidade – das tomadas de decisão – da universidade. Para compreender essa simbiose, Santos defende que

> A democracia externa pode ser concretizada, por exemplo, através de conselhos sociais, social e culturalmente diversos, com participação assente na relevância social e não nas contribuições financeiras, definidas em base territorial (local regional), sectorial, classista, racial, sexual. A participação nos órgãos de democracia interna deverá assim ser informada pelos princípios de acção afirmativa, trazendo para os Conselhos os grupos e interesses sociais até agora mais distantes da universidade. O importante é que os conselhos não sejam uma mera fachada e, para isso, para além das suas funções consultivas, devem ter participação nos processos de democracia participativa que forem adoptados no interior da universidade (Santos, 2004: 103-104).

Não é possível pensar um modelo padrão para essas formas participativas (envolvendo aspectos internos e externos) de decisão nos conselhos das universidades. Elas variam de caso para caso. Por isso os termos de "mediação" ou de "conciliação", aos quais se referia Kerr, nos parecem pertinentes, como ideia geral. No capítulo anterior, no entanto, fizemos algumas referências (e mostramos alguns exemplos) de como o binômio participação-deliberação vem sendo usado e de como ele abre toda uma perspectiva de trabalho. Se tomarmos o caso do Polos, por exemplo, veremos o quanto ele segue essa ideia. Ao trabalhar o capital social nas comunidades, o Programa divide seu poder de decisão com os moradores locais, com agentes governamentais, com empresas que atuam na região, com os alunos da universidade etc. Há diferentes reuniões feitas no interior da universidade com esses atores, onde são debatidos temas como a estratégia de atuação nas comunidades, a capacitação interna dos alunos do Polos, a forma de organização do Programa etc. É verdade que isso não envolve diretamente os conselhos administrativos da UFMG, mas se levarmos a lógica do Polos às ultimas consequências, essa contextualização (ou essa presença externa) seria necessária para definir uma linha de pesquisa, o conteúdo do ensino, a destinação dos recursos etc.

Não se trata, como na visão "autonomista", de apenas imaginar uma "transversalidade" entre a universidade e a sociedade, de forma que a primeira não perca a autonomia do seu campo. Muito pelo contrário, trata-se de uma isonomia dos campos, que se tornam interligados, num verdadeiro multiverso. Ao ser lançada, nos disse Kerr, essa ideia foi "lamentada por alguns, aceita por muitos e (...) glorificada por poucos" (Kerr, 1982: 19). Será que, passados quase 50 anos, as coisas continuam da mesma forma?

§2. O financiamento das universidades: a *multiversity* entre a "participação" e o Modo 2

Ao analisar o legado da *multiversity*, nos deparamos com um paradoxo: ao mesmo tempo que ele influenciou o "modelo participativo", ele também deixou as bases para o Modo 2. Porém, conforme vimos, existem diferenças, sobretudo no que toca à relação com o universo econômico. A questão do financiamento das universidades, nesse caso, tem um papel fundamental. Qual seria, hoje em dia, a posição de Kerr?

Para falar sobre a questão do financiamento das universidades, conforme já assinalamos, não podemos deixar de tocar no fenômeno da massificação.

CAPÍTULO 6 O "MODELO PARTICIPATIVO"   225

Esse é um dos pontos nevrálgicos do argumento daqueles que defendem uma diminuição dos investimentos do Estado no ensino superior. Afinal, com a massificação, ficou muito caro assumir sozinho essa função. Esse argumento traz consigo uma segunda justificativa, sobre a qual também já fizemos referência, que é a crise do Estado do bem-estar social. Com a passagem do *capitalismo organizado* para o *capitalismo desorganizado*, o Estado entrou numa crise irreformável, o que justifica uma diminuição de investimento nas políticas sociais em geral, dentre elas, a educação superior. Um terceiro argumento, em favor da descapitalização pública das universidades, também ligado aos anteriores, é que as taxas de rentabilidade nos investimentos no ensino superior são mais altas para o indivíduo do que para a sociedade. Ou seja, como o dinheiro que o Estado investe no ensino superior traz mais benefícios para o indivíduo, que ganha uma formação e depois consegue um emprego, este deveria pagar pelo serviço, deixando que o dinheiro do Estado fosse investido em algo que trouxesse um maior retorno social.[154] Por fim, existe o argumento de que o dinamismo das instituições privadas, inspiradas na gestão empresarial, traz melhores resultados, sobretudo na pesquisa, do que o modelo público, assente na burocracia estatal.[155]

Apresentados aqui de forma geral, esses argumentos podem ter algumas variações. O Banco Mundial, por exemplo, conforme já assinalamos, pedia a partir dos anos 1990 que os governos, sobretudo dos países em desenvolvimento, deixassem de investir no ensino superior (cf. Banco Mundial, 1994 e World Bank, 1998), mas acabou amenizando sua posição, mais recentemente, ao sugerir um balanceamento entre os investimentos público e privado, embora não deixe de enfatizar sua preferência pelo segundo (cf. World Bank, 2000). Esses argumentos também podem variar, no sentido de nem todos estarem presentes em um mesmo autor, mas no conjunto eles refletem o arquétipo que identificamos com o Modo 2. Nesse sentido, Gibbons deixa claro a sua posição:

> Embora na maioria dos países industrialmente avançados o Estado vá permanecer a fonte predominante para financiar o ensino superior, o financiamento em bloco provavelmente será substituído por uma perspectiva mais focada, espe-

---

[154] Cf. Mayor e Tanguiane, 2000: 110-112. Com relação a esse argumento, os autores se referem sobretudo ao relatório *La Enseñanza Superior* (Banco Mundial, 1994).
[155] Cf. Gibbons, 1998: 25-27 (que defende a ideia) e Montlibert, 2004: 38-53 (que a descreve muito bem, criticando-a).

cialmente na pesquisa e na educação universitária, via mecanismos de alocação imitando o mercado. Ao mesmo tempo, é possível que as rendas não provenientes do Estado passem a ser mais significativas, com o próprio Estado incentivando essa mudança (Gibbons, 1998: 23).

Ou seja, levando em conta os argumentos acima, Gibbons defende um modelo de ensino superior híbrido, público e privado, mas que tenderia cada vez mais para o segundo, sendo que o Estado seria responsável por essa mudança. Como não poderia deixar de ser, essa é uma das principais diferenças entre o Modo 2 e o "modelo participativo", sendo que agora veremos o porquê.

Para começar, gostaríamos de tratar da questão da legitimidade. Esse argumento de Gibbons, visando priorizar o financiamento privado, parte de uma visão economicista, corroborada sobretudo pelo Banco Mundial, pelo FMI, pela OMC e outras organizações. Devido ao peso dessas organizações internacionais, esse argumento tem se tornado hegemônico, influenciando a reforma do ensino superior em diversos países. Se defendemos, ao longo deste trabalho, um paradigma epistemológico enfraquecido, não se trata de provar, de forma definitiva, que essa posição economicista está errada (muitas vezes, elas traz argumentos pertinentes), mas mostrar que existem posições contrárias, talvez com legitimidade maior. É nesse sentido, conforme já assinalamos, que Marco Antônio Dias mostrava a diferença entre a Primeira Conferência Mundial de Ensino Superior (que pedia maior financiamento público das universidades) e os argumento economicistas que vinham sendo defendidos na época (que pediam menos interferência do Estado). Já Mayor e Tanguiane, além de citarem a Conferência Mundial, fazem alusão às diversas Conferências regionais, que antecederam o evento de Paris. Para citar apenas duas, enquanto no documento final de Dakar lemos que "cabe ao Estado assumir a responsabilidade principal do financiamento do ensino superior", no de Tóquio refere que "hoje, apesar da tendência geral à diversificação das fontes de financiamento, o apoio público ao ensino superior e à pesquisa permanece essencial para a realização das missões educativas e sociais" (Mayor e Tanguiane, 2000: 106-107).

Mas a questão da legitimidade, claro, também tem que passar pelos argumentos. Nesse caso, se a "posição economicista" fala de custo alto, de crise do Estado e de vantagens individuais, gostaríamos de apresentar um conjunto de teses contrárias. Para começar, Marilena Chauí nos traz uma informação interessante. Criticando aqueles que pedem uma descapitalização da universidade pública, no Brasil, em virtude da relação custo-aluno, ela nos diz que

> esse argumento é enganador, pois calcula os gastos tomando as verbas anuais das universidades públicas, dividindo-as pelo número de alunos, e tem como resultado uma cifra altíssima, porque deixa na sombra o fato de que nessas verbas estão incluídos hospitais universitários, centros de atendimento à população, centros de pesquisas, obras de infraestrutura e aquisição de livros e equipamentos para laboratórios, além do salário dos inativos (Chauí, 1999).

Inserido de certa forma no argumento de Marilena Chauí está o conceito de "externalidades", sobre o qual não podemos deixar de falar. Surgido no campo da economia, para falar das "atividades que impõem custos ou benefícios involuntários a terceiros e cujos efeitos não são plenamente refletidos em preços e transações nacionais",[156] o conceito de "externalidades", usado de forma mais abrangente para falar do ensino superior público, vai nos chamar a atenção não para os benefícios individuais, mas para os ganhos da sociedade, como um todo, que irá se beneficiar com a sua promoção. E se no caso dos hospitais universitários e dos centros de atendimento à população, aos quais se referia Marilena Chauí, ou da pesquisa pública, como um todo, essas "externalidades" são facilmente mensuráveis, é preciso também chamar a atenção para os ganhos da sociedade com o ensino. U. Teichler e B. Kehm, por exemplo, criticando aqueles que falam da "*over-education*" – no sentido de que há um excesso de educação, sobretudo nas áreas de humanidades, com uma grande taxa de desemprego –, afirmam que não somente há ganhos materiais, para a sociedade e para a economia, com a cultura geral que é produzida e partilhada nas universidades, mas que é um absurdo falar de "*over-education*", sobretudo quando se gasta tanto dinheiro em armas, como é o caso dos Estados Unidos. "Nem a sociedade, nem os indivíduos – concluem eles – jamais sofreram nem podem sofrer de um 'excesso' de educação" (*apud* Mayor e Tanguiane, 2000: 77).

Um outro problema, com relação a esse argumento de ganho individual do ensino superior, é que ele toma por base a concepção de "educação liberal" do "modelo liberal". Nesse caso, conforme vimos, a educação seria a

---

[156] Definição de Samuelson e Nordhaus, *apud* Ioschpe, 2004: 68.

aquisição de certas competências – configurando um *savoir faire* específico – que permitem o engrandecimento pessoal do individuo, preparando-o para o sucesso profissional. Com o exemplo do Polos, vimos uma proposta de educação que vai muito para além disso, trabalhando temas como a responsabilidade social ou a formação cidadã, dentre outros. Nesse sentido, não há como avaliar o quanto um projeto de universidade, que realmente tivesse esses princípios como norte, pode contribuir para o conjunto da sociedade. E é justamente aqui que se encontra a aposta do "modelo participativo".

Ainda com relação ao custo-benefício, Mayor e Tanguiane fazem a seguinte pergunta: como medir a rentabilidade da educação? Essa resposta, nos dizem eles, amparados na opinião do Prêmio Nobel de Economia W. A. Lewis, passa muito mais pela filosofia do que pela economia (Mayor e Tanguiane, 2000: 16-17). Na verdade, o que "temos é uma necessidade urgente de 'educar a economia' e não de 'economizar a educação'". (Mayor e Tanguiane, 2000: 18). James Tobin, outro ganhador do Nobel de Economia, numa entrevista para o *Courrier de l'UNESCO*, também mostra o seu ceticismo com relação à série de argumentos "liberais", segundo os quais a educação e as ciências deveriam ser mais ligadas ao mercado, o Estado deveria investir menos na universidade, o ensino superior apresenta mais vantagens individuais etc. Falando especificamente a respeito da mudança da racionalidade pública, no ensino superior, para a racionalidade privada, Tobin foi breve: "No meu espírito, (...) globalmente, é o egoísmo a curto prazo" (*apud* Mayor e Tanguiane, 2000: 103).

Por fim, no que toca ao argumento de que as instituições privadas são mais eficientes do que as públicas, é preciso fazer os seguintes comentários. Em primeiro lugar, uma observação de ordem filosófica. Afinal, a definição de eficiência não somente é relativa, dependendo de uma série de premissas, como ela está envolvida numa questão muito mais abrangente, que é a escolha de sociedade. Ao longo deste trabalho, vimos diversos exemplos de como a racionalidade econômica, geralmente usada como principal critério de eficiência, pode ter efeitos perversos, e como muitas escolhas científicas passam, antes de tudo, por discussões sobre a maneira de como gostaríamos de viver. Em segundo lugar, como vem insistindo Joseph Stiglitz, é preciso acabar com a crença nas afirmações genéricas, do tipo "os governos são piores do que o mercado" (Stiglitz, 1998: 20). Não que as universidades se confundam com os governos, mas é o mesmo argumento que pode ser usado para contrariar a tese de maior eficiência do privado sobre o público. E se Stiglitz, nos seus exemplos, cita diversos casos de empresas públicas bem--sucedidas,[157] em que o critério de eficiência é basicamente o econômico, o que dizer da educação, da pesquisa e da extensão, que tratam de temas que vão muito além desse critério único?

Em terceiro lugar, tendo como referência a situação das universidades brasileiras, é preciso dizer, como vem fazendo Marilena Chauí, que não há como exigir critérios de eficiência das instituições públicas, tendo uma política de sucateamento das mesmas como base (Chauí, 2004; Chauí, 2001). Ou seja, tem que haver condições financeiras mínimas para que a universidade pública possa mostrar sua "eficiência", seja qual for a definição desta. Leonardo Avritzer, por sua vez, comentando a afirmação de que "um sistema puramente estatal não está em condições para satisfazer as demandas por excelência", feita pelo Relatório do Grupo Especial de Trabalho sobre Educação Superior do Banco Mundial, nos mostra como no caso do Brasil, apesar do descaso com o financiamento das universidades públicas e do crescimento das instituições privadas, as primeiras conseguiram manter um padrão de excelência, enquanto as segundas ficaram voltadas para interesses mercadológicos. Para Leonardo Avritzer, esse êxito das universidades públicas com relação às universidades privadas está ligado à capacidade de autonomia das primeiras, enquanto as segundas "ainda passam por um grau exagerado de controle financeiro e administrativo dos seus proprietários, um controle que as impede de ter políticas de médio prazo ou mesmo de passar de uma lógica privada estrito senso para uma lógica de capitalismo acadêmico" (Avritzer, 2004). Assim, conclui ele, "não há como deixar de apontar que, no caso do sistema universitário de ensino e pesquisa, o modelo estatal no Brasil é mais bem-sucedido do que o modelo privado" (Avritzer, 2004).

Nos anos 1960, Clark Kerr imaginava uma instituição híbrida, com financiamento público e privado, como não poderia deixar de ser uma *multiversity*. Cinquenta anos depois, Gibbons pede um *shift* para o mercado, com uma forte crença na racionalidade econômica. O "modelo participativo", conforme já assinalamos, segue na direção contrária, e Córdoba é sem dúvida a maior fonte de inspiração.

---

[157] Stiglitz cita, por exemplo, o caso das usinas siderúrgicas e dos estaleiros navais nos países do Leste Asiático, que apresentam a maior produtividade do mundo (Stiglitz, 1998: 29-30).

6.IV. O diálogo com Córdoba: entre sonho e realidade?

> Se nós conseguirmos reverter na universidade o velho espírito hierárquico de cima para baixo e criar poderes de baixo para cima, nós lançaremos na sociedade autoritária uma faísca que cedo ou tarde inflamará o conjunto das formas de poder. Ser reformista para a universidade é ser, a médio ou longo prazo, revolucionário para toda a sociedade.
>
> Paul Ricœur, prefácio de Dreze e Debelle, 1968, *Conceptions de l'université*, p. 20.

A frase de Paul Ricœur corrobora o antigo sonho de Córdoba. Afinal, não somente "reforma universitária [era] o mesmo que reforma social", como era "na universidade [que] estava o segredo da transformação da sociedade". O objetivo de Córdoba era uma mudança geral, uma renovação das estruturas políticas, econômicas, sociais, culturais, começando a partir da universidade, para em seguida conquistar todo um continente, no caso a América Latina. Córdoba seria uma espécie de vírus que se reproduziria e ganharia consistência no interior da universidade, para depois contaminar, como a faísca a que se referia Ricœur, o conjunto da sociedade. O que queremos mostrar, nesta última seção, é como o "modelo participativo" se apresenta como arquétipo para atingir esse sonho, e como algumas iniciativas isoladas são capazes de inspirar ações para que esse sonho possa se realizar.

§1. Um "novo senso comum"? A universidade numa verdadeira democracia

> Se quisesse formular de modo (...) essencial o resultado do movimento reformista que estamos examinando, creio que com toda exatidão e justiça histórica deveria buscar a noção de *democratização*... A Reforma Universitária substituiu uma universidade fechada e oligárquica, classista, por uma universidade aberta, popular, verdadeiramente nacional, na qual se reflete o contrastado reflexo de nossas comunidades e na qual o controle institucional, o poder de decisão, tende a estar distribuído entre vários componentes socialmente bem balanceados (...).
>
> Augusto Salazar Bondy, *apud* Carlos Tunnermann, *Sesenta años de la reforma universitaria de Córdoba*, p. 98.

A afirmação do filósofo e educador peruano Salazar Bondy, se referindo à Córdoba, é válida para o contexto atual, sobretudo para nossa definição do "modelo participativo". Essa busca pela *democratização*, afinal, foi um dos principais objetivos deste trabalho: passando pela epistemologia, pela ciência, pela organização social, pela política, vimos como uma "democracia radical", tanto dentro como fora da universidade, é indispensável para delinear um arquétipo institucional participativo. Boaventura de Sousa Santos avança um conceito importante, o de "novo senso comum", que talvez seja o melhor para sintetizar essa *democratização*, hoje em dia, e para nos conduzir, nesta última seção, a uma análise conclusiva.

De forma breve, o "novo senso comum", retomando muito do que já falamos anteriormente, pode ser explicado da seguinte forma. O conhecimento científico ou a racionalização surgiu na Modernidade contra o senso comum, considerado superficial, falso e ilusório. Essa primeira ruptura epistemológica, conforme assinalamos, foi extremamente importante: ela possibilitou um salto não apenas nas ciências (naturais e sociais), como na organização sociocultural como um todo. Essa racionalização, porém, conheceu os seus limites: fruto do seu próprio sucesso, a complexidade que ela desvendou, impôs-lhe uma série de desafios. O que Santos nos propõe, então, é uma segunda ruptura epistemológica: o conhecimento científico, agora, tem que virar um "novo senso comum". Isso significa o seguinte: as verdades, as possibilidades, os desdobramentos a partir do conhecimento científico foram tamanhos, que este acabou se transformando; o que era uma certeza, passa a ser um argumento retórico; o que era uma ordem estável, se transforma em uma alternativa; o que era uma racionalização crescente, aparece como uma dúvida infinita. Assim, o "novo senso comum" é um movimento para seguir na direção de um consenso. É uma vontade de se atingir uma verdade, ainda que provisória, para perpetuar nossa capacidade de vivermos em sociedade. De que forma?

A única maneira, como não poderia deixar de ser, é pela *democratização*. Ou seja, fazer com que haja um diálogo permanente, em que sejam respeitadas todas as vozes, trazendo legitimidade para as nossas decisões. É aqui que vamos entender a livre associação dos indivíduos para realização da *Bildung*, sobre a qual falava o jovem Humboldt ou a educação para uma "conversa da humanidade", trazendo experiências comuns em comunicação, como dizia Dewey. Essa busca por um "novo senso comum", então, aparece como arcabouço filosófico ou como uma teoria da sociedade, cujos principais desafios pudemos observar ao longo deste livro: ainda no léxico de Santos, trata-se de fazer "proliferar as comunidades interpretativas", de "transformar o poder em autoridade compartilhada" ou de "reinventar a emancipação social" (Santos, 2001).

O "modelo participativo" é aquele que tem essas premissas como base. Toda a vontade de contextualizar o conhecimento, de assumir uma responsabilidade social, de fazer uma educação cidadã, de ampliar a democracia dentro e fora da universidade fazem parte desse processo. E não há dúvida de que, na história da universidade, Córdoba tenha sido o arquétipo institucional que mais se aproximou desse ideal, apesar de todo aquele anarquismo metodológico que caracterizou o movimento. O que gostaríamos de mostrar agora é como esse sonho, de uma maneira mais pragmática, pode se tornar uma realidade.

§2. O "modelo participativo" como "instituição diretiva"

> Mais do que em qualquer país Ocidental no ultimo século, o desenvolvimento do ensino superior na América tornou possível uma fé social no mérito, na competência, na disciplina e no controle que eram fundamentais para concepções aceitas de conquista e de sucesso.
>
> Burton J. Bledstein, *The Culture of Professionalism*, p. X.

Se na Introdução fizemos alusão a essa tese de Burton J. Bledstein, esperamos que agora esteja claro como ela pode ser transposta para um outro nível. Afinal, para Bledstein, foi nas instituições (norte-)americanas que se criou a "*culture of professionalism*":

> A universidade americana era essencial para esse esforço – dizia ele – (...) ela se tornou uma instituição central na economia política americana, caracterizada pela consciência de status e de competitividade (Bledstein, 1976: 333).

Instigar então uma outra cultura, "participativa", eis o propósito do nosso modelo de universidade. Essa proposta passa por uma visão institucional, ou seja, pela defesa da universidade como um bem público-estatal, cujos externalidades não podem ser subestimadas. "Se você acha a educação cara, experimente a ignorância", diz uma anedota; "Quando abrimos uma escola fechamos uma prisão", completa outra.

CAPÍTULO 6 O "MODELO PARTICIPATIVO" 233

Na verdade, o caráter institucional que defendemos tem por objetivo assumir uma "posição diretiva". Com isso, queremos dizer o seguinte. É preciso uma universidade pública-estatal forte para influenciar uma "sociedade participativa". A universidade, na nossa visão, assim como queria a *multiversity*, se mistura com a sociedade. Mas ao contrário do modelo de Kerr, que acabou gerando um excesso de *"culture of professionalism"*, o nosso modelo visa um excesso de "cultura participativa".

O caráter público-estatal da universidade, nesse caso, é fundamental. Não se trata de uma universidade financiada exclusivamente pelo Estado, mas o apoio deste tem que ser forte o suficiente para que, em primeiro lugar, os interesses privados não se sobreponham aos interesses gerais e, em segundo lugar, para que haja uma verdadeira transformação. O exemplo do Polos pode nos esclarecer: de um lado, nada impede que o Programa busque uma parte do seu financiamento na iniciativa privada (como no caso dos programas de responsabilidade social de empresas que destinam recursos para projetos sociais); de outro, fica claro que, se o Programa obtivesse mais recursos do Estado, podendo atuar de forma mais consistente e em um numero maior de regiões, os resultados poderiam ser mais significativos.[158] Resumindo, os financiamentos privados têm que ser complementares para que as universidades não percam a autonomia das suas iniciativas, e os financiamentos públicos têm que ser fortes o suficiente para que as ações da universidade ultrapassem seu caráter pontual, exercendo realmente um poder de transformação. É respeitando essas duas questões, referentes ao financiamento, que uma "universidade participativa", por meio do ensino, da pesquisa e da extensão, poderá se tornar uma verdadeira "instituição diretiva".

Vejamos, nesse sentido, o caso do ensino, tomando novamente o Polos como exemplo. Uma das coisas que mais chama a atenção é a capacidade de formação cidadã que o Programa propicia, seja por meio da compreensão da realidade social, do engajamento pessoal em ações específicas, do enaltecimento do espírito de solidariedade, da formação de atores sociais, do

---

[158] Exemplo claro disso são os Núcleos de Mediação e Cidadania do Polos, que recebem uma demanda maior do que podem atender. A falta de recursos, aliás, é um problema recorrente no Programa. Muito tempo e energia são gastos para buscar fontes de financiamento alternativas, que nem sempre são satisfatórias. Se houvesse mais alunos-bolsistas, mais professores e profissionais trabalhando, além de recursos extras para que o Polos, de forma autônoma, pudesse investir mais nos projetos, os resultados poderiam ser sem dúvida mais expressivos.

aumento da preocupação com a esfera pública. Mas o Polos trata de uma realidade específica, ligada sobretudo aos direitos humanos. Se imaginarmos essa metodologia numa escala maior, abrangendo outras áreas, poderíamos imaginar toda uma "cultura da cidadania" se multiplicando no seio da sociedade. Será que o dinheiro público investido, nesse caso, não poderia trazer externalidades significativas?

É respondendo de forma afirmativa a essa hipótese que trabalha o "modelo participativo". Isso nos permite, mais uma vez, compreender nossa definição de "educação liberal": não se trata de uma aquisição de competências individuais, nem tampouco de uma simples "cultura geral". Há um equilíbrio, de um lado, entre essas competências individuais e a cultura geral, e há uma contextualização, em seguida, desse equilíbrio, tendo em vista a esfera pública, a organização social, o viver em conjunto, a cultura política. O caráter "institucional diretivo" da universidade pública-estatal, então, estaria em fomentar essa "educação liberal", de forma consistente, fazendo com que ela se multiplicasse no seio da sociedade. Seria esse o primeiro passo para recuperamos o sentido da *Paideia*?

Já no que toca à pesquisa, o caráter "institucional diretivo" da universidade pública-estatal estaria em garantir a legitimidade das decisões, o que é uma das principais reivindicações da "sociedade participativa". Gibbons, conforme vimos, também fala dessa legitimidade, quando evoca o conceito de robustez, mas não somente ignora os efeitos perversos do excesso de racionalidade econômica, como não leva às últimas consequências a lógica democrática e participativa que acreditamos ser a mais condizente com a realidade da pesquisa (e da ciência) contemporânea. Richard Sclove, ao contrário, é um dos autores que mais vem se destacando nesse campo. Formado em Engenharia Nuclear pelo MIT, sua preocupação com a legitimidade das decisões técno-científicas começou quando ele foi convidado para participar de um grupo de estudo em política energética, do qual faziam parte um diretor do Banco Mundial, alguns professores de Harvard e membros do governo americano. Em face de medidas que poderiam influenciar a vida de milhares de pessoas, Sclove ficou impressionado pela maneira como as opiniões contrárias às do grupo não eram levadas em conta, ou seja, "a que ponto as conclusões (do grupo) implicavam julgamentos de valor de grande porte" (Sclove, 2003: 15). No seu clássico *Democracy and Technology*,[159]

---

[159] Recorremos, sobretudo, à tradução francesa (*Choix technologiques, choix de société*).

Sclove faz um apanhado geral das possibilidades de interação entre a técno-ciência e a democracia, que correspondem às expectativas de um "modelo participativo": da abertura de espaço para a formação de facilitadores da democratização da ciência à criação de programas de pró-graduação de cidadania ativa na área da ciências,[160] passando pelo incentivo da relação entre ciência e comunidade,[161] são diversas as iniciativas que poderiam criar uma verdadeira "cultura participativa". Mais uma vez, a lógica privada (baseada no lucro, na eficiência, nos resultados) nos parece insuficiente para tratar com a devida atenção a questão da legitimidade. A universidade pública--estatal poderia, assim, assumir uma "posição diretiva" se, de um lado, fomentasse essa "cultura participativa" e, de outro, fosse forte o suficiente para ter o controle ou pelo menos uma influência significativa na agenda nacional. Isso não impede que a iniciativa privada faça parte desse processo, mas o fomento de uma "cultura participativa", no universo da tecno-ciência, não somente evitaria muitos riscos ligados aos excessos da racionalidade econômica, como traria mais legitimidade para as nossas decisões.

Por fim, a extensão está diretamente ligada à nossa ideia de uma "instituição diretiva". A extensão, conforme vimos, é um conceito mutante e controverso, que trata da relação da universidade com a sociedade. Nossa definição, porém, não trata a extensão como algo "assistencialista", "educativista" ou "direcionista", como foi o caso em diversas oportunidades. A extensão está muito mais ligada à contextualização das atividades da universidade (do ensino, da pesquisa e demais atividades), no sentido de que elas dialoguem com a sociedade, definindo em conjunto o que é melhor para ambas as partes. A extensão, assim, está muito mais ligada à ideia de autonomia da universidade, no sentido de que esta tem que estar condicionada à sociedade, ou seja, as decisões relativas às atividades da universidade precisam passar por uma relação externa, elas precisam ter uma legitimidade social, elas precisam, usando a expressão de Boaventura de Sousa Santos, passar por um "novo senso comum".

---

[160] Sclove cita o caso do Worcester Polytechnic Institute (WPI), que exige que todos os estudantes de pós-graduação desenvolvam um projeto ligando ativamente a formação técnica deles com um problema social (Sclove, 2003: 224).

[161] Sclove cita o caso clássico, nesse sentido, que foram as *science shops*, instituídas na Holanda. Essas "butiques de ciência" foram criadas nas universidades públicas para responder às preocupações das coletividades, das organizações de interesse público e dos sindicatos sobre questões sociais e tecnológicas (cf. Sclove, 1995: 225-226).

Mais uma vez, não é fácil entender essa definição. A extensão, na maior parte das vezes, é vista como função, ligada à responsabilidade social das universidades, às atividades extramuros, aos cursos que a universidade oferece para a população, aos conhecimentos transmitidos... Mas essa identificação como função, como nos dizia Cristovam Buarque, apesar de ainda ser válida, deve ser ultrapassada: "Um dia a extensão será apenas um método" (Buarque, 1993: 137).

O Polos talvez seja um dos melhores exemplos para compreender esse processo. Suas atividades enquadram todas aquelas funções a que nos referíamos (responsabilidade social, atividades extramuros, cursos para a população, conhecimentos transmitidos, etc.), mas é na metodologia do Programa que vamos encontrar o verdadeiro sentido extensionista. Quando o Polos, ao colocar seus alunos diante da realidade social, faz deles "sujeitos históricos do seu próprio conhecimento" (Gustin, 2004), ele exerce uma atividade extensionista. Quando o Programa, ao desenvolver suas pesquisas, procura dialogar com a população, com as comunidades, com os professores, com os alunos, com o poder público, tendo em vista uma "razão argumentativa" para melhor definir as suas ações, ele também exerce uma atividade extensionista.

Para ilustrar, voltemos ao Núcleos de Mediação e Cidadania do Aglomerado da Serra: o Polos foi ao campo, entrou na comunidade, valeu-se de um conhecimento teórico, confrontou-o com a realidade local, abriu um debate para verificar as possibilidades de ações, desenvolveu uma metodologia própria, fez parcerias para que o projeto fosse implementado, colocou os alunos para participar, transmitiu os conhecimentos para o governo estadual, abriu novas possibilidades dentro do próprio projeto, vem exercendo uma autoreflexividade. Ou seja, não se trata apenas de exercer aquelas funções (responsabilidade social, atividades extramuros, cursos para a população, transmissão de conhecimentos e outras), trata-se, pelo contrário, de uma metodologia, trata-se de um movimento circular com a sociedade (ou de mão dupla, como definia o Fórum de Pró-Reitores), visando contextualizar as atividades da universidade, para sua relação transformadora junto com a sociedade.

Assim, o caráter "institucional diretivo" da universidade pública-estatal, ligado à extensão, está em multiplicar essas ações extensionistas. No fundo, essa definição de "extensão" se aproxima à de "participação". É multiplicando a extensão que a universidade contribuirá para uma "sociedade participativa". O caráter "diretivo" se aproxima da faísca à que se referia Ricœur: "diretivo" não é usado no sentido de mostrar o caminho (como pediriam os "autonomistas"), mas no de fazer movimentar, de inflamar, de instigar uma "cultura participativa", da qual a universidade faz parte, que irá se alastrar para o conjunto da sociedade. Afinal, como dizia Deodoro Roca, "reforma universitária é o mesmo que reforma social".

CONCLUSÃO

E la nave va
Uma questão de coragem

> Aquilo que hoje está provado não foi outrora mais do que imaginado.
>
> William Blake, Proverbs of Hell, *The Marriage of Heaven and Hell*.

Percorrido este longo caminho, não há dúvidas de que diversas perguntas ainda ficam no ar. Seria realmente possível, diante da complexidade do tema, definir um "modelo participativo"? Ou seriam diversas iniciativas, como a do Polos de Cidadania, que nos dariam exemplos desse ideal? Este livro mostrou uma trajetória histórica, da Idade Média à contemporaneidade, cuja dinâmica traz subsídios para pensarmos nas respostas. E, apesar destas não serem precisas, há um contraponto capaz de nos trazer a redenção: ou não seria possível definir aquilo que queremos refutando aquilo que condenamos?

George Ritzer, num livro famoso, falava do risco da "mcdonaldização da sociedade", sendo que a universidade, na sua análise, fazia parte do cardápio: como numa grande fábrica, havia uma desumanização dos alunos, a produção em série buscava a maior eficácia e o objetivo era sempre atingir metas e números (Ritzer, 1996: 139). Já o filósofo Renato Janine Ribeiro, no subtítulo de um livro sobre a universidade, nos mostrava que "Fellini não via filmes" (Ribeiro, 2003). Antes de se tornar um dos mais importantes cineastas, Fellini foi um apaixonado pela literatura. O que Renato Janine Ribeiro quis mostrar, com essa frase paradoxal, é a importância de uma "educação liberal" na formação das pessoas.

Menos McDonald's, mais Fellini? Eis o propósito, pensando num ganho social e humanístico, do "modelo participativo": a universidade como local de excelência e profissionalismo, mas a universidade, acima de tudo, como local de cultura – ou como local de *Paideia*, levando a cultura para um outro patamar.

Como disse Guimaraes Rosa, "o correr da vida embrulha tudo, a vida é assim: esquenta e esfria, aperta e daí afrouxa, sossega e depois desinquieta. O que ela quer da gente é coragem" (Rosa, 1982: 169). Avante, universidade!

AGRADECIMENTOS

Em primeiro lugar, gostaria de agradecer ao Professor Yves Sintomer. Em 2005, após nos conhecermos no Fórum Social Mundial, perguntei se ele poderia dirigir minha tese de doutorado, em Ciência Política, na Universidade Paris 8. Não é comum um professor aceitar alguém que não tenha sido seu aluno, ainda mais um estrangeiro que fica conhecendo de forma superficial. Ao me despedir, além do projeto de pesquisa, entreguei-lhe um romance que havia escrito, na esperança de poder seduzi-lo com as palavras. E qual não foi seu espírito universitário – recuperando em parte o conceito original de Humanidades – ao me aceitar, conforme ele confessaria, sobretudo em virtude da verve literária?

Para continuar na França, gostaria de agradecer à equipe do Centro de Pesquisas Sociológicas e Políticas de Paris (CNRS/Universidade Paris 8), em especial pela receptividade nos seus laboratórios. Gostaria também de agradecer ao goveno francês, sobretudo por conceder uma pequena verba aos estudantes não bolsitas, mesmo os estrangeiros, para ajudar a pagar o aluguel. Esse "Estado social" está em xeque na Europa e, assim como a universidade pública, ele precisa ser defendido. Agradeço também ao Hotel Malher, na pessoa do Monsieur Fossiez, onde trabalhei durante cinco anos como recepcionista noturno, e onde boa parte deste trabalho foi escrito. Para terminar, agradeço aos meus amigos Dominique Messineo e Behta Nadji, pelas ajudas constantes, e ao poeta Lucas Guimaraes e demais parceiros do *Paideia*, pelo companheirismo.

No Brasil, em primeiro lugar, agradeço ao Professor Leonardo Avritzer, por ter me acolhido no Departamento de Ciência Política da UFMG, onde meu doutorado foi feito em cotutela. Importante destacar e incentivar essa mobilidade estudantil, além da parceria entre universidades, fatores que trazem um dinamismo essencial para as ideias defendidas neste livro. Agradeço também, na pessoa da pesquisadora Lílian Gomes, a toda equipe do Centro de Estudos Sociais América Latina (CES-AL), com os quais venho tentando praticar uma "universidade participativa".

Um agradecimento especial deve ser feito ao Polos de Cidadania, onde fui acolhido com muito carinho. Sou grato a todos os integrantes, sobretudo ao Professor Menelick de Carvalho Netto, por ter me apresentado ao Programa; ao coordenador e músico Eduardo Nicácio, pela incursões nos aglomerados; e à Professora Miracy Gustin, cuja presença na dedicatória deste livro fala por si própria. Agradeço também a todos os moradores da Vila Acaba Mundo, na pessoa da líder comunitária Dona Efigênia, por terem compartilhado comigo a luta que fazem pela emancipação social. Para terminar, agradeço aos Professores Carlos Roberto Jamil Cury e Edésio Fernandes, pelos comentários que fizeram sobre este trabalho; ao Professor Lucas Gontijo, pelos primeiros passos na filosofia; aos meus pais, Silvia Rubião e Ronaldo Resende, pelo apoio constante; e à Viviana de Oliveira, companheira de todos os momentos.

Em Portugal, *last but not least*, gostaria de agradecer ao professor Giovanni Allegretti, cujo dinamismo contagiante ensejou a publicação deste livro; aos Professores João Arriscado Nunes e José Reis, por confiarem na importância da história da universidade para o estudo desta instituição social; e ao Professor Boaventura de Sousa Santos, cujo vigor intelectual e humanístico foi uma das principais fontes de inspiração deste trabalho.

REFERÊNCIAS BIBLIOGRÁFICAS

ABRAMOVAY, Ricardo (2008), "Entre responsabilidade e retórica", *Folha de S. Paulo*. São Paulo, 31 jan.

ALLÈGRE, Claude (1993), *L'age des savoirs: pour une renaissance de l'université*. Paris: Gallimard.

ALMEIDA FILHO, Naomar de (2007), *Universidade Nova: textos críticos e esperançosos*. Brasília: Editora Universidade de Brasília; Salvador: EDUFBA.

_____; LIMA ROCHA, João Augusto de. "Anísio Teixeira e a Universidade Nova", disponível em: <www.universidadenova.ufba.br>.

ARATO, Andrew; COHEN, Joan (1994), "Sociedade civil e teoria social", *in* Leonardo Avritzer (org.), *Sociedade civil e democratização*. Belo Horizonte: Del Rey Editora.

AVRITZER, Leonardo (1994), "Sociedade civil: além da dicotomia Estado-Mercado", *in* Leonardo Avritzer (org.), *Sociedade civil e democratização*. Belo Horizonte: Del Rey Editora.

_____ (2002), "Modelos de deliberação democrática: uma análise do orçamento participativo no Brasil", *in* Boaventura de Sousa Santos (org.), *Democratizar a democracia: os caminhos da democracia participativa*. Rio de Janeiro: Civilização Brasileira.

_____ (2004), "A crise da universidade brasileira"(não publicado).

BACON, Francis (1993), *Novum Organum*. São Paulo: Abril Cultural.

BANCO MUNDIAL (1994), *La Enseñanza Superior: las lecciones derivadas de la experiencia (El Desarrollo en la práctica)*. Washington: BIRD/Banco Mundial.

BARBIER, René (2002), *A pesquisa-ação*. Brasília: Plano.

BARTHE, Yannick (2006), *Le pouvoir d'indécision: la mise en politique des déchets nucléaires*. Paris: Economica, 2006.

BECK, Ulrich *et al.* (1994), *Reflexive Modernization: Politics, Tradition and Aesthetics in the Modern Social Order*. Cambridge: Polity Press.

BECK, Ulrich (1999), *O que é globalização: equívocos do globalismo respostas à globalização*. São Paulo: Paz e Terra.

_____ (2001), *La société du risque: sur la voie d'une autre modernité*. Paris: Aubier.

_____ (2003), *Pouvoir et contre-pouvoir à l'ère de la mondialisation*. Paris: Alto Aubier.

BECKER, Sacha; WÖSSMANN, Ludger (2007), "Was Weber Wrong? A Human Capital Theory of Protestant Economic History". Trabalho escrito para discussão. Munique: Universidade de Munique.

BIAGINI, Hugo (1999), "Redes estudiantiles en el Cono Sur (1900-1925)", *in* Renata Marsiske (org.), *Movimientos estudiantiles en la historia de América Latina*, vol. 2. México D.F.: Universidad Nacional Autónoma de México.

BLEDSTEIN, Burton J. (1976), *The Culture of Professionalism. The Middle Class and the Development of Higher Education in America*. New York: W. W. Norton & Company.

BLONDIAUX, Loïc; SINTOMER, Yves (2002), "L'impératif délibératif", *Politix*, vol. 15, n. 57.

BLOOM, Allan (1989), *O declínio da cultura ocidental: da crise da universidade à crise da sociedade*. São Paulo: Best Seller.

BOK, Derek (1988), *Ensino Superior*. Rio de Janeiro: Forense Universitária.

_____ (2003), *Universities in the Marketplace: the Commercialization of Higher Education*. Princeton: Princeton University Press.

BORGES, Jorge Luis (1972), *Ficções*. São Paulo: Abril Cultural

_____ (1999), "O idioma analítico de John Wilkins", *Obras completas*, vol. II. São Paulo: Globo.

BORRERO CABRAL, Alfonso (1995), *L'Université aujourd'hui: éléments de réflexion*. Paris: Editions UNESCO.

BOUCHER, Stephen; ROYO, Martine (2006), *Les think tanks: cerveaux de la guerre des idées*. Paris: Félin-Kiron.

BOURDIEU, Pierre (1997), *Les usages sociaux de la science: pour une sociologie clinique du champ scientifique*. Paris: INRA Éditions.

_____ (2001), *Contre-feux 2: pour un mouvement social européen*. Paris: Raison d'Agir.

BRASIL. *Projeto Rondon e sua dimensão atual*. Brasília: Ministério do Interior, 1974.

BOY, Daniel *et al.* (2000), "Un exemple de démocratie participative: la "conférence de citoyens" sur les organismes génétiquement modifiés", *Revue Française de Science Politique*, vol. 50, (4-5), 2000.

BRISSET-SILLION, Cécile (1997), *Universités publiques aux Etats-Unis: une autonomie sous tutelle*. Paris: L'Harmattan.

BROWN, Hugh S.; MAYHEW, Lewis B (1967). *O ensino superior americano*. Rio de Janeiro: Edições Bloch.

BUARQUE, Cristovam (1993), *A aventura da universidade*. São Paulo: Unesp.

BUSINO, Giovanni (1998), *Sociologie des sciences et des techniques*. Paris: PUF.

CALDICOTT, Helen (2006), *Nuclear Power is not the Answer*. New York: The New Press.

CALLON, Michel (1998), *La science et ses réseaux: genèse et circulation des faits scientifiques*. Paris: La Découverte.

REFERÊNCIAS BIBLIOGRÁFICAS   245

_____ *et al.* (2001), *Agir dans un monde incertain: essai sur la démocratie technique.* Paris: Éditions du Seuil.

CAPRA, Fritjof (1982), *O ponto de mutação: a Ciência, a Sociedade e a Cultura emergente.* São Paulo: Cultrix.

_____ (2004), *A teia da vida: uma nova compreensão científica dos sistemas vivos.* São Paulo: Cultrix.

CARNAP, Rudolf (1959), "The Elimination of Metaphysics Through Logical Analysis of Language", *in* Alfred J. Ayer (org.), *Logical Positivism.* New York: Free Press, disponível em: <http://gnadav.googlepages.com/CarnapRudolf-TheEliminationofMetaphy.htm>.

CARRÉ, John le (2002), *La constance du jardinier.* Paris: Seuil.

CARUSO, Marcelo (1999), "La amante esquiva: comunismo y reformismo universitario en Argentina (1918-1966). Una introducción", *in* Renata Marsiske (org.), *Movimientos estudiantiles en la historia de América Latina*, vol. 2. México D.F.: Universidad Nacional Autónoma de México.

CASPER, Gerhard (1997), *Um mundo sem Universidades?* Rio de Janeiro: Ed. UERJ.

CASTELLS, Manuel (1999), *A sociedade em rede.* São Paulo: Paz e Terra.

CHALMERS, Alan (1993), *O que é ciência, afinal?* São Paulo: Brasiliense.

CHAMPAGNE, Patrick (1999), "Mai 68", *in* Emmanuel de Waresquiel (org.), *Le siècle rebelle: dictionnaire de la contestation du XXe siècle.* Paris: Larousse.

CHARLE, Christophe; VERGER, Jacques (1994), *Histoire des universités.* Paris: PUF.

CHATEAURAYNAUD, Francis; TORNY, Didier (1999), *Les sombres précurseurs: une sociologie pragmatique de l'alerte et du risque.* Paris: Éditions de l'École des Hautes Études.

CHAUÍ, Marilena (2001), *Escritos sobre a universidade.* São Paulo: Editora Unesp.

_____ (1999), Universidade em liquidação. *Folha de S. Paulo.* São Paulo, 11 julho.

_____ (2004), "Universidade: autonomia e inovação", *Folha de S. Paulo.* São Paulo, 19 jan.

CHOMSKY Noam (2002), *O lucro ou as pessoas: neoliberalismo e ordem global.* Rio de Janeiro: Bertrand Brasil.

_____ (2004), *Notas sobre o anarquismo.* São Paulo: Editora Imaginário.

CIRIA, Alberto; SANGUINETTI, Horacio (1962), *Universidad y Estudiantes.* Buenos Aires: Depalma.

COMTE, Auguste (1978), *Curso de filosofia positiva; Discurso sobre o espírito positivo; Discurso preliminar sobre o conjunto do positivismo; Catecismo positivista.* São Paulo: Abril Cultural.

CUSSET, François (2003), *French Theory: Foucault, Derrida, Deleuze & Cie et les mutations de la vie intellectuelle aux Etats-Unis*. Paris: La Découverte.

CUNHA, Luiz Antônio (1983), *A universidade crítica: o ensino superior na República Populista*. Rio de Janeiro: Francisco Alves.

_____ (1986), *A universidade temporã: da Colônia à Era Vargas*. Rio de Janeiro: Francisco Alves.

_____ (1988), *A universidade reformada: o golpe de 1964 e a modernização do ensino superior*. Rio de Janeiro: Francisco Alves.

DA VINCI, Leonardo, *The Notebooks of Leonardo da Vinci*, disponível em: <http://books.google.com.br/books?id=2jVKjl_3OEIC&pg=PA30&lpg=PA30&dq#v=onepage&q&f=false>.

DELORS, Jacques (2003), *Educação: um tesouro a descobrir*. Brasília: MEC/Unesco.

DEWEY, John (1960), *The Quest for Certainty*. New York: Capricorn Books

_____ (1963), *Experience and Education*. New York: Collier Books.

_____ (1990), *Démocratie et éducation*. Paris: Armand Colin.

DIAS, Marco Antonio (1999), "A Educação Superior no século XXI", *in* José Maria Alves Silva; Nilda de Fátima Ferreira Soares (org.), *A Universidade do novo milênio*. Viçosa: Universidade Federal de Viçosa.

_____ (2003), "A OMC e a educação superior para o mercado", *in* Jorge Brovetto *et al.* (org.), *A educação superior frente a Davos*. Porto Alegre: UFRGS.

DREZE, Jacques; DEBELLE, Jean (1968), *Conceptions de l'université*. Paris: Editions universitaires.

DROZ, Jacques (1994), *Histoire de l'Allemagne*. Paris: PUF.

DRUMMOND DE ANDRADE, Carlos (1992), *Poesia e Prosa*. Rio de Janeiro : Nova Aguilar.

DUBARLE, Eugène (1829), *Histoire de l'Université: depuis son origine jusqu'à nos jours*. Paris: Brière.

DUBOIS, Michel (1999), *Introduction à la sociologie des sciences*. Paris: PUF.

ÉLA, Jean-Marc (2004), "Refaire ou ajuster l'université africaine?", *in* HOUTART, François Houtart (org.), *L'offensive des marchés sur l'université: points de vue du Sud*. Paris: L'Harmattan.

ELLUL, Jacques (1961), *Histoire des institutions*. Le Moyen Age, vol. 3. Paris: PUF.

FAVERO, Maria de Lourdes de Albuquerque (1997), *A universidade brasileira em busca de sua identidade*. Petrópolis: Vozes.

FÈBVRE, Lucien (1977), *Combates pela história*, vol. 1. Lisboa: Presença.

FICHTE, Johann Gottlieb (1979), "Plan déductif d'un établissement d'enseignement supérieur à fonder à Berlin", *in* Luc Ferry *et al.*, *Philosophies de l'Université. L'idéa-*

lisme allemand et la question de l'Université. Textes de Schelling, Fichte, Schleiermacher, Humboldt, Hegel. Paris: Payot.

FITZGERALD, Scott, *Winter Dreams*, disponível em: <www.sc.edu/fitzgerald>.

FERRY, Luc; RENAUT, Alain (1981), *Universidade e Sistema: reflexões sobre as teorias da Universidade no idealismo alemão.* Fortaleza: Imprensa Universitária da UFC.

FERRY, 2007: 119.

FEYERABEND, Paul (1975), *Against Method: Outline of an Anarchistic Theory of Knowledge.* London: New Left Books.

FLACHS, Cristina Vera de (1999), "Reformas, contrarreformas y movimientos estudiantiles en la Universidad de Córdoba (1870-1936)", *in* Renata Marsiske (org.), *Movimientos estudiantiles en la historia de América Latina*, vol. 2. México D.F.: Universidad Nacional Autónoma de México.

FLEXNER, Abraham (1968), *Universities: American, English, German.* New York: Oxford University Press.

FÓRUM DE PRÓ-REITORES DAS UNIVERSIDADES PÚBLICAS BRASILEIRAS (2000/ /2001), *Plano Nacional de Extensão Universitária, edição atualizada.* Brasília: MEC/ /SESu, disponível em: <www.fcm.unicamp.br/extensao/arquivos>.

_____. (2001). *Avaliação Nacional da Extensão Universitária.* Brasília: MEC/SESu.

FOUCAULT, Michel (2000), *A arqueologia do saber.* Rio de Janeiro: Forense Universitária.

FREIRE, Paulo (1970), *Pedagogia do oprimido.* Rio de Janeiro: Paz e Terra.

_____ (2002), *Pedagogia da autonomia: saberes necessários à prática educativa.* Rio de Janeiro: Paz e Terra.

FREITAG, Michel (1995), *Le naufrage de l'université. Et d'autres essais d'épistémologie politique.* Paris: Éditions La Découverte.

GARLAND, Martha (1996), "Newman e sua época", *in* Frank M. Turner (org.), *Newman e a ideia de uma universidade.* Bauru: Editora da Universidade do Sagrado Coração.

GHIRALDELLI JR., Paulo (2003), *Filosofia e história da educação brasileira.* Barueri: Manole.

_____ (2007), *Filosofia da educação.* São Paulo: Ática.

GIBBONS, Michael *et al.* (1994), *The New Production of Knowledge. The Dynamics of Science and Research in Contemporary Societies.* London: Sage Publications.

GIBBONS, Michael (1998), *Higher Education Relevance in the 21 Century.* Washington: World Bank.

_____ (2005), "Choix et responsabilité: l'innovation dans un contexte nouveau", *Politiques et gestion de l'enseignement supérieur*, vol. 17, n. 1.

GOFF, Jacques Le (1985), *Les intellectuels au Moyen Age.* Paris: Éditions du Seuil.

_____ (2006), *Os intelectuais na Idade Média.* Rio de Janeiro: José Olympio.

248 HISTÓRIA DA UNIVERSIDADE

GONZÁLES, Júlio (1978), "Significado de la reforma universitaria", *in* Juan Carlos Portantiero, *Estudiantes y Política en América Latina: el proceso de la reforma universitaria (1918-1938)*. México: Siglo Veintiuno.

GRANGE, Juliette; LE ROU, Véronique (2003), "Positivisme", *in* Michel Blay (org.), *Grand Dictionnaire de la Philosophie*. Paris: Larousse CNRS Éditions.

GRUNWALD, Michael (2002), "Monsanto Hid Decades of Pollution", *The Washington Post. Washington*, 01 jan.

GUATTARI, Felix; ROLNIK, Suely (2000), *Micropolítica: cartografias do desejo*. Petrópolis: Vozes.

GUILHOT, Nicolas (2006), *Financiers, philanthropes: sociologie de Wall Street*. Paris: Raison d'Agir.

GUSDORF, Georges (1964), *L'Université en question*. Paris: Payot.

GUSTIN, Miracy Barbosa de Sousa (1999), *Das necessidades humanas aos direitos fundamentais: ensaio de sociologia e filosofia do direito*. Belo Horizonte: Del Rey.

GUSTIN, Miracy Barbosa de Sousa (2003), "A metodologia da mediação". Belo Horizonte: Faculdade de Direito, Programa Polos de Cidadania, Universidade Federal de Minas Gerais.

_____ (2004), "A complexidade social e o ensino do direito: novos conceitos e papéis". *Revista da Faculdade de Direito da Universidade Federal de Minas Gerai*, n. 43, jul-dez.

_____ (2005), "Resgate dos direitos humanos em situações adversas de países periféricos", *Revista da Faculdade de Direito da Universidade Federal de Minas Gerais*, n. 47, jul-dez.

_____ *et al.* (2005), "Núcleo de Mediação e Cidadania", ANAIS do 8º Encontro de Extensão da UFMG, Belo Horizonte 03 a 08 outubro 2005, disponível em: <www.ufmg.br/proex/arquivos/8Encontro/DirHum_4.pdf>.

HABER, Stéphane (2001), *Jürgen Habermas, une introduction*. Paris: La Découverte.

HABERMAS, Jürgen (1973), *La technique et la science comme "idéologie"*. Paris: Gallimard.

_____ (1975), *Théorie et pratique*. Paris: Payot.

_____ (1987), *Théorie de l'agir communicationnel*. Paris: Fayard.

HALL, Peter Dobkin (1992), *Inventing the Nonprofit Sector and Other Essays on Philanthropy, Voluntarism, and Nonprofit Organizations*. Baltimore: Johns Hopkins University Press.

HAYEK, Friedrich (1984), *O caminho da servidão*. Rio de Janeiro: Instituto Liberal.

HASKINS, Charles Homer (1923), *The Rise of Universities*. New York: Henry Holt and Company.

_____ (1933), *The Renaissance of the Twelfth Century*. Cambridge: Harvard University Press.

HECHINGER, Grace, "Clark Kerr, Leading Public Educator and Former Head of California's Universities, Dies at 92", *The New York Times*, (*on line*), disponível em: <http://query.nytimes.com/gst/fullpage.html?res=9A04E0DC1E3AF931 A35751C1A9659C8B63>.

HIRTT, Nico (2000), *Les nouveaux maîtres des l'école: l'enseignement européen sous la coupe des marchés*. Paris: VO Éditions.

HOUTART, François (org.) (1998), *Société civile: lieu des luttes sociales*. Paris: L'Harmattan.

_____ (org.) (2004), *L'offensive des marchés sur l'université: points de vue du Sud*. Paris: L'Harmattan.

HUMBOLDT, Wilhelm von (1979), "Sur l'organisation interne e externe des établissements scientifiques à Berlin", *in* Luc Ferry (org.), *Philosophies de l'Université. L'idéalisme allemand et la question de l'Université. Textes de Schelling, Fichte, Schleiermacher, Humboldt, Hegel*. Paris: Payot.

_____ (2004), *Essai sur les limites de l'action de l'Etat*. Paris: Les Belles Lettres.

IOSCHPE, Gustavo (2004), *A ignorância custa um mundo: o valor da educação no desenvolvimento do Brasil*. São Paulo: Francis.

IRSAY, Stephen d' (1933), *Histoire des universités françaises et étrangères: des origines à nos jours*. Paris: Éditions Auguste Picard.

JAEGER, Werner (2001), *Paideia: a formação do homem grego*. São Paulo: Martins Fontes.

JANOTTI, Aldo (1992), *As origens da Universidade: a singularidade do caso português*. São Paulo: Editora da USP.

KANT, Emmanuel (1999), *Qu'est-ce que Lumières?* Paris: Hatier.

KANTANEN, Helena (2005), "Mission civique et responsabilité sociale : Les nouveaux enjeux des relations publiques dans l'enseignement supérieur", *Politique et gestion de l'enseignement supérieur*, v. 17, n. 2.

KASSAB, Álvaro (2007), "A universidade segundo Schwartzman", *Jornal da Unicamp*, edição 356. Campinas, 23 de abril a 6 de maio 2007.

KERR, Clark (1967), *Métamorphose de l'Université*. Paris: Les Editions Ouvrières.

_____ (1982), *Os usos da universidade*. Fortaleza: Edições UFC.

KLEIN, Naomi (2001), *No Logo: la tyrannie des marques*. Paris: Actes Sud.

KRIMSKY, Sheldon (2003), "Conflito de interesses na universidade pós-acadêmica", *Folha de S. Paulo*. São Paulo, 28 set.

KUHN, Thomas (1983), *La structure des révolutions scientifiques*. Paris: Champs Flammarion.

250 HISTÓRIA DA UNIVERSIDADE

LACROIX, Jean-Michel (2006), *Histoire des Etats-Unis*. Paris: PUF.

LATOUR Bruno (1995), "Note sur certains objets chevelus", *Nouvelle revue d'ethnopsychiatrie*, n. 27, disponível em: <www.bruno-latour.fr/articles/article/060.html>.

_____ (1997), "Y a-t-il une science après la Guerre Froide?", *Le Monde*, Paris, 18 jan.

LAVAL, Christian (2003a), *L'école n'est pas une entreprise: le néo-libéralisme à l'assaut de l'enseignement public*. Paris: La Découverte.

_____ (2003b), "A escola não é uma empresa", *Folha Online*, [entrevista], 26 junho.

LAVELLE, Sylvain (2006), *Science, technologie et étique: conflits de rationalité et discussion démocratique*. Paris: Ellipses.

LECOURT, Dominique (2001), *La philosophie des sciences*. Paris: PUF.

LEON, Xavier (1959), *Fichte et son temps*. Paris: Armand Colin.

LIARD, Louis (1909), *L'Université de Paris*. Paris: H. Laurens.

LIMA, Luis (2003) "¿Qué queda de la reforma de Córdoba?", *in* Jorge Brovetto (org.). *A educação superior frente a Davos*. Porto Alegre: UFRGS Editora.

LYNCH, John *et al.* (2001), *Historia de la Argentina*. Barcelona: Crítica.

LYON, Carolina Pereira (2003), *A Aplicação do Conceito de Capital Social em Relação à Efetividade dos Direitos Fundamentais*, Monografia de conclusão de curso. Belo Horizonte: Faculdade de Direito, UFMG.

MANACORDA, Mario Alighiero (1997), *História da educação: da Antiguidade aos nossos dias*. São Paulo: Cortez Editora.

MASSEYS-BERTONECHE, Carole (2006), *Philanthropie et grandes universités américaines: pouvoir et réseaux d'influence*. Pessac: Presses Universitaires de Bordeaux.

MARROU, Henri-Irénée (1973), *História da educação na Antiguidade*. São Paulo: Editora da Universidade de São Paulo.

MARSHAL, Eliot (1997), "Secretiveness Found Widespread in Life Sciences", *Science*, vol. 276.

MARTí, José, "Nuestra América", disponível em: <www.analitica.com/BITBLIO/jmarti/nuestraamerica.asp>.

MARX, Karl (1997), *Contribuição à crítica da economia política*. São Paulo: Martins Fontes.

MAYOR, Federico; TANGUIANE, Sema (2000), *L'enseignement supérieur au XXIe siècle*. Paris: HERMES Science Publications.

MAZON, Brigitte (1985), "La Fondation Rockefeller et les sciences sociales en France", *Revue française de sociologie*, 26.

MEDEIROS TAVARES, Maria das Graças (1996), *Extensão Universitária: novo paradigma de universidade?*, Tese de Doutorado em Ciência da Educação). Rio de Janeiro: UFRJ.

MINOT, Jacques (1991), *Histoire des universités françaises*. Paris: PUF.

MONROE, Paul (1968), *História da educação*. São Paulo: Companhia Editora Nacional.

MONTAÑO, Carlos (2003), *Terceiro setor e questão social: crítica ao padrão emergente de intervenção social*. São Paulo: Cortez Editora.

MONTLIBERT, Christian de (2004), *Savoir à vendre: l'enseignement supérieur et la recherche en danger*. Paris: Raisons d'Agir.

MORIN, Edgar (1996), "Pour une reforme de la pensée", *Le Courrier de l'Unesco*, vol. 49, n. 2.

_____ (2000), *Os sete saberes necessários à educação do Futuro*. São Paulo: Cortez Editora.

_____; PENA-VEGA, Alfredo (2003), *Université, quel avenir?* Paris: Charles Léopold Mayer.

MOUNIER, Pierre (2001), *Pierre Bourdieu, une introduction*. Paris: La Découverte.

NADER, Ralph; ABBOTTS John (1977), *The Menace of Atomic Energy*. New York: Norton & Company.

NEWFIELD, Christopher (2007), "Passé et passif de l'enseignement supérieur american", *Le Monde Diplomatique*. Paris, set. 2007.

NEWMAN, John (1996), *A ideia de uma universidade, in* Frank M. Turner (org.), *Newman e a ideia de uma universidade*. Bauru: Editora da Universidade do Sagrado Coração.

NIBLETT, Roy (1974), *Universities Between Two Worlds*. London: University of London Press.

NICÁCIO, Antônio Eduardo Silva (2008), "*A Torto e a Direito*: uma experiência teatral emancipadora", *in* Flávio Henrique Unes Pereira; Maria Tereza Fonseca Dias (org.), *Cidadania e inclusão social: estudos em homenagem à Professora Miracy Barbosa de Sousa Gustin*. Belo Horizonte: Fórum.

NICÁCIO, Camila Silva; OLIVEIRA, Renata Camilo de (2008), "A mediação como exercício de autonomia: entre promessa e efetividade", *in* Flávio Henrique Unes Pereira; Maria Tereza Fonseca Dias (org.), *Cidadania e inclusão social: estudos em homenagem à Professora Miracy Barbosa de Sousa Gustin*. Belo Horizonte: Fórum.

NOWOTNY, Helga *et al.* (2003), *Repenser la science*, Paris: Éditions Belin.

OLIVIERI, Nancy (2003), "Patients' Health or Company Profits? The Commercialization of Academic Research", *Science and Engineering Ethics*, 9, 1.

ONFRAY, Michel (2004), *La communauté philosophique: manifeste pour l'Université populaire*. Paris: Galilée.

OSBORNE David; GAEBLER Ted (1994), *Reinventando o governo: como o espírito empreendedor está transformando o setor público*. Brasília: MH Comunicação.

PATY, Michel (2004), "A gênese da causalidade física", *Scientiæ Studia*, vol. 2, n. 1, 20.

PANG, Eul-Soo; SECKINGER, Ron L. (1972), "The Mandarins of Imperial Brazil", *Comparative Studies in Society and History*. London: Cambridge University Press, v. 14, n. 2.

PERETTI-WATEL, Patrick (2000), *Sociologie du risque*. Paris: A. Colin.

_____ (2001), *La société du risqué*. Paris: La Découverte.

PESTRE, Dominique (2001), *Science, argent et politique. Un essai d'interprétation*. Paris: INRA Éditions.

PILLETI, Nelson (1991), *História da educação no Brasil*. São Paulo: Ática.

PLANCHE, Jean (2007), *Société civile: un acteur de la gouvernance*. Paris: Editions Charles Léopold Mayer.

PONTHIEUX, Sophie (2006), *Le capital social*. Paris: La Découverte.

POPPER, Karl (1972), *Conjeturas e refutações*. Brasília: Editora UnB.

PORTANTIERO, Juan Carlos (1978), *Estudiantes y Política en América Latina: el proceso de la reforma universitaria (1918-1938)*. México: Siglo Veintiuno.

PRADO JÚNIOR, Caio (1963), *A evolução política do Brasil: e outros estudos*. São Paulo: Brasiliense.

PRAT, Frédéric *et al.* (org.) (2004), *Société civile contre OGM: arguments pour ouvrir un débat public*. Barret-sur-Méouge: Éditions Yves Michel.

PRIGOGINE, Ilya (2000), "Carta para as futuras gerações", *Folha de S. Paulo*. São Paulo, 30 jan.

PUTNAM, Robert (1995), "Bowling Alone: America's Declining Social Capital", *Journal of Democracy*, vol. 6, n. 1.

_____ (2000), *Bowling Alone: The Collapse and Revival of American Community*. New York: Simon & Schuster.

_____ *et al.* (1993), *Making Democracy Work: Civic Traditions in Modern Italy*. Princeton: Princeton University Press.

RENAUT, Alain (1995), *Les révolutions de l'université. Essai sur la modernisation de la culture*. Paris: Calmann-Lévy.

_____ (2002), *Que faire des universités ?* Paris: Bayard.

RIBEIRO, Renato Janine (2003), *A universidade e a vida atual: Fellini não via filmes*. Rio de Janeiro: Campus.

RITZER, George (1996), *The McDonaldization of Society: an investigation into the changing character of contemporary social life*. Thousands Oaks: Pine Forge Press.

ROBIN, Marie-Monique (2008), *Le monde selon Monsanto: de la dioxine aux OGM, une multinationale qui vous veut du bien*. Paris: La Découverte.

ROBINSON, James Harvey (2003), *Petrarch: the First Modern Scholar and Man of Letters*. Honolulu: University Press of the Pacific.

ROCA, Deodoro (1978), ¿Qué es la 'reforma universitaria'? *in* Juan Carlos Portantiero, *Estudiantes y Política en América Latina: el proceso de la reforma universitaria (1918-1938)*. México: Siglo Veintiuno.

ROHMANN, Chris (2000). *O livro das ideias: pensadores, teorias e conceitos que formaram nossa visão de mundo*. Rio de Janeiro: Editora Campus.

ROMANELLI, Otaiza de Oliveira (1983), *História da educação no Brasil (1930/1970)*. Petrópolis: Editora Vozes.

ROMERO, José Luis (2005), *Breve historia de la Argentina*. Buenos Aires: Tierra Firme.

ROSA, José Guimarães (1982), *Grande Sertão: Veredas*. Rio de Janeiro: José Olympio.

ROSENFELD, Seth, "Reagan, Hoover, and the UC Red Scare. *The San Francisco Chronicle*" (*on-line*), disponível em: <www.sfgate.com/news/special/pages/2002/campusfiles/>.

ROSS, Dorothy (1991), *The Origins of American Social Science*. Cambridge: Cambridge University Press.

ROSSATO, Ermelio (2003), *As funções da universidade segundo Anísio Teixeira*, Tese de Doutorado em Educação). Porto Alegre: Universidade Federal do Rio Grande do Sul.

SANTOS, Boaventura de Sousa (1989), *Introdução a uma ciência pós-moderna*. Rio de Janeiro: Graal.

_____ (1995), *Pela mão de Alice: o social e o político na pós-modernidade*. São Paulo: Cortez Editora.

_____ (2001), *A crítica da razão indolente*: contra o desperdício da experiência. São Paulo: Cortez Editora.

_____ (2002), "Orçamento Participativo em Porto Alegre: para uma democracia redistributiva".

_____ *Democratizar a democracia: os caminhos da democracia participativa*. Rio de Janeiro: Civilização Brasileira.

_____ (2003), *Um discurso sobre a ciência*. São Paulo: Cortez Editora.

_____ (2004), *A universidade no século XXI: para uma reforma democrática e emancipatória da universidade*. São Paulo: Cortez Editora.

_____ (org.) (2005), *Produzir para viver: os caminhos da produção não capitalista*. Rio de Janeiro: Civilização Brasileira.

_____ (2005), *O Fórum Social Mundial: manual de uso*. São Paulo: Cortez Editora.

_____ (2006), *A gramática do tempo: para uma nova cultura política*. São Paulo: Cortez Editora.

_____; ALMEIDA FILHO, Naomar de (2009), *A universidade no século XXI: para uma universidade nova*, disponível em: <www.boaventuradesousasantos.pt/pages/pt/novidades.php>.

_____ (2010), "A Reuniversidade", *Visão*, 23 set.

SCHAWARTZ, Laurent (1984). *Para salvar a Universidade*. São Paulo: Editora da Universidade de São Paulo.

SCHELLING, Friedrich (1979), "Leçons sur la méthode des études académiques", *in* Luc Ferry *et al.*, *Philosophies de l'Université. L'idéalisme allemand et la question de l'Université. Textes de Schelling, Fichte, Schleiermacher, Humboldt, Hegel*. Paris: Payot.

SCHLEIERMACHER, Friedrich (1979), "Pensée de circonstance sur les universités de conception allemande", *in* Luc Ferry *et al.*, *Philosophies de l'Université. L'idéalisme allemand et la question de l'Université. Textes de Schelling, Fichte, Schleiermacher, Humboldt, Hegel*. Paris: Payot.

SCHWARTZMAN, Simon (1980), *Ciência, Universidade e Ideologia: a política do conhecimento*. Rio de Janeiro: Zahar Editores.

_____ (1996), *América Latina: Universidades en Transición*. Washington: Organización de los estados Americanos, Colección INTERAMER, n. 6.

SCLOVE, Richard (1995), *Democracy And Technology*. New York: The Guilford Press.

_____ (2003), *Choix technologiques, choix de société*. Paris: Ed. Charles Léopold Mayer.

SEARLE, John (1971), *The Campus War: A Sympathetic Look at the University in Agony*. New York: World Pub. Co..

SEIDEL, Hinrich (1991), "The Social Significance of Higher Education", *in* UNESCO, *The Role of Higher Education in Society: Quality and Pertinence*. Paris: Unesco.

SELYS, Gerard de (1998), "L'école, grand marché du XXIe siècle", *Le Monde Diplomatique*. Paris, junho.

SGUISSARDI, Valdemar (2000), "O Banco Mundial e a educação superior: revisando teses e posições?", *Revista Universidade e Sociedade*, 22.

SHINN, Terry; RAGOUET, Pascale (2005), *Controverses sur la science: pour une sociologie transversaliste de l'activité scientifique*. Paris: Raisons d'Agir.

SIMONY, Judith (1999), "Free Speech Movement", *in* Emmanuel de Waresquiel (org.), *Le siècle rebelle*. Baume-lès-Dames: Larousse.

SILVA, José Maria Alves; SOARES, Nilda de Fátima Ferreira (org.) (1999), *A Universidade do Novo Milênio*. Viçosa: Universidade Federal de Viçosa.

SINTOMER, Yves (2010), *O poder ao povo: júris de cidadãos, sorteio e democracia participativa*. Belo Horizonte, 2010.

SNOW, Charles P. (1965), *The Two Cultures: and a Second Look*. Cambridge: Cambridge University Press.

SOUSA, Ana Luíza Lima (2000), *A história da extensão universitária*. Campinas: Alínea Editora.

STALEY, David (1995), "The Rockefeller Foundation and the Patronage of German Sociology", *Minerva*, 33.

STIGLITZ, Joseph (1998), "Rumo ao pós-consenso de Washington", *Política Externa*, vol. 7, n. 2, set-out-nov.

_____ (2002), *A globalização e seus malefícios: a promessa não cumprida de benefícios globais*. São Paulo: Futura.

TABORA, Saul Alejandro (1978), "Reflexiones sobre el ideal político de América" *in* Juan Carlos Portantiero, *Estudiantes y Política en América Latina: el proceso de la reforma universitaria (1918-1938)*. México: Siglo Veintiuno.

TEJADA, Aurelio Alonso (1998), "Le concept de société civile dans le débat contemporain: les contextes", *in* HOUTART, François (org.), *Société civile: lieu des luttes sociales*. Paris: L'Harmattan.

TOURAINE, Alain (1972), *Université et société aux Etats-Unis*. Paris: Éditions du Seuil.

_____ (1984), *Le retour de l'acteur*. Paris: Fayard.

TUNNERMANN, Carlos (1978), *Sesenta años de la reforma universitaria de Córdoba: 1918-1978*. San José: EDUCA.

TURNER, Frank M. (org.) (1996a), *Newman e a ideia de uma universidade*. Bauru: Editora da Universidade do Sagrado Coração.

_____ (1996b), "A universidade de Newman e a nossa", *in* Frank M. Turner (org.), *Newman e a ideia de uma universidade*. Bauru: Editora da Universidade do Sagrado Coração.

THIOLLENT, Michel (2004), *Metodologia da pesquisa-ação*. São Paulo: Cortez Editora.

UFBA, "Universidade Nova: plano de expansão e reestruturação da arquitetura curricular na Universidade Federal da Bahia", disponível em: <www.fis.ufba.br/dfes/PDI/Texto%20Universidade%20Nova.htm>.

UNESCO (2003), *A Universidade na encruzilhada. Seminário Universidade: porque e como reformar?* Brasília: UNESCO.

VÉLOT, Christian (2009), *OGM: tout s'explique*. La Roussière: Goutte de Sable,

VERGER, Jacques (1973), *Les universités au Moyen Age*. Paris: PUF.

_____ (1990), *As universidades na Idade Média*. São Paulo: Unesp.

_____ (1995), *Les universités françaises au Moyen Age*. New York: Leiden.

VIAL, Jean (1995), *Histoire de l'éducation*. Paris: PUF.

WALLERSTEIN, Immanuel; STARR, Paul (org.) (1971), *The University Crisis Reader. The liberal University Under Attack*. New York: Random House.

WALLERSTEIN, Immanuel (2001), "Les sciences sociales au XXIe siècle", *in* UNESCO, *Les sciences sociales dans le monde*. Paris: Éditions UNESCO.

WEINBERG, Alvin (2000), "Criteria for scientific choice", *Minerva: a Review of Science, Learning and Policy*, vol. 38, 3.

WITTGENSTEIN, Ludwig (2008), *Tractatus Logico-Philosophicus*. São Paulo: Editora da Universidade de São Paulo.

WOLKMER, Antônio Carlos (2001), *Pluralismo jurídico: fundamentos de uma nova cultura do Direito*. São Paulo: Alfa Omega.

WORLD BANK (1998), *The Financing and Management of Higher Education: A Status Report on Worldwide Reforms*. Washington: World Bank.

_____ (2000), *Higher Education in Developing Countries: Peril and Promises*. Washington: World Bank.

XAVIER, Léon (1959), *Fichte et son temps*. Paris: Armand Colin.

ZINN, Howard (2002), *Une histoire populaire des États-Unis d'Amérique: de 1492 à nos jours*. Marseille: Agone.